Budget Accounting

暨南大学会计系列教材

预算会计

Budget Accounting

（第二版）

邬励军 潘敏虹 主编

暨南大學出版社
JINAN UNIVERSITY PRESS
中国·广州

图书在版编目（CIP）数据

预算会计/邬励军，潘敏虹主编．—2版．—广州：暨南大学出版社，2008.7（2012.8重印）
（暨南大学会计系列教材）
ISBN 978-7-81079-575-3

Ⅰ．预…　Ⅱ．①邬…②潘…　Ⅲ．预算会计—高等学校—教材　Ⅳ．F810.6

中国版本图书馆CIP数据核字(2008)第084848号

出版发行：暨南大学出版社

地　址：中国广州暨南大学
电　话：总编室（8620）85221601
营销部（8620）85225284　85228291　85228292（邮购）
传　真：（8620）85221583（办公室）　85223774（营销部）
邮　编：510630
网　址：http：//www.jnupress.com　http：//press.jnu.edu.cn

排　版：暨南大学出版社照排中心
印　刷：江门市新教彩印有限公司

开　本：787mm×960mm　1/16
印　张：21.75
字　数：412千
版　次：2005年8月第1版　2008年7月第2版
印　次：2012年8月第9次
印　数：23001—26000册

定　价：32.80元

总 序

教材之于教学，无异于工具之于生产劳动。“工欲善其事，必先利其器”，编写一套高水平的教材，对提高教学质量、培养合格人才具有十分重要的意义。

暨南大学会计学教材的编写，近20年来发生了几次变革，大致可以分为3个阶段：

第一阶段是20世纪80年代至90年代初。当时，我国经济体制改革如火如荼，各种所有制形式、企业组织相继出现。特别是作为我国改革开放的前沿阵地——广东，三资企业、股份制企业如雨后春笋，蓬勃发展。具有浓厚计划经济特色的会计学教材，难以适应当时的经济环境和改革的需要。为了尽快培养和输送经济改革急需人才，作为广东最早的会计学科，暨南大学会计学系积极尝试，勇于探索，首先采用部分国外原版教材，在消化吸收的基础上，先后编写了《会计学原理》、《中外合资企业会计》、《中外合资企业审计》、《股份制会计》、《西方财务管理》等教材，为我国的经济发展和改革开放培养了大批人才。

第二阶段是1994年后的系列教材。1992年，党的十四大明确了我国经济体制改革的目标是建立社会主义市场经济。与此同时，我国会计改革也迈出了历史性的步伐，“两则”的出台，吹响了会计改革的新号角。在此大背景下，暨南大学会计学系在对会计学科研究内容进行科学分类的基础上，编写了会计学科体系的8门核心课程的教材，包括《基础会计学》、《中级财务会计学》、《高级财务会计学》、《成本会计学》、《管理会计学》、《企业财务管理学》、《审计学》、《会计电算化》。近10年来，这套教材应用范围广，受到了海内外学生的好评。

第三阶段即现在摆在读者面前的最新系列教材。在该系列教材的编写中，我们力图体现以下几个方面的特点：

（1）继承与发展相结合。在本套教材中，我们全面继承了第一、二阶段教材体系的优点和特色，同时对教材体系和内容进行了较大的修改，对部分教材的名称也作了修改，其目的是更好地适应新的经济环境，满足学生获取更多知识的要求。

（2）会计学与财务学两个系列既独立又相容。随着我国资本市场的日益发达、企业管理的不断规范，财务管理的地位和作用日显重要。教育部把财务管理从会计学中单列出来，成为一个新的专业。该专业与会计学是两个不同的学科，在教学内容上存在一定的差异，但二者具有一定的相容关系。为此，我们在教材体系设计中进行了适当的分离。会计学系列核心教材包括《初级财务会计》、《中级财务会计》、《高级财务会计》、《财务学原理》、《企业财务管理学》、《成本会计》、《管理会计》、《会计信息系统》、《审计学》等；辅助教材包括《税务与会计》、《会计制度设计》、《金融企业会计》、《预算会计》等。财务学系列教材中，初、中、高级会计学以及财务学原理与会计系列相同，另外增加了《中级财务管理》、《高级财务管理》、《财务报告与评价》、《理财信息化》等核心教材。

（3）理论与实务并重。会计学与财务学是经济管理科学，实务性很强。教材对两门学科的基本方法和技能，既要讲清楚理论概念，又要设计必要的实例，采用案例教学，培养学生的实操能力。

（4）本土化与国际化相融合。随着中国加入 WTO，中国经济融入世界经济体系是一个不可扭转的趋势，会计国际化与管理国际化也是大势所趋。本教材体系充分借鉴国际标准，吸收西方教材的优点，学习国外行之有效并可以为我所用的经验和方法。同时，我们也充分认识到中国会计和财务管理具有自己的特色，在我们的教材中要得以体现，力争做到本土化与国际化相融合。

会计学与财务学系列教材的改革与建设是一项长期而十分艰巨的任务，近 20 年来，我们为此做了不懈的努力。但由于我国经济改革一日千里，环境的多样性与复杂性，国际会计准则以及我国会计准则也处于变化之中，更由于我们的水平有限，因而本系列教材考虑不周甚至失当之处在所难免，恳请读者批评指正。

暨南大学会计学与财务学系列教材编审委员会

2004 年 8 月

第二版前言

为适应市场经济条件下转变政府职能、建立健全公共财政体系的总体要求，我国于2007年1月1日起全面实施政府收支分类体系。这一套体系与已经推广实施的国库集中收付制度一起，为进一步深化财政改革、提高预算透明度，强化预算监督继续创造有利条件，也给我国预算会计的改革提出了具体要求。

为了让预算会计课程适应新改革的变化，我们对本教材进行了较大范围的修订，主要内容有：①充实和完善了国库集中收付制度和政府采购的内容与核算。②完整介绍了政府收支分类科目的内容，以及与预算会计核算的联系。③调整和更新了预算会计的核算内容。经过此次修订，使本教材在继续保持原有的特色以外，让读者通过阅读和学习，更好地掌握政府预算资金、单位预算资金的业务核算。

本次教材修订由邬励军副教授全面负责。希望修订后的教材继续受到广大读者的欢迎。

编　者

2008年5月于暨南园

第三版前言

为适应市场经济条件下转变政府职能、建立健全公共财政体系的总体要求，我国自2007年1月1日起全面实施政府收支分类改革。这一改革体系与已经推行的部门预算、国库集中收付制度等一起，为进一步[illegible]，提高预算透明度，强化预算监督创造了有利条件，也给我国政府会计核算提出了新的要求。

为了使预算会计课程适应新改革的变化，我们对本教材进行了较大幅度的修订，主要内容有：①充实和完善了国库集中收付制度和政府采购的相关内容；②[illegible]政府收支分类科目的内容，以及与预算会计核算有关的收支[illegible]与会计的核算方法[illegible]，使本书内容[illegible]，更好地[illegible]，并[illegible]资金的业务核算。

本次修订由[illegible]全面负责，[illegible]的支持。

编 者

2008年1月于[illegible]

前言

随着我国社会主义市场经济体制不断深入改革，整个会计体系发生了极其深刻的变化，作为会计的重要分支——预算会计在反映和监督政府、行政和事业单位资金活动方面，发挥着越来越重要的作用。

预算会计是会计专业和财税专业学生的高年级专业课程。它给学生在学习了企业会计、财政和税收等课程后，对政府、行政单位、事业单位如何对预算资金进行会计核算提供了理论知识和实务操作的内容，使学生的视野在学习中不断得到开阔。本书也可以为相关在职人员进行后续教育、提高专业水平提供养分。

本教材体现了两大特点：

（1）突出了预算会计学科内容上的完整性和新颖性。本书以有关预算会计制度以及最新规定为依据，完整地介绍了财政总预算会计、行政单位会计和事业单位会计的核算过程，并将政府采购、国库集中收付制度的执行及核算内容结合其中，使读者可以了解预算会计的新变化。本书在参考了美国最新翻译教材的基础上，专门介绍了美国政府会计和非营利组织会计的核算内容，让读者了解和学习其中的精华。

（2）结构合理、通俗易懂。本书将财政总预算会计、行政单位会计和事业单位会计依次排序和分别介绍，既可单独了解和掌握各预算会计制度的规定内容，又可以预算资金运动为载体，将三个会计有机联系起来，形成一个完整的预算会计构成体系。另一方面，本书文字简练、深入浅出、通俗易懂，给读者提供了理论与实务、核算与管理、制度与教材有机结合的界面。

本教材能顺利完稿，第一，要感谢暨南大学会计系罗绍德教授，他对本书的编写提供了中肯的意见和参考资料；第二，要感谢广东省财政厅和广州市财政局有关处室提供的最新资料和规定。正是这些热情的帮助，使我们得以把精练、实用的教材奉献给广大读者。

本书由邬励军副教授、潘敏虹副教授担任主编。各章写作分工如下：

邬励军副教授：前言，第1、2、3、4、5、6、7、8、9、10、11、12、13、21章，全书的总纂定稿。

潘敏虹副教授：第14、15、16、17、18、19、20章。

我国预算会计的改革正在进行中，相关理论、准则、制度方面的内容也将发生新的变化，我们将继续努力，使本教材趋于完善。书中不免出现错误和争议之处，敬请广大读者指正。

编者

2005年4月

目　录

第一章　预算会计的基本理论

预算会计是我国两大会计体系之一，是会计学科体系的重要组成部分。学习预算会计，首先要学习预算会计的基本理论和方法。

通过本章学习，应该掌握以下内容：

（1）预算会计的概念和特点。

（2）预算会计的组成体系。

（3）预算会计的目标、核算前提和一般原则的确定。

（4）预算会计的核算对象和会计要素内容。

第一节　预算会计的概念及特点

一、预算会计的概念

会计按其适用范围和核算对象可分为两个体系：企业会计体系和预算会计体系。

作为企业会计，它反映和监督社会再生产过程中属于生产、流通领域中的各类企业经营资金的活动。这类企业的主要特征是以营利为目的。它们基本上属于物质生产部门，通过从事各项生产经营活动，向社会提供各种必需的生产资料和生活资料，由此推动整个社会的经济发展。企业会计体系主要包括工、商、交、农、金融、旅游、邮电、房地产等企业会计。

作为预算会计，它反映和监督中央与地方各级政府的预算资金以及行政、事业单位的业务资金活动。政府、行政和事业单位都属于非物质生产部门，它们不直接提供物质产品，而是通过各种专业业务活动，向社会生产和人民生活提供服务，在社会再生产过程中同样起着不可忽视的作用。预算会计体系主要包括财政总预算会计、行政单位会计和事业单位会计等。

政府财政机关是各级政府负责组织国家财政收支、办理政府预算决算的工作部门，它以各级政府为会计主体，对各级政府的财政收支进行管理和核算。

行政单位是指管理国家事务、组织经济建设和文化建设、维护社会公共秩序的国家机关及其派出机构，包括国家立法机关、行政机关、司法机关。各党派和社会团体不属于行政单位，但在预算管理和会计核算上比照行政单位处理。行政单位会计则以单位为会计主体，对本单位的财务收支进行管理和核算。

事业单位是指不具有物质产品生产和国家事务管理职能，主要以精神产品和各种劳务形式，向社会提供生产性或生活性服务的单位，包括科学、教育、文艺、广播电视、信息服务、卫生、体育等科学文化事业单位；气象、水利、地震、环保等公益事业单位；孤儿院、养老院等社会福利救济事业单位。事业单位也是以单位为会计主体，对事业单位的各项财务收支进行管理和核算。对于事业单位所辖的经济实体，则适用于企业会计。

上述非物质生产部门虽然不直接创造物质财富，但对于整个社会的再生产过程起着基础的、先行的作用。它们是整个国民经济不可缺少的组成部分。通过预算会计的核算，可以反映和监督政府预算的集中、分配、使用和产出的全过程，反映和监督政府预算执行的实际效果，为政府预算管理提供有效的信息。

什么是政府预算？政府预算是指经法定程序批准的政府年度公共财政收支计划。预算是指“事先的、预先的计划或打算”，特别是指资金收支方面；政府预算则是指政府的资金筹集、使用计划及相关的一系列制度。我国政府预算体系由中央政府预算和地方政府预算组成，并分别由中央和地方人民代表大会按法定程序审批。

我国各级政府为了执行其职能，按照国家法规将国民收入有计划地集中起来，形成政府预算收入。这一收入反映着国民经济的发展规模、积累水平和国家财力。各级政府根据其施政方针以及国民经济和社会发展计划，把集中起来的预算资金统筹兼顾进行有计划的再分配，形成政府预算支出。这一支出体现了社会再生产的规模、建设过程及国民经济各部门的发展。通过政府预算的编制，可以有计划地组织收入和合理地安排支出，贯彻国家的各项方针政策，保证各项工作的完成。

政府预算的编制只是政府预算管理的起点。政府预算的收支项目和数字，只反映了政府筹集和分配预算资金的客观可能性。要真正实现这一可能性，就必须加强预算执行和管理工作。为了反映和监督政府预算收入的实现和预算支出的使用，需借助于会计这一有效工具，从而形成了预算会计。

综上所述，预算会计是以预算管理为中心的宏观管理信息系统和管理手段，是核算、反映和监督中央与地方各级政府以及行政、事业单位收支预算执行情况的一种专业会计。预算会计与其他会计一样都是以货币为主要计量单位，对会计主体的经济业务，采用专门的会计方法，进行连续、系统、完整地反映和监督。

世界各国也根据各自的国情及政府机构的设置，建立了适应本国国情的政府及非营利组织会计。其中，政府会计相当于我国的财政总预算会计和行政单位会计，而非营利组织会计则与我国的国有事业单位会计和民间非营利组织会计相似。

二、预算会计的特点

预算会计的特点，主要是与企业会计相比较而言的。政府、行政和事业单位的性质和任务、资金运动方式与企业不同，两者不仅核算的对象和任务不同，而且核算的内容、方法也有很大的差别。

企业会计反映和监督的内容是社会再生产过程中生产、流通领域企业经营资金的运动及其结果。企业会计的主要特点是：核算费用成本，计算经营盈亏，会计核算以经营盈亏核算为中心。

预算会计反映和监督的内容则是社会再生产过程中分配领域里的政府预算资金运作及其结果。政府、行政和事业预算单位主要完成行政、事业单位的业务工作，其业务目标在于谋求最广泛的社会效益。他们的资金来源除事业单位有程度不同的市场业务收入以外，大部分是直接或间接来自纳税人及其他出资者，并在此条件下力求做到收支相抵。因此，预算会计的主要特点是：核算业务收支，计算收支余缺，会计核算以收支结余核算为中心。

预算会计的特点具体表现在以下几个方面：

1. 具有公共性、非营利性和财政性特点

预算会计是以预算管理为中心，以经济和社会事业发展为目的，适用于各级政府和各类行政事业单位的会计。因此，公共性、非营利性和财政性是预算会计的典型特征。所谓“公共性”，是指预算会计主体（政府、行政、事业单位）属于公共部门，以实现公共职能为目的，以公共资金为核算对象，以公共义务为核算依据，以公共业务成果为主要考核指标。这些特征是一般企业会计所不具有的。所谓“非营利性”，是指预算会计主体不以营利为目的。行政事业单位的“公共性”，决定了财政部门必须在经费上予以保证；而财政的拨款或补助收入，是不要求回报，也不可能回报的。行政事业单位开展经济业务活动，使用财政资金，主要讲求社会效益，而不是追求经济效益。因此，不论事业单位以何种方式进入市场，其经济活动的非营利性质并没有改变。这也是企业会计主体所不具备的。所谓“财政性”，是指预算会计与国家财政存在着密不可分的联系。第一，预算会计是预算管理的基础，它本身就是预算管理工作的一部分。第二，各单位预算会计虽然都是独立的会计主体，但都必须遵守财政政策和财经纪律，既有自主性的一面，又有统一性的一面，两者是相辅相成的。第三，预算会计所管理和核算的主要是财政拨付的预算资金和政府凭借权力收取的各种财政性资金。第四，预算会计的指标体系要与政府预算收支科目相一致，以反映政府预算的执行情况。预算会计的收支必须按政府预算收支科目设置明细科目。所有这些，更是一般企业会计所不具有的。

2. 预算会计不进行盈亏核算，着重核算资金的收支结余

企业会计必须按照经济核算的原则，进行成本核算，确定企业盈亏。预算会计不以营利为目的，且在预算年度发生的收入和支出，一般并无直接的配比关系，其收支差额不反映经营成果，只反映资金使用的余缺，所以不核算成本，不计算盈亏。在某些事业单位中，为了考核经济效益，促进增收节支，改善事业管理，也可以进行成本核算，如科研课题成本核算、医疗成本核算、出版成本核算等。

3. 财政总预算会计和行政单位会计原则上实行收付实现制，事业单位会计原则上实行权责发生制

在预算会计中，从预算的角度出发，为了如实反映当期预算收入和预算支出的货币金额，平衡当期的货币收支，财政总预算会计和行政单位会计一般主要采用收付实现制的会计基础，对于某些应收、应付业务，可设置暂收、暂付、应缴等科目。

对于实行成本核算的事业单位，为了对收入、支出进行配比核算，考核业务成果，同时也为了充分地反映单位在财务活动中的权利和义务，可原则上采用权责发生制。

第二节 预算会计的组成体系

一、预算会计体系的构成

我国预算会计体系是为政府预算管理服务的，政府预算体系决定了预算会计体系的分类构成。我国政府预算体系，是根据国家政权结构、行政区域划分和财政管理体制而确定的预算级次和预算单位按一定的方式组合而成的统一整体。政府预算按照预算收支管理范围，分为总预算和单位预算。为实现事权与

财政的统一，我国各预算级次的设置与政权体系的层次基本对应，共有五级预算：中央、省（自治区、直辖市）、市（自治州）、县（自治县、市）、乡（民族乡、镇）。

总预算具体分为中央预算和地方预算。中央总预算即中央政府预算，主要承担国家的安全、外交和中央国家机关运转所需经费，调整国民经济结构、协调地区发展、实施宏观调控的支出以及由中央直接管理的事业发展支出。地方各级总预算由本级政府预算和下一级政府预算组成，地方预算担负着地方行政管理和经济建设、文化教育、卫生以及抚恤等支出，特别是支持农村经济发展的需要。我国政府预算收入绝大部分来自地方预算，政府预算支出也相当大部分通过地方预算实现，地方预算在政府预算中占有重要地位。单位预算是指纳入地方总预算的国家机关、事业单位和其他单位的收支计划，是政府预算的基本组成部分。

根据我国政府预算体系的组成及分类，由财政总预算会计反映和监督中央预算和地方预算的执行情况，由行政单位会计和事业单位会计反映和监督单位预算的执行情况。在组织各级总预算和单位预算的执行中，除了前述三个会计外，还需要其他一些部门的参与。财政资金的收入、拨出和留解，是由中国人民银行代理的国库经办的，由此形成国库会计；税务机关、海关、农业税收管理机关负责征收预算收入，由此形成收入征解会计；国家基建拨款由专门银行负责，由此形成基建拨款会计。这一预算会计体系，是我国在市场经济发展过程中，总结、继承多年来预算会计的管理经验而形成的规范的预算会计模式和运行机制，它对于保护国家公共财产的安全完整、强化预算管理具有重要作用。

二、预算会计的分级

1. 财政总预算会计的分级

我国的政府预算是按照“统一领导、分级管理”原则进行的，每一级政府设立一级总预算，每一级总预算都设置相应的总预算会计。由此，我国的五级政府预算都设立总预算会计，即国家财政部设立中央财政总预算会计；省级（包括自治区、直辖市）的财政厅（局）设立省级财政总预算会计；市（地、州）财政局设立市级财政总预算会计；县（市）财政局设立县级财政总预算会计；乡（镇）财政所设立乡级财政总预算会计。

各级总预算会计不仅要做好自身的会计核算、反映和监督工作，还要负责组织和指导本地区的整个预算会计工作，指导下级总预算工作，保证政府预算工作的顺利完成。

2. 行政事业单位会计的分级

我国的行政事业单位按照现行的管理体制、预算拨款关系和单位财务收支计划的编制程序，可分为三级会计组织系统：

（1）主管会计单位，简称主管单位。与同级财政部门直接发生经费领报关系或建立财务关系，并有所辖会计单位的，为主管会计单位。

（2）二级会计单位，简称二级单位。与主管会计单位或上级会计单位发生经费领报关系、财务收支计划与会计决算审批关系，并有所属会计单位的，为二级会计单位。二级会计单位下面没有所辖会计单位的视同基层会计单位。

（3）三级会计单位，也称基层会计单位。与主管会计单位或二级会计单位直接发生经费领报关系、财务收支计划与会计决算审批关系，下面没有附属会计单位的为三级会计单位。

以上的会计单位，都应建立独立的单位预算，实行完善的会计核算制度。不具备独立核算条件的，实行单据报账制度，作为“报账单位”管理。

三、行政、事业单位会计与财政总预算会计的关系

总预算会计、行政单位会计和事业单位会计都是参与政府预算执行的具体部门，三者之间有着直接的联系，主要表现是：

（1）单位财务收支是同级政府预算的重要组成部分，政府预算核拨的行政、事业经费和从财政专户核拨的预算外资金，是同级行政、事业单位收入的主要来源之一。单位会计与财政总预算会计相互配合，共同为促进社会事业发展、加强政权建设服务。

（2）在缴拨款上有着直接的联系。单位应上缴财政的收入，要按规定缴入国家金库，应上缴的预算外资金，要按时缴入同级财政专户。而各级财政应拨付的行政、事业经费和从财政专户核拨的预算外资金，要按计划及时拨给主管部门和单位。上述缴款、拨款手续，均应通过各级财政总预算会计和单位会计办理。

（3）各单位在预算执行过程中，平时要向主管部门和同级财政部门编制月报或季报，年终要编制年报。同级财政总预算会计要对各单位或主管部门的月报、季报、年报进行审核，并据以编制预算执行月报、季报和财政决算报表。

（4）事业、行政单位作为会计主体，具有一定的自主权，但必须接受同级财政总预算会计的管理与监督，执行本级财政部门提出的检查意见。各级财

政总预算会计也要加强单位会计的工作指导，提高单位会计的管理水平。

四、收入征解会计、国库会计与财政总预算会计的关系

收入征解会计、国库会计和财政总预算会计同属预算会计系列，是核算、反映和监督各级财政预算执行情况的专业会计，是财政预算管理的重要基础工作。在政府预算执行中，它们的共同目的是为圆满完成中央预算和地方预算服务。其中，财政总预算会计是核算、反映和监督本级财政预算资金集中和分配的职能机构，掌握本级财政预算收支的全面情况和结果，处于综合的地位。收入征解会计是核算、反映和监督中央预算和地方预算中各级税收征管、缴库过程中资金流通的职能机构，负责核算各项税收的组织、实现与缴纳，处于专业的地位。国库会计是办理各级预算收支缴拨的机关。一切预算收入均由国库收纳，一切支出均由国库拨付，从而体现出国库会计是各级预算执行的重要出纳部门。以上财、税、库三个方面是组织、管理和核算、反映、监督各级财政预算收入实现的重要部门，他们必须相互提供有关资料、文件和报表，密切协作，才能确保完成任务。

从整个会计核算程序来看，财、税、库三者的联系也非常密切。例如，税收会计的缴款书由国库收纳后，既是税务部门的实际入库凭证，又是国库入库的原始凭证，同时也是财政总预算会计收入记账的原始凭证。税收会计的“实际缴库款”，同各级国库的实际入库数，以及财政总预算会计相应的预算收入数应当是一致的，尤其在年终清理时更是这样。在财、税、库的对账工作中，国库起着重要的作用。各级国库每日应向各级征收机关报送预算收入报表，同时也向财政总预算会计报送预算收入日报表。财政总预算会计凭国库编制的收入日报表记录预算收入明细账和总账，同时根据财政库存日报表核对预算支出拨款及库存余额。财政总预算会计的预算收入、预算支出和国库存款数与国库会计的收入、支出和库款余额应当保持一致。

第三节 预算会计的基本理论

预算会计的基本理论以目标为先导、在确定核算前提和核算原则的基础上，规定会计要素的基本内容，展开具体的核算程序和方法运用。

一、预算会计的目标

会计目标是指会计的目的或宗旨，是会计人员在一定时期内和一定条件下从事会计实践活动所追求和希望达到的预期结果。会计目标是连接会计理论与会计实践的纽带和桥梁。现代会计作为一个经济信息系统，必须确定符合客观实际的会计目标，由此而形成的会计信息才能使信息使用者满意。因此，会计目标是会计理论结构的最高层次，并指导会计准则的制定和会计业务的处理。会计目标可分为基本目标和直接目标。

同样，预算会计应在确定会计基本目标的前提下，明确自身的直接目标。从预算会计的宗旨来看，其直接目标就是要向各级政府、单位主管部门、社会公众和广大纳税人提供预算会计信息，让他们了解政府财政资金的使用情况和产出效益。只有围绕此目标而制定的核算前提、一般原则、核算程序和核算方法才能体现预算会计的要求和内容。

二、预算会计的核算前提

会计前提又称会计假设，是指组织会计核算工作必须具备的前提条件。进一步说，这些前提都是人们在长期的会计实践中多次施行过，虽尚未形成具体的原则和理论，但已是人们在处理会计工作时习惯通行的做法。这是人们对会计领域中尚未肯定的事项所作的合乎情理的设想，是开展正常会计工作的基本前提和制约条件，也是会计理论的基础。预算会计前提包括：会计主体、持续运行、会计分期和货币计量。

1. 会计主体

会计主体是指预算会计工作的特定空间范围。预算会计在经济业务范围内，对发生的事项进行确认、记录、核算和反映，实行会计监督。预算会计主体应为各级政府和各类行政、事业单位。财政总预算会计的主体是各级政府而不是财政机关，因为财政总算各项收支的安排、使用，是国家各级政府的职权范围，财政机关只是代表政府执行预算和管理财政收支。行政、事业单位的会计主体，是指会计为之服务的单位，这一单位在经济上是独立的或相对独立的，不能把单位会计主体视作财政总预算会计的附属而忽视其独立的主体地位。

2. 持续运行

持续运行是指各预算会计主体的各项业务活动将持续不断地运行下去。只有在这一前提下，预算会计处理才能按照正常的会计核算程序和方法进行，账面价值才能合理地进行计算，单位的债权债务才能得到合理的清偿。

3. 会计分期

会计分期是指将预算会计主体持续运行的时间人为地划分会计期间，分期结算和编制会计报表。由于我国政府预算是按年度编制的，因此，预算会计分期为年度、季度和月份。会计年度、季度、月份均采用公历日期。

4. 货币计量

货币计量是指预算会计的核算以人民币作为记账本位币。货币计量是会计的基本特征。同时，还要假设币值是相对稳定的。如果发生外币收支业务，应当按照中国人民银行公布的当日人民币外汇汇率折算为人民币核算。编制会计报表时，也应按照编制日期的人民币外汇汇率折算为人民币反映。

三、预算会计的一般原则

会计的一般原则是对会计核算提供信息的基本要求，是处理具体会计业务的基本依据。会计原则既是会计理论的概括，又是会计实践经验的总结。它在会计准则中居于主导地位，指导着会计要素准则的制定和会计方法的选择，因此也就成为衡量会计信息质量的重要标准。预算会计核算原则有以下十一项，并划分为两大类：一类是对会计信息质量的要求；一类是关于会计确认计量的要求。

1. 对会计信息质量要求的原则

对会计信息质量的要求，是对衡量信息质量的标准或控制信息质量的要求。这是对会计信息的最基本要求。这对于预算会计和企业会计都是适用的。属于对会计信息质量要求的核算原则有：

（1）客观性原则，也称真实性原则。指会计核算应当以实际发生的经济业务为依据，每项经济业务必须取得或填制合法的书面凭证，做到明了可靠、内容真实、数字准确、手续完备，如实反映财务收支状况和事业成果。该原则还要求会计核算过程应当真实客观，会计报表应当如实反映核算成果。

（2）相关性原则，也称适应性原则。指会计信息应当符合国家经济管理的要求，满足预算管理和有关方面了解单位财务状况及收支情况的需要，并有利于单位加强内部管理。

（3）可比性原则。指对会计核算应当按照规定的会计处理方法进行，会计指标应当一致，互相可比。不同的单位，尤其是同一行业的不同单位，处理同一业务要使用相同的程序和方法，以便相互比较，判断优劣。

(4) 一致性原则。指会计处理方法应当前后各期保持一致，不得随意变更。如确有必要变更，应将变更的情况、原因和对单位财务收支情况及其结果的影响在会计报告中予以说明。

(5) 及时性原则。指对会计事项的处理，必须在经济业务发生时及时进行，讲求时效，以发挥会计信息的作用。失去时效的会计信息，便成了历史材料，不能对决策起到作用。

(6) 清晰性原则。指会计记录和会计报告应当清晰明了，数字和文字说明应当一目了然、简明、清晰，以便使用者利用。

(7) 重要性原则。指会计报表应当全面反映预算单位的财务收支情况及结果。对于重要的业务事项应当单独列示，对于不重要的业务事项则可合并列示。

2. 关于会计确认计量要求的原则

关于会计确认计量的要求，是对会计信息处理方法和程序的要求，它规定了对会计要素确认计量的基本原则，实际上也规范着会计报告列示的原则。

(1) 收付实现制和权责发生制原则。指除事业单位成本核算采用权责发生制以外，其他各项业务都采用收付实现制。不同的会计主体实行不一样的收支结账原则，而且在执行中还可能有程度上的差别，这是预算会计一般原则方面的一个重要特点。

(2) 专款专用原则。指对国家预算拨款和其他指定用途的资金，应当按规定的用途使用，不能擅自改变用途，挪作他用。这也是预算会计一般原则方面的一个重要特点。

(3) 历史成本原则。指各项财产物资应当按取得或购进时的实际成本计价，当市场价格发生变化时，除国家另有规定外，不得自行调整账面价值。

(4) 配比原则。指从事经营活动的事业单位，其经营支出与相关的经营收入应当配比。应当指出，由于事业单位的业务收入和业务支出之间，往往无严格的因果关系，更无直接的比例关系，支出多的项目，收入可能多也可能少。因此，这种配比具有一定的相对性。

四、预算会计的核算程序和记账方法

预算会计作为一种专业会计，也应当遵循一般会计的核算程序和方法进行核算，只是在内容上要体现出自己的特点。

预算会计的核算程序应体现出会计凭证、会计账簿和会计报表有机联系的特点。根据核算内容，预算会计可选择记账凭证核算程序或科目汇总表核算程序进行核算，并按照会计基础工作规范的要求进行填制凭证、登记账簿和编制会计报表。核算程序在预算会计中的运用如图 1－1 所示。

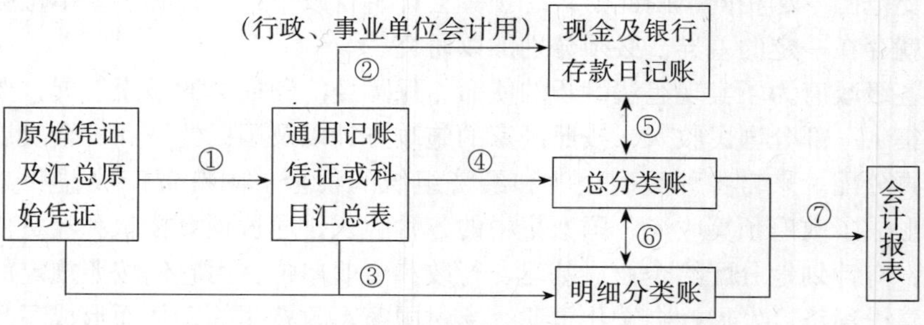

图 1－1　核算程序在预算会计中的运用

预算会计的记账方法应采用借贷记账法。借贷记账法是国际通用的复式记账法。在我国，复式记账法曾经分为增减复式记账法、收付复式记账法和借贷复式记账法。1998 年以前，我国预算会计一直采用收付复式记账法。为了与各国的政府及非营利组织会计衔接，1998 年统一实施的新预算会计制度已规定，预算会计采用借贷记账法。

在预算会计中，借贷记账法中的“借”表示资产和支出类账户的增加，以及负债、净资产和收入类账户的减少或转销；“贷”则表示资产和支出类账户的减少或转销，以及负债、净资产和收入类账户的增加。借贷记账法在预算会计中的运用如图 1－2 所示。

借　方	贷　方
资产类账户的增加	负债类账户的增加
支出类账户的增加	净资产账户的增加
负债类账户的减少	收入类账户的增加
净资产账户的减少	资产类账户的减少
收入类账户的减少或转销	支出类账户的减少或转销

图 1－2　借贷记账法在预算会计中的运用

五、预算会计的核算对象

一般来说，会计核算对象是指会计所反映、监督的内容。预算会计是反映和监督中央预算和地方预算以及行政事业单位收支预算执行的会计，其核算对象应是政府预算的执行情况。由于各级政府和各类行政、事业单位的业务活动和收支范围不尽相同，因此财政总预算会计、行政单位会计和事业单位会计的对象就存在一定的差异，必须分别加以研究。

各级政府为了实现宪法赋予的使命，保障经济和社会的健康发展，要有计划地集中一部分国民收入，按照国家的施政方针以及国民经济和社会发展计划进行再分配。来自各种类型企业和经济组织的税金、国有资产收益和其他缴款，形成了政府预算收入；国家集中的各种收入，通过预算拨款和经费使用的方式，有计划地分配给企业、基建、行政和事业单位，由它们按照规定的用途用于建设经济、发展社会文化事业、支付国家军政费用等，从而形成了政府预算支出；尚未分配使用的资金和每年预算执行的结果，则形成了收支结余。因此，财政总预算会计的对象，就是在执行总预算过程中各级政府财政资金的集中、分配及其结果。

行政单位为了行使政府职能，执行国家机关的工作任务，需要向财政部门或上级部门领拨经费，形成单位的收入；将这些经费按规定用于有关的人员经费和公用经费方面，形成单位的支出；而尚未使用部分则是行政单位的收支结余。因此，行政单位会计的对象，就是在执行单位预算过程中各级行政单位财政资金的领拨、使用及其结果。

国有事业单位的业务活动多种多样，资金来源有自身的业务收入、政府拨款、有关机构拨款以及通过市场取得的收入，由此而形成单位的资金收入；事业单位为了开展业务活动，需要购置设备和材料物资、支付有关费用，由此而形成单位的资金支出；收支相抵后，即表现为事业单位的收支结余。因此，事业单位会计的对象，就是国有事业单位各类业务资金的取得、使用及其结果。

由此可知，预算会计的对象，既包括各级政府财政资金的集中和分配，也包括行政单位财政资金和事业单位业务资金的取得和运用。预算会计既反映非物质生产部门的财政资金、业务资金的活动，也反映物质生产部门的缴款以及对经济建设和经营单位的拨款。因此，资金来源和用途的广泛性，资金活动不具有完全的周转性，是预算会计对象的特点。

六、预算会计要素及其相互关系

会计要素是会计对象的构成要素，也是构成报表的基础。会计核算的具体内容多种多样，为了对有关核算内容进行确认、计量、记录、报告，需要对会计对象作基本的带有规律性的科学分类，把会计对象分解为若干基本的构成要素。这就是会计要素的含义。

按照预算会计制度的规定，预算会计要素分为资产、负债、净资产、收入和支出五个要素，各要素的具体内容由各会计制度或准则加以确定。

1. 资产

资产是指一级财政或行政、事业单位掌管或使用的能以货币计量的具有服务能力的经济资源，包括各种财产、债权和其他权利。

预算单位的资产具有如下特征：

（1）资产必须是一种经济资源。这种经济资源必须具有为一级财政和预算单位开展业务及其他活动提供经济利益的能力，才能确认为资产。

（2）资产必须能够用货币计量。经济资源必须能以货币计量，才能确认其价值，并据以入账、核算。

（3）资产必须能为政府和单位占有或使用。只有政府和单位拥有占有权或使用权的经济资源才能作为资产进行核算。行政单位的资产基本上是国家通过不同方式投入形成的。

（4）资产包括财产、债权和其他权利。单位的资产包括实物财产和非实物资产，具体表现为流动资产、对外投资、固定资产、无形资产和应收账款等形式。

2. 负债

负债是指一级财政或行政、事业单位承担的能以货币计量，需要以资产或者劳务偿还的债务，包括借入款项、应付款项、预收款项等。

由于行政事业单位不是生产物质产品的纯经营单位，故应该严格控制负债规模。

3. 净资产

净资产是指一级财政或行政、事业单位的资产减去负债的余额，包括结余、固定基金、专用基金等。不同的预算会计，其净资产的内容有着较大的差别。

财政总预算会计的净资产包括预算结余、基金预算结余、专用基金结余、财政周转基金和预算周转金等。

行政单位会计的净资产包括固定基金和结余。

事业单位会计的净资产则包括固定基金、事业基金、专用基金和结余等。

4. 收入

收入是指一级财政或行政、事业单位为实现其职能或开展业务活动，依法取得的非偿还性资金。

财政总预算会计的收入是各级政府为实现其职能，根据法令和法规所取得的非偿还性资金，是一级财政的资金来源。它包括一般预算收入、基金预算收入、专用基金收入和资金调拨收入等。

行政单位会计的收入是指单位为了完成业务活动，从财政部门或上级单位取得的各项拨款，以及按规定取得的收入。它包括拨入经费、预算外资金收入和其他收入等。

事业单位会计的收入是指单位为开展业务活动，依法取得的非偿还性资金。它包括财政补助收入、上级补助收入、拨入专款、事业收入、结余收入、附属单位缴款和其他收入等。

5. 支出

支出是指一级政府或行政、事业单位为实现其职能或开展业务活动，对财政资金的再分配或所发生的各项资金耗费和损失。

财政总预算会计的支出是指一级政府为实现其职能，而对财政资金的再分配。它包括一般预算支出、基金预算支出、专用基金支出和资金调拨支出等。

行政单位会计的支出是指行政单位为完成公务所发生的各项实际耗费和支出。它包括经费支出、拨出经费和结转自筹基建等。

事业单位会计的支出是指事业单位为开展业务活动和其他活动所发生的各项资金耗费及损失。它包括事业支出、经费支出、上缴上级支出、对附属单位补助、专款支出等。

预算会计的五个要素，可用会计等式表示其相互关系。会计等式也称会计平衡式，它反映会计要素的基本关系，是复式记账赖以建立的基础，也是进行会计核算、设计会计报表的理论依据。预算会计采用借贷记账法，并据此形成会计等式。

从一般核算来看，静态会计要素的平衡关系式为：

资产 = 负债 + 净资产

预算会计净资产的变化在很大程度上是由于收入和支出的发生而形成的，其动态会计要素的平衡关系式为：

收入 − 支出 = 结余（净资产）

以上两种平衡式可以结合在一起，形成会计要素的综合平衡式：

资产 = 负债 + 原净资产 + 收入 − 支出

资产 − 负债 = 原净资产 + 结余

资产 − 负债 = 新净资产

任何一个预算会计主体在其业务活动和经营活动过程中，随着收支业务的发生，必然要引起资产、负债、净资产不断地发生变化。然而，不管它们怎么变化，始终不会破坏上述会计平衡式。从这个意义上讲，会计平衡式是永远恒等的。

第四节 国库集中收付制度

国库集中收付制度，是指以国库单一账户体系为基础，将所有财政性资金都纳入国库单一账户体系管理，收入直接缴入国库和财政专户，支出通过国库单一账户体系直接支付到商品和劳务供应者或用款单位的一项国库管理制度。这一制度的本质在于实现两个“直达”，即“收入直缴，支出直拨”。通过两个“直达”，对财政收入直接缴入国库，对财政支出以预算分配、资金拨付、资金使用、银行清算以及财政资金到达商品和劳务提供者的整个过程实施有效的监控。

实行国库集中收付制度，改革了以往财政资金主要通过征收机关和预算单位设立多重账户分散进行缴库和拨付的方式，有利于财政性资金按规定程序在国库单一账户体系内规范运作，有利于收入缴库和支出拨付过程的有效监管，有利于预算单位用款及时，解决了财政性资金截留、挤占、挪用等问题。

一、国库单一账户体系

（一）国库单一账户体系的构成

国库单一账户体系由下列银行账户构成：①财政部门在中国人民银行开设的国库单一账户（简称国库单一账户）；②财政部门在商业银行开设的零余额账户（简称财政部门零余额账户）；③财政部门在商业银行为预算单位开设的零余额账户（简称预算单位零余额账户）；④财政部门在商业银行开设的预算外资金财政专户（简称预算外资金专户）；⑤经国务院或国务院授权财政部批准为预算单位在商业银行开设的特殊专户（简称特设专户）。

（二）各账户的功能

1. 国库单一账户

国库单一账户用于记录、核算、反映财政预算资金和纳入预算管理的政府性基金的收入和支出。代理银行应当按日将支付的财政预算内资金和纳入预算管理的政府性基金与国库单一账户进行清算。国库单一账户在财政总预算会计中使用，行政单位和事业单位会计中不设置该账户。

2. 财政部门零余额账户

财政部门零余额账户用于财政直接支付和与国库单一账户清算。该账户每日发生的支付，于当日营业终了前与国库单一账户清算；营业中单笔支付额5 000万元人民币以上的（含5 000万元），应当及时与国库单一账户清算。财政部门零余额账户在国库会计中使用，行政单位和事业单位会计中不设置该账户。

3. 预算单位零余额账户

预算单位零余额账户用于财政授权支付和清算。该账户每日发生的支付，于当日营业终了前，由代理银行在财政部门批准的用款额度内与国库单一账户清算；营业中单笔支付额在5 000万元人民币以上的（含5 000万元），应及时与国库单一账户清算。预算单位零余额账户可以办理转账、提取现金等结算业务，可以向本单位按账户管理规定保留的相应账户划拨工会经费、住房公积金及提租补贴，以及经财政部门批准的特殊款项，不得违反规定向本单位其他账户和上级主管单位、所属下级单位账户划拨资金。预算单位零余额账户在行政单位和事业单位会计中设置和使用。

4. 预算外资金专户

预算外资金专户用于记录、核算和反映预算外资金的收入和支出活动，并用于预算外资金日常收支清算；预算外资金专户在财政部门设置和使用。

5. 特设专户

特设专户用于记录、核算和反映预算单位的特殊专项支出活动，并用于与国库单一账户清算。特设专户在按规定申请设置特设专户的预算单位中使用。

（三）国库集中收付制度中各部门的职责

财政部门是持有和管理国库单一账户体系的职能部门，任何单位不得擅自设立、变更或撤销国库单一账户体系中的各类银行账户。中国人民银行按照有关规定，对国库单一账户和代理银行进行管理和监督。这里所指的代理银行，是指由财政部门确定的、具体办理财政性资金支付业务的商业银行。

预算单位使用财政资金，应当按照规定的程序和要求，向财政部门提出设立零余额账户、特设专户等银行账户的申请，财政部门审核同意后，书面通知代理银行，为预算单位开设预算单位零余额账户。凡是需要开设特设专户的预算单位，需经财政部审核并报国务院批准或经国务院授权财政部批准后，由财政部在代理银行为预算单位开设。一个基层预算单位开设一个预算单位零余额账户。

二、收入的收缴程序

财政收入的收缴分为直接缴库和集中汇缴两种方式，并形成相应的缴款程序。①直接缴库程序。直接缴库的税收收入，由纳税人或税务代理人提出纳税申报，经征收机关审核无误后，由纳税人通过开户银行将税款缴入国库单一账户。直接缴库的其他收入，比照上述程序缴入国库单一账户或预算外资金财政专户。②集中汇缴程序。小额零散税收和法律另有规定的应缴收入，由征收机关于收缴收入的当日汇总缴入国库单一账户。非税收入中的现金缴款，比照本程序缴入国库单一账户或预算外资金财政专户。

三、支出的拨付程序

（一）支出的类型及方式

按照国库管理办法的规定，财政支出总体上分为购买性支出和转移性支出。根据支付管理需要，具体分为工资支出、购买支出、零星支出、转移支出等。其中，工资支出是指预算单位的工资性支出。购买支出是指预算单位除工资支出、零星支出之外购买服务、货物、工程项目等支出。零星支出是指预算单位购买支出中的日常小额部分，除《政府采购品目分类表》所列品目以外的支出，或虽列入《政府采购品目分类表》所列品目，但未达到规定数额的支出。转移支出是指拨付给预算单位或下级财政部门、未指明具体用途的支出，包括拨付企业补贴和未指明具体用途的资金、中央对地方的一般性转移支付等。

财政性资金的支付方式包括财政直接支付和财政授权支付。其中，财政直接支付是指由财政部门向中国人民银行和代理银行签发支付指令，代理银行根据支付指令通过国库单一账户体系将资金直接支付到收款人（即商品或劳务的供应商等，下同）或用款单位（即具体申请和使用财政性资金的预算单位，下同）账户方式。

财政授权支付是指预算单位按照财政部门的授权，自行向代理银行签发支付指令，代理银行根据支付指令，在财政部门批准的预算单位的用款额度内，通过国库单一账户体系将资金支付到收款人账户的方式。

（二）支付程序

1. 财政直接支付程序

预算单位实行财政直接支付的财政性资金包括：工资支出、工程采购支出、物品和服务采购支出。

在财政直接支付方式下，预算单位按照批复的部门预算和资金使用计划，提出支付申请；财政直接支付的申请由一级预算单位汇总，填写“财政直接支付汇总申请书”，报财政部门国库支付执行机构。财政部门国库支付执行机构根据批复的部门预算和资金使用计划及相关要求，对一级预算单位提出的支付申请审核无误后，开具“财政直接支付汇总清算额度通知单”和“财政直接支付凭证”，经财政部门国库管理机构加盖印章签发后，分别送中国人民银行和代理银行。

代理银行根据“财政直接支付凭证”及时将资金直接支付给收款人或用款单位。代理银行依据财政部门国库支付执行机构的支付指令，将当日实际支付的资金，按一级预算单位分预算科目汇总，并附上实际支付清单与国库单一账户进行资金清算。

代理银行根据“财政直接支付凭证”办理支出后，开具“财政直接支付入账通知书”发给一级预算单位和基层预算单位。“财政直接支付入账通知书”作为一级预算单位和基层预算单位付出或收到款项的凭证。一级预算单位有所属二级或多级预算单位的，由一级预算单位负责向二级或多级预算单位提供收到和付出款项的凭证。预算单位根据收到的支付凭证做好相应的会计核算。

2．财政授权支付程序

财政授权支付适用于未纳入工资支出、工程采购支出、物品及服务采购支出管理的购买支出和零星支出。具体包括单件物品或单项服务购买额不足10万元人民币的购买支出；年度财政投资不足50万元人民币的工程采购支出；特别紧急的支出；经财政部门批准的其他支出。

在财政授权支付方式下，预算单位按照批复的部门预算和资金使用计划，申请授权支付的月度用款限额；财政授权支付的月度用款限额申请由一级预算单位汇总，报财政部门国库支付执行机构。财政部门根据批准的一级预算单位用款计划中月度授权支付额度，每月25日前以“财政授权支付汇总清算额度通知单”、“财政授权支付额度通知单”的形式分别通知中国人民银行和代理银行。

代理银行在收到财政部门下达的“财政授权支付额度通知单”时，向相关预算单位发出“财政授权支付额度到账通知书”。基层预算单位凭据“财政授权支付额度到账通知书”所确定的额度支用资金；代理银行凭据“财政授权支付额度通知单”受理预算单位财政授权支付业务，控制预算单位的支付金额，并与国库单一账户进行资金清算。

预算单位支用授权额度时，填制财政部门统一制定的“财政授权支付凭证”（或新版银行票据和结算凭证，下同）送代理银行，代理银行根据“财政授权支付凭证”，通过零余额账户办理资金支付。

四、预算结余资金的处理

预算结余资金，是指实行国库集中收付制度的预算单位在预算年度内，按照财政部门批复的部门预算，当年尚未支用并按有关规定应留归预算单位继续使用的资金。预算单位结余资金的数额按照财政部门批复的部门预算数额加上年预算结余数额减去当年财政国库已支付数额（包括财政直接支付数额和财政授权支付数额）和应缴回财政部门数额后的余额计算。

预算单位的预算结余资金应按规定程序由财政部门核定。财政部门核定下达预算结余后，预算单位根据财政部门核定的上一年度预算结余和下年度预算，按规定的程序申请使用资金。

目前，我国中央预算和地方预算都普遍进行了国库管理制度的改革，最明显的是结合政府采购制度的实施，实行国库集中收付制度。现代国库管理制度的正式实施后，将会影响传统的预算会计体系和分级。建立了国库单一账户体系后，传统的预算领拨款关系将发生变化，前述的行政单位和事业单位会计的分级含义也将会随之发生变化，主管会计单位、二级会计单位和基层会计单位之间的经费领报关系淡化。但是，各单位的会计仍将保留，仍然发挥着会计核算和会计监督作用。

本章关键词

预算会计　政府预算　财政总预算会计　行政单位会计　事业单位会计　国库集中收付制度　国库单一账户体系

复习思考题

1. 预算会计的概念是什么？
2. 我国预算会计的组成体系是由哪些会计构成的？
3. 预算会计有哪些一般核算原则？
4. 预算会计有几个会计要素？它们之间有什么关系？
5. 简述财政总预算会计对象、行政单位会计对象和事业单位会计对象的不同点。
6. 什么是国库单一账户体系？
7. 简述国库集中收付制度的支付方式。

第二章　财政总预算会计概述

财政总预算会计的核算内容是指政府预算资金的集中、分配和执行的结果。要进行总预算会计的核算，必须明确任务、了解政府预算的管理体制，以及总预算会计的特点、核算原则和核算方法。

通过本章学习，应该掌握以下内容：

（1）财政总预算会计的特点和核算原则。

（2）财政总预算会计科目及会计账簿的设置要求。

第一节　财政总预算会计的内容

一、财政总预算会计的概念

财政总预算会计简称总预算会计，是各级政府财政部门核算、反映和监督政府预算执行和财政周转金等各项财政性资金活动的专业会计。总预算会计由中央和地方各级政府的财政机关具体实施。

财政机关是组织国家财政收支、办理政府预算、决算的专职管理机关，其主要任务是将物质生产部门创造的一部分国民收入以税收、上缴利润和其他缴款方式集中起来，形成政府的财政资金，再根据国家的社会发展规划和国民经济发展计划，通过预算的形式有计划地进行分配，为国家的行政管理、国民经济建设、国防建设以及教科文卫体等各方面事业的发展服务。

财政机关集中各项财政资金形成财政收入，是一级财政的资金来源；以拨款和支出的形式分配使用财政资金形成财政支出，是财政资金的运用；在执行财政收支后，尚未使用的资金形成各项资金结余，是一级政府财政预算执行的结果。这种财政资金的收支、结存活动就是财政总预算会计反映、监督的基本内容。按照我国政府预算体制的要求，我国的五级预算都设置了财政总预算会计。各级财政总预算会计在全国组成了一个相互联系的信息网络。

二、财政总预算会计的基本任务

根据《财政总预算会计制度》规定，财政总预算会计的主要职责是进行会计核算，反映预算执行，实行会计监督，参与预算管理，合理调度资金。其基本任务如下：

（1）处理财政总预算会计的日常核算事务。办理财政各项收支、资金调拨及往来款项的会计核算工作；及时组织年度政府决算、行政事业单位决算的编审和汇总工作，进行上下级财政之间的年终结算工作。

（2）调度财政资金。根据财政收支的特点，妥善解决财政资金库存和用款单位需求的矛盾，在保证按计划及时供应资金的基础上，合理调度资金，提高资金使用效益。

（3）实行会计监督，参与预算管理。通过会计核算和反映，提出预算执行情况分析，并对总预算、部门预算和单位预算的执行实施会计监督。协调参与预算执行的国库会计、收入征解会计等专业会计之间的业务关系，共同做好预算执行的核算、反映和监督工作。

（4）组织和指导本行政区域预算会计工作。各省、自治区、直辖市（含计划单列城市）的财政总预算会计在与《财政总预算会计制度》不相违背的前提下，负责制订或审定本行政区域预算会计有关具体核算办法的补充规定，组织检查、辅导本单位会计和下级财政总预算会计工作。

（5）做好预算会计的事务管理工作。负责预算会计的基础工作管理，参与预算会计人员专业技术资格考试、评定及核发会计证工作。

三、财政总预算会计的特点

财政总预算会计的特点是同行政单位会计、事业单位会计及企业会计相比较而言的。各级政府与一般行政单位、事业单位及企业的经济活动有着明显的差异。财政机关是代表各级政府组织财政收支，办理政府预算、决算的管理机关，其主要职责是组织财政资金的收入和使用。行政、事业单位的主要任务是进行行政管理，组织经济、文化建设，发展社会各项事业，其所需资金大部分由财政资金分配拨付。而企业则是以营利为主要目标的经济组织，独立地从事商品生产经营活动，需要独立核算，自负盈亏。这些经济活动的差异，决定了财政总预算会计具有如下几个特点：

（1）财政总预算会计是为政府预算服务的，对财政资金进行核算与监督，为管理调度资金提供会计信息。政府预算体现了国家社会经济发展规划，是国民收入分配的一个重要环节，对国家经济建设和各项事业的发展起到重要作用。财政总预算会计作为反映和监督政府预算执行情况的专业会计，具有宏观意义。

（2）财政总预算会计核算各级政府的预算收支情况，不需要进行成本核算和损益计算。财政总预算会计的对象和职能决定了它主要反映财政资金的收入、支出情况，合理调度财政资金，提高资金使用效益，而不像企业会计和某些事业单位会计那样需要进行成本核算和损益核算。

（3）财政总预算会计所提供的信息不仅要符合一般的会计原则，还要符合《预算法》的要求，以满足上级财政部门及本级政府对预算管理和财政决策方面的需要。财政总预算会计的信息使用者是上级财政部门、政府部门、广大纳税人和社会公众，他们需要了解财政资金的收支情况，了解财政资金的使用效益，从而明确政府所做的工作。这一点，与企业会计有很大的区别。

（4）财政总预算会计的核算以收付实现制为记账基础，个别事项可采用权责发生制，而企业会计核算则以权责发生制为记账基础，事业单位会计对于经营活动则可实行权责发生制。

四、财政总预算会计的一般原则

《财政总预算会计制度》规定了财政总预算会计在核算中应遵循的一般原则：

（1）总预算会计核算应当以实际发生的经济业务为依据，如实反映财政收支执行情况和结果。

（2）总预算会计信息，应当符合预算法的要求，适应国家宏观经济管理和上级财政部门及本级政府对财政管理的需要。

（3）总预算会计核算应当按照规定的会计处理方法进行。

（4）财政部门管理的各项财政资金（包括一般预算资金、纳入预算管理的政府性基金、专用基金等）都应当纳入总预算会计核算管理。

（5）总预算会计处理方法前后各期应当一致，不得随意变更。如确有必要变更，应将变更的情况、原因和对会计报表的影响在预算执行报告中予以说明。

（6）总预算会计核算应当及时进行。

（7）总预算会计记录和会计报表应当清晰明了，便于理解；对于重要的经济业务，应当单独反映。

（8）总预算会计核算以收付实现制为基础。

为了使财政总预算会计满足政府预算和国库收付制度改革的需要，财政部对《财政总预算会计制度》作出暂行补充规定。规定要求对中央财政总预算会计的个别事项可以采用权责发生制，除此之外的其他事项均不得采用权责发生制。

中央财政总预算会计采用权责发生制的事项有：

①预算已经安排，由于政策性因素，当年未能实现的支出；

②预算已经安排，由于用款进度等原因，当年未能实现的支出；

③动支中央预备费安排，因国务院审批较晚，当年未能及时拨付的支出；

④为平衡预算需要，当年未能实现的支出。

（9）凡是有指定用途的资金，必须按规定用途使用。

第二节　财政总预算会计工作的组织

财政总预算会计工作的组织主要包括设置会计科目、采用适当的记账方法、规定会计凭证、设置会计账簿以及设计会计报表等内容，本节主要对财政总预算会计的会计科目、会计凭证和会计账簿作介绍，其他内容在有关章节介绍。

一、财政总预算会计科目

会计科目是对会计对象具体内容进行分类核算的项目，是会计要素的进一步分类。因此，会计科目是各级财政总预算会计设置账户、确定核算内容的依据，也是汇总和检查财政资金活动情况及其结果的基本依据。财政总预算会计的会计科目是根据统一性、适应性和简明性的要求设置的，与其他预算会计比较具有以下特点：

（1）财政总预算会计的会计科目应与政府预算收支科目相适应，并以预算收支科目的级次设置明细科目，即明细科目要与预算科目的类、款、项一致。这样使会计记录和反映的结果能与政府预算相对应，便于分析和比较，更好地为预算管理服务。

（2）一级科目必须统一，明细科目允许有一定的灵活性。一级科目统一由财政部制定和颁布施行，不需要的科目可以不用，但不得任意改变科目名称和编号。明细科目除统一规定外，各级总预算会计可按本身的需要自行设置。

（3）财政总预算会计不核算实物资产，故不设这一类会计科目，也没有库存现金科目。

各级财政总预算会计按会计要素可分为资产、负债、净资产、收入和支出五类，其适用的会计科目如表2－1所示。

表2－1 会计科目表

序号	编码	科目名称	序号	编码	科目名称
		一、资产类	14	307	专用基金结余
1	101	国库存款	15	321	预算周转金
2	102	其他财政存款			
3	104	有价证券			四、收入类
4	105	在途款	16	401	一般预算收入
5	111	暂付款	17	405	基金预算收入
6	112	与下级往来	18	407	专用基金收入
7	121	预拨经费	19	411	补助收入
8	122	基建拨款	20	412	上解收入
			21	414	调入资金
		二、负债类			
9	211	暂存款			五、支出类
10	212	与上级往来	22	501	一般预算支出
11	222	借入款	23	505	基金预算支出
			24	507	专用基金支出
		三、净资产类	25	511	补助支出
12	301	预算结余	26	512	上解支出
13	306	基金预算结余	27	514	调出资金

二、财政总预算会计的会计凭证

会计凭证是记录经济业务，明确经济责任的书面证明，也是登记会计账簿的依据。财政总预算会计在核算各项经济业务时，都应取得或填制原始凭证，并根据审核无误的原始凭证填制记账凭证。

1. 原始凭证

原始凭证是经济业务发生时，载明其经济业务完成情况的原始证明。各级财政预算会计的原始凭证主要包括：

（1）国库报来的各种收入日报表及附件，如各种“缴款书”、“收入退还书”、“更正通知书”等；

（2）各种拨款和转账收款凭证，如预算拨款凭证、各种银行汇款凭证等；

（3）主管部门报来的各种非包干专项拨款支出报表和基本建设支出月报等；

（4）其他足以证明会计事项发生经过的凭证和文件。

2. 记账凭证

记账凭证是会计人员根据审核无误的原始凭证填制的记录经济事项、借贷方向、会计科目及其金额的证明文件，它是登记账簿的依据。财政总预算会计的会计凭证不分收、付、转三种专用格式，一律采用通用记账凭证。其基本格式有两种，见表2－2和2－3。

表2－2 记账凭证

总号________

年 月 日 分号________

对方单位	摘 要	借 方		贷 方		金额	记账符号	
		科目编号	科目编号	科目编号	科目编号			

附凭证 张

会计主管 记账 稽核 出纳 制单 领缴款人

表 2－3　　记账凭证

总号________

年　月　日　　分号________

摘　要	总账科目	明细科目	借方金额	贷方金额	记账符号	

附凭证　　张

会计主管　　记账　　稽核　　制单

记账凭证应按制度的规定进行编制，有关人员必须履行自己的职责；月末，应将记账凭证按顺序号整理，连同所附的原始凭证加上封面，装订成册保管。记账凭证封面格式如表 2－4 所示。

（财政部门名称）

表 2－4　　记账凭证封面

时　间	年　月份
册　数	本月共　册　本册是第　册
张　数	本册自第　号至第　号

会计主管　　装订人

三、财政总预算会计的账簿设置

账簿是由具有一定格式、互相联系的账页组成，供会计人员在会计凭证的基础上，全面、连续、系统地记录和反映各项经济业务的簿籍。为了核算各级政府的财政资金，财政总预算会计应根据需要设置以下账簿：

1. 总账

总账是用来核算财政总预算会计资金活动的总括情况，平衡账务，控制和核对各种明细账的账簿。总账格式采用三栏式账簿，并按会计科目名称设置账户。总账格式如表 2－5 所示。

表2－5 总 账

会计科目：______

本账页数	
本户页数	

户名：______

年		凭证号	摘 要	借方金额	贷方金额	余 额	
月	日					借或贷	金 额

2. 明细账

明细账是用来对总账有关科目进行明细核算的账簿。明细账可以选用三栏式账簿或多栏式账簿。多栏式账簿格式如表2－6所示。

表2－6 明 细 账

明细科目或户名：______ 第 页

年		凭证号	摘 要	借 方	贷 方	余 额	借（贷）方余额分析			
月	日									

说明：各种收支明细账可采用本账格式。
本账作支出明细核算时，“借（贷）方余额分析”栏以借方为主。
本账作收入明细核算时，“借（贷）方余额分析”栏以贷方为主。

财政总预算会计需设置的主要明细账有：

（1）收入明细账。包括一般预算收入明细账、基金预算收入明细账、专用基金收入明细账、上解收入明细账、财政周转金收入明细账等。

（2）支出明细账。包括一般预算支出明细账、基金预算支出明细账、专用基金支出明细账、补助支出明细账、财政周转金支出明细账等。

（3）往来明细账。包括暂付款明细账、暂存款明细账、与下级往来明细账、财政周转金放款明细账、借出财政周转金明细账等。

(4) 存款明细账。包括一般预算存款明细账、基金预算存款明细账、专用基金存款明细账、未设国库的乡镇财政预算资金存款明细账、财政周转金存款明细账等。

财政总预算会计的会计账簿在使用时，必须按照会计基础工作规范和会计制度的规定进行账簿登记。会计凭证和会计账簿发生错误时，应按规定的方法进行更正。

本章关键词

财政收入　财政支出　财政总预算会计一般原则　财政总预算会计科目

复习思考题

1. 财政总预算会计的概念如何表达?
2. 财政总预算会计的一般原则有哪些?
3. 财政总预算会计有哪些特点?
4. 财政总预算会计科目设置的特点是什么?
5. 财政总预算会计应设置哪些账簿?

第三章　财政总预算会计资产的核算

财政总预算会计所核算的资产，是一级财政掌管或控制的能以货币计量的经济资源。包括货币资金和债权两大部分。

通过本章的学习，应该掌握以下内容：

（1）总预算会计资产的内容。

（2）各项资产的管理要求。

（3）各项资产的账务处理。

第一节　货币资金的管理与核算

从财政总预算会计核算的角度来看，货币资金包括财政性存款、有价证券和在途款等项目内容。

一、财政性存款的管理与核算

1. 财政性存款的管理原则

财政总预算会计的财政性存款是财政部门代表政府掌管的财政资金，包括国库存款和其他财政存款。财政性存款的支配权属于同级财政部门，由财政总预算会计负责管理和统一收付。财政总预算会计在管理财政性存款时应当遵循以下原则：

（1）集中资金，统一调度。各种应由财政部门掌管的资金，都要纳入财政总预算会计的存款账户，并根据各项业务的进度拨付资金，以满足计划内各项正常支出的需要。实行集中资金，统一调度，才能有利于资金周转，提高资金的使用效益。另一方面，也有利于明确职责，健全内部控制机制。

（2）严格控制存款开户。各级政府的预算资金除财政部有明确规定者外，都要由财政总预算会计统一在国库或指定银行开立存款账户。不得在国家规定之外将预算资金或其他财政性资金任意转存其他金融机构。

(3) 执行预算，计划支拨。财政总预算会计应根据人民代表大会通过的年度预算和经财政有关职能部门批准的单位季度分月用款计划拨付财政资金，不得办理超预算、无计划的拨款。尤其在行政事业单位实行经费包干、财政总预算“以拨列支”的情况下，必须严格执行预算和用款计划，以加强源头控制。

(4) 转账结算，不提现金。财政总预算会计的各种支拨凭证，都只能用以转账结算，不得提取现金。财政部门是资金分配部门，不是财政资金的具体使用单位，采用转账结算，符合财政总预算会计的实际情况，也有利于保护国库存款的安全。

(5) 在存款余额内支付，不得透支。财政总预算会计只能在国库存款和其他财政存款余额内办理支付。不得透支是金融管理的常规，也是管理财政资金的原则。不得透支，能够使各级财政部门做好季节间的资金调度工作，确保财政收支平衡。

2. 财政性存款的核算

为了反映和监督财政性存款的增减及其结存情况，各级财政总预算会计应设置“国库存款”、“其他财政存款”和“在途款”等总账科目。

“国库存款”科目用来核算各级财政总预算会计在国库的预算资金存款的增减变动及其结存情况。该科目借方登记国库存款的增加数；贷方登记国库存款的减少数；余额在借方，反映国库存款的结存数。该科目可设置“一般预算存款”和“基金预算存款”明细科目进行明细核算。

财政总预算会计收到预算收入时，根据国库报来的预算收入日报表入账。收到上级预算补助时，根据国库转来的有关结算凭证入账。办理库款支付时，根据支付凭证回单入账。

“其他财政存款”科目用来核算各级财政总预算会计未列入“国库存款”科目反映的各项财政性存款的增减变动及结存情况。其他财政存款包括财政周转金存款、未设国库的乡（镇）财政在专业银行的预算资金存款，以及部分由财政部指定存入专业银行的专用基金存款等。该科目借方登记其他财政存款的增加数；贷方登记其他财政存款的减少数；余额在借方，反映其他财政存款的结存数。为便于分类管理，“其他财政存款”总账科目下应按交存地点和资金分设明细账，进行明细分类核算。

财政总预算会计应根据经办行报来的收入日报表或银行收款通知入账；支付其他财政存款时，应根据有关支付凭证回单入账。另外，采用国库集中收付方式时，也需要运用“其他财政存款”科目进行核算。

“在途款”是指在规定的库款整理期和决算清理期内，收到的应属上年度收入的款项和收回的不应在上年度列支的款项，或其他需要作为在途款过渡的资金数。通过“在途款”科目进行核算，能够划清上下年度的收支。

“在途款”科目用来核算决算清理期内和库款报解整理期内发生的上下年度收入、支出业务及需要通过本科目过渡处理的资金数。该科目借方登记各级国库在决算清理期内和库款报解整理期内收到应属上年度的收入款，以及收回不应在上年度列支的款项；贷方登记已收到应冲转的在途款；余额在借方，反映尚未到达的在途款。

【**例 1**】某市财政局收到国库报来本市“预算收入日报表”及“缴款书”等原始凭证，列示当日市级预算收入为 1 500 000 元。应作如下分录：

借：国库存款——一般预算存款　1 500 000
　贷：一般预算收入　1 500 000

【**例 2**】某市财政局收到国库报来“基金预算收入日报表”列明收入为 5 000 000元。应作如下分录：

借：国库存款——基金预算存款　5 000 000
　贷：基金预算收入　5 000 000

【**例 3**】某市财政局收到下级财政上解的预算收入 300 000 元。应作如下分录：

借：国库存款　300 000
　贷：上解收入　300 000

【**例 4**】某市财政局将基金预算结余 1 000 000 元调入一般预算中用以平衡一般预算收支不足。应作如下分录：

借：国库存款——一般预算存款　1 000 000
　贷：调入资金　1 000 000

同时：

借：调出资金　1 000 000
　贷：国库存款——基金预算存款　1 000 000

【**例 5**】某市财政局按计划拨付该市民政局本月行政经费 250 000 元。应作如下分录：

借：一般预算支出　250 000

贷：国库存款　　250 000

【例6】某市财政局拨付一笔专用基金给A单位用于经批准实施的某一专门项目资金400 000元。应作如下分录：

借：专用基金支出　　400 000

贷：其他财政存款——专用基金存款　　400 000

【例7】某市财政局在库款整理期内收到属于上年度的一般预算收入700 000元。应作如下分录：

在上年度账上记：

借：在途款　　700 000

贷：一般预算收入　　700 000

在本年度账上记：

借：国库存款　　700 000

贷：在途款　　700 000

【例8】某市财政局在决算清理期内收回上年度已列支的基金预算支出75 000元。应作如下分录：

在上年度账上记：

借：在途款　　75 000

贷：基金预算支出　　75 000

在本年度账上记：

借：国库存款——基金预算存款　　75 000

贷：在途款　　75 000

【例9】某乡财政总预算未设国库，收到县财政总预算会计返回的一般预算收入890 000元。应作如下分录：

借：其他财政存款　　890 000

贷：一般预算收入　　890 000

【例10】接上例，乡财政总预算会计开出付款通知单，向乡所属中学拨付本月经费560 000元。应作如下分录：

借：一般预算支出　　560 000

贷：其他财政存款　　560 000

二、有价证券的管理与核算

有价证券是国家指定的证券发行部门依照法定程序发行的，约定在一定期限内还本付息的信用凭证。财政总预算会计核算的有价证券，是指中央政府以信用方式发行的国家公债。发行有价证券，是政府调节宏观经济、平衡预算、集中财力、筹集国家重点建设项目资金的一种手段。财政总预算会计对有价证券的管理与核算有以下几方面的要求：

（1）各级政府只能用各项财政结余资金（包括一般预算结余和基金预算结余）购买国家指定的有价证券，如国库券、国家重点建设债券等，但不能购买公司债券和股票。

（2）支付购买有价证券的资金不能列作支出。

（3）当期有价证券兑付的利息及转让有价证券取得的收入，与有价证券账面成本的差额，应按购入有价证券时的资金来源，分别作为一般预算收入或基金预算收入。

（4）有价证券（含债券收款单）要视同货币妥善保管。

（5）为了反映和监督各级财政部门有价证券的购买、兑换及结存情况，需设置“有价证券”科目。

“有价证券”科目用来核算各级政府按国家统一规定用各项财政结余购买有价证券的库存数。该科目借方登记购入款；贷方登记到期兑付款的本金部分；余额在借方，反映尚未兑换的有价证券实际库存数。

【例11】某市财政局根据市政府指示用预算结余购买国库券5 000 000元；用基金预算结余购买国库券1 000 000元。应作如下分录：

借：有价证券	6 000 000	
贷：国库存款——一般预算存款		5 000 000
——基金预算存款		1 000 000

【例12】上述国库券到期，收回本金6 000 000元，利息180 000元（利率3%）。应作如下分录：

借：国库存款——一般预算存款	5 150 000	
——基金预算存款	1 030 000	
贷：有价证券		6 000 000
一般预算收入		150 000

基金预算收入　　30 000

第二节　财政债权的管理与核算

财政总预算会计管理和核算的债权主要有三类：一是对用款单位借垫款形成的债权；二是财政部门上下级往来形成的债权；三是预拨款项所形成的债权。这些债权具体包括暂付款、与下级往来、预拨经费、基建拨款等。

一、对用款单位借垫款形成的债权管理与核算

预算执行过程中，财政部门和预算单位之间会发生一些临时性的应收、暂付款项，如对所属预算单位和其他单位的临时急需借款和其他应收暂付款，政府采购采用国库集中收付方式时，也会产生暂付款。这一债权是待结算资金，既可能收回，也可能转为支出。在会计上应设置“暂付款”科目进行核算。由于暂付款属于临时债权性质，财政总预算会计应及时组织清理，不能长期挂账。

为了核算暂付款业务，需设置“暂付款”总账科目。该科目借方登记债权的发生数；贷方登记债权的清偿数；余额在借方，反映尚未清偿的债权额。该科目应及时清理结算，年终，原则上应无余额。该科目应按资金性质及借款单位名称设置明细账，进行明细分类核算。

【例 13】某市财政局因救灾急需按领导指示借给民政局自然灾害救灾款 350 000 元。应作如下分录：

借：暂付款　　350 000

　贷：国库存款　　350 000

【例 14】接上例，经研究，该暂付款已落实预算，全数转为对民政局的支出。应作如下分录：

借：一般预算支出　　350 000

　贷：暂付款　　350 000

【例 15】某市财政局将预算资金 250 000 元划入政府采购资金专户，用于 A 部门采购设备。应作如下分录：

借：暂付款——政府采购款　　250 000
　贷：国库存款　　250 000
同时：
借：其他财政存款　　250 000
　贷：暂存款——政府采购款　　250 000

【例 16】接上例，A 部门采购的设备价款为 240 000 元，国库支付局根据有关文件和资料拨付款项，并将节约的资金划回财政总预算会计时，应作如下分录：
借：暂存款——政府采购款（支付）　　240 000
　　　　——政府采购款（划回）　　10 000
　贷：其他财政存款　　250 000

【例 17】市财政总预算会计将政府采购所用预算资金 240 000 元列报支出，并收到划回的政府采购资金。应作如下分录：
借：一般预算支出　　240 000
　贷：暂付款——政府采购款　　240 000
借：国库存款　　10 000
　贷：暂付款——政府采购款　　10 000

二、上下级财政结算形成的债权管理与核算

财政部门在执行总预算过程中，有时会出现年度内预算收入和预算支出不平衡的情况。当预算支出大于预算收入时，按规定可以先动用预算周转金；如果预算收支仍不平衡，下级财政部门可以向上级财政部门申请短期借款。上级财政部门也可以向有结余的下级财政部门借入款项。这些款项就形成了财政上下级之间的债权债务。另外，年终财政体制结算中，全年上下级财政的实际上解或补助款与应上解或应补助款之间也会形成暂时借垫款项，这也形成财政上下级之间的债权债务。

为了核算与上级往来业务，应设置“与下级往来”总账科目。该科目借方登记借给下级财政款和体制结算中应由下级财政上缴的收入数；贷方登记收回下级财政偿还的、转作补助支出或体制结算应补助下级财政的数额。余额在借方，反映下级财政应归还本级财政的款项；余额在贷方，反映本级财政欠下级财政的款项，在编制资产负债表时应以负数表示。

该科目应及时清理结算。转作补助支出的部分，应在当年结清，不得长期挂账；其他年终未能结清的余额，结转下年。该科目应按资金性质和下级财政部门名称设置明细账，进行明细分类核算。

【例18】某市财政局同意其下属财政单位申请临时借款500 000元，以作周转调度之用。应作如下分录：

借：与下级往来	500 000	
贷：国库存款		500 000

【例19】市财政局同意将上述借款的80%转作对下属财政单位的补助款，20%归还给本局，并已收到还款。应作如下分录：

借：国库存款	100 000	
补助支出	400 000	
贷：与下级往来		500 000

【例20】在财政体制结算中，某市财政应收的下级财政上缴的款项150 000元尚未收到。应作如下分录：

借：与下级往来	150 000	
贷：上解收入		150 000

【例21】在财政体制结算中，某市财政应补助所属某县财政款项235 000元尚未拨付。应作如下分录：

借：补助支出	235 000	
贷：与下级往来		235 000

三、预拨款项形成的债权管理与核算

预拨款项是各级财政机关根据核定的预算计划，按规定预拨给用款单位的待结算资金，包括预拨经费和基建拨款。

1. 预拨经费的含义及管理要求

预拨经费是由于特殊情况预拨给预算单位，不在当期列支的经费。发生预拨经费主要有两种特殊情况：一是交通不便的边远地区，需要上级部门提前拨付下一个月的经费；二是上年预拨属于下年预算的经费。凡是年度预算执行中，财政总预算会计用预算资金预拨出应在以后各期列支的款项，以及会计年度终了前预拨给用款单位的下年度经费均应作为预拨经费管理。

财政总预算会计对于预拨经费的管理要求是：

（1）预拨经费应坚持把范围限制在个别单位和特殊情况的原则，并控制在计划额度内，不能任意预拨。如上述第一种情况。

（2）预拨经费应按照单位经费领报关系预拨。凡有上级主管部门的单位，不能直接与各级财政部门发生领报经费关系。

（3）预拨经费应在规定的列支期间及时列为支出，不能长期挂账。

2. 基建拨款的含义及管理要求

基建拨款是指财政部门按基本建设计划拨付给经办基本建设支出的专业银行或基本建设财务管理部门的基本建设拨款和贷款数。

我国的基本建设资金由财政总预算会计进行管理和监督使用。当财政总预算会计将基本建设款拨付给经办基本建设支出的专业银行或基本建设财务管理部门时，财政总预算会计的支出数尚未形成，基建拨款则表现为财政总预算会计的债权。当财政总预算会计收到经办基本建设支出的专业银行或基本建设财务管理部门报来的基本建设拨款报表时，相应的拨款数则转为支出数。对于不实行限额管理的基建拨款，应直接按照拨付给建设单位的资金数额列为支出，不通过基建拨款科目核算。

3. 应设置的会计科目及账务处理

财政总预算会计为了核算预拨款项，应设置“预拨经费”和“基建拨款”两个总账科目。

“预拨经费”科目用来核算财政部门预拨给行政事业单位且尚未列为预算支出的经费。该科目借方登记预拨款；贷方登记转列支出数或用款单位交回款；余额在借方，反映尚未转列支出或尚未收回的预拨经费数。该科目应按拨款单位设置明细账。凡是拨出经费属于本期支出的，应直接通过有关支出科目核算，不能记入本科目。

“基建拨款”科目用来核算拨付给经办基本建设支出的专业银行或拨付给基本建设财务管理部门的基本建设拨款和贷款数。该科目借方登记拨出数；贷方登记基本建设财务管理部门或受委托的专业银行报来拨付建设单位数及缴回财政数；余额在借方，反映尚未列报支出数。该科目应按拨款单位设置明细账，进行明细分类核算。直接拨付建设单位的基本建设资金，不通过本科目核算。

【例 22】某市财政局根据下年度计划和水利局申请，预拨给水利局下年度农田水利经费 80 万元。应作如下会计分录：

借：预拨经费——水利局——下年度水利经费 800 000
　贷：国库存款 800 000

【例 23】某市财政局 7 月份按预算预拨给市教委下月教育经费 100 万元。应作如下会计分录：

借：预拨经费——市教委 1 000 000
　贷：国库存款 1 000 000

【例 24】接上例，经审核，市财政局将预拨给市教委的经费转列支出。应作如下会计分录：

借：一般预算支出 1 000 000
　贷：预拨经费——市教委 1 000 000

【例 25】某市财政总预算会计根据基本建设计划，拨给市财政局基本建设财务管理处基建资金 250 万元。应作如下会计分录：

借：基建拨款——基建财务处 2 500 000
　贷：国库存款 2 500 000

【例 26】某市财政局月末收到基本建设财务管理处报来的基建拨款报表，拨款数为 230 万元。应作如下会计分录：

借：一般预算支出 2 300 000
　贷：基建拨款——基建财务处 2 300 000

【例 27】某市财政局收到基本建设财务管理部门缴回多余的基建拨款 20 万元。应作如下会计分录：

借：国库存款 200 000
　贷：基建拨款——基建财务处 200 000

本章关键词

财政性存款　有价证券　待结算资金

复习思考题

1. 财政性存款的管理原则是什么?
2. “其他财政存款”科目主要核算哪些存款?
3. 什么是有价证券? 各级政府如何购买国库券?
4. 总预算会计的“与下级往来”科目核算的内容表现在什么方面?
5. 在途款业务是如何形成的? 应当如何核算?
6. 什么是预拨款项? 它有哪些内容?
7. 财政总预算会计对预算单位的借款用什么科目核算?

习　题

1. 某市财政局预拨给市水利局下月行政经费 200 000 元。
2. 某市财政局根据基建计划，拨付给市财政局基建财务处基本建设资金 1 800 000 元。
3. 某市财政局预拨给教育局下月教育经费 100 000 元，以满足边远学校经费开支。
4. 在库款报解整理期内，某县财政局收到国库报来预算收入日报表及其附件，列示所属上年度的预算收入 150 000 元。
5. 某市财政局收到基建财务处报来的基本建设拨款报表，拨款数为 1 600 000 元。
6. 市财政局收到基建财务处缴回的基建资金余款 20 万元。
7. 经审核，将预拨给市水利局的经费 500 000 元转作支出。
8. 某市财政局同意县财政局的申请，借给该县财政局临时周转金 300 000 元。
9. 某市财政局用基金预算存款借给市公共事业单位部门临时用款 100 000 元。
10. 上述借款经批准转作基金预算支出。
11. 某市财政局借给市教育局款项 200 000 元，用于维修中小学教室。
12. 上述借款经批准转作预算拨款。
13. 在决算清理期内，收回上年度已列支的基金预算支出 95 000 元。

第四章　财政总预算会计负债与净资产的核算

负债是会计主体所承担的、需以资产或劳务偿付的债务。而净资产则是指资产减去负债的差额。它们在记账核算上有着相同的借贷方向，但在核算内容上具有各自的特点和不同的规定。

通过本章学习，应该掌握以下内容：

(1) 总预算会计负债的内容及管理要求。

(2) 各项负债的账务处理。

(3) 总预算会计净资产的内容及管理要求。

(4) 各项净资产的账务处理。

第一节　负债的核算

在财政总预算会计中，财政负债是一级财政所承担的能以货币计量，需以资产偿付的债务。财政虽然是分配资金的部门，但在预算执行中，与上下级财政，与预算单位之间也存在着“人欠欠人”事项，加上发行国债，这就形成了以下三类的财政负债事项。

一、与预算单位结算形成的债务管理与核算

财政部门与预算单位之间发生的临时应付、暂收和收到不明性质的款项，称为暂存款业务。它反映了财政与预算单位之间的债务关系。暂存款属于待结算款项，结算时可能需要退还，也可能转为收入。暂存款必须及时清理，不能长期挂账。

为了核算暂存款业务，需设置“暂存款”总账科目。该科目贷方登记收到的款项；借方登记冲转退还或转作收入的款项；余额在贷方，反映尚未结清的暂存款数额。本科目应按资金性质、债权单位或款项来源设置明细账，进行

明细分类核算。

【例1】某市财政局收到某行政单位交来性质不明的暂收款20 000元。应作如下会计分录：

借：国库存款 20 000
　贷：暂存款 20 000

【例2】后查明上述暂收款中有15 000元为该单位合法的罚款收入，另外5 000元为不合法罚款，退回原单位。应作如下会计分录：

借：暂存款 20 000
　贷：一般预算收入 15 000
　　国库存款 5 000

【例3】某市财政局将预算资金500 000元划入政府采购资金专户，用于为A单位采购设备。应作如下会计分录：

借：暂付款——政府采购款 500 000
　贷：国库存款 500 000

同时：

借：其他财政存款 500 000
　贷：暂存款——政府采购款 500 000

【例4】承上例，国库支付中心收到A单位自筹资金200 000元，并划入政府采购专户。应作如下会计分录：

借：其他财政存款 200 000
　贷：暂存款——政府采购配套资金 200 000

【例5】承上例，国库支付中心依据采购合同和有关文件资料，支付采购款700 000元。应作如下会计分录：

借：暂存款——政府采购款 500 000
　　——政府采购配套资金 200 000
　贷：其他财政存款 700 000

同时：

借：一般预算支出 500 000
　贷：暂付款 500 000

二、上下级财政结算形成的债务管理与核算

财政部门向上级财政借入调度款和因年终体制结算而形成的债务，称为与上级往来业务。它反映了上下级财政之间的无息债务关系。

为了核算与上级往来业务，需设置“与上级往来”总账科目。该科目贷方登记借入款或应上缴的数额；借方登记归还借款、转作上级补助收入或上级应补款项的数额；余额在贷方，反映的是本级财政欠上级财政的款项；如余额在借方，则反映的是上级财政欠本级财政的款项，在编制“资产负债表”时应以负数反映。本科目应按资金性质和部门名称设置明细账，并应及时清理结算，年终未能结清的余额应结转下年。

【例 6】某市财政局向省财政厅申请一笔临时借款 800 000 元获得批准。应作如下会计分录：

借：国库存款　800 000

　贷：与上级往来　800 000

【例 7】省财政厅月末同意将上述临时借款中的 600 000 元作为预算补助款，200 000 元归还给省财政厅。应作如下会计分录：

借：与上级往来　800 000

　贷：补助收入　600 000

　　国库存款　200 000

【例 8】某市财政局在年终财政体制结算时还应上缴上级财政款项为 500 000元。应作如下会计分录：

借：上解支出　500 000

　贷：与上级往来　500 000

三、预算举借债务的管理与核算

中央财政和地方财政按照国家法律、国务院规定向社会以发行债券等方式举借的债务，称为借入款业务。它反映了财政与社会的债务关系。具体来说，财政总预算会计所核算的债务，并不是指国家的全部债务，而是指各级政府按照法定程序及核定的预算举借的债务。

为了核算借入款业务，需设置“借入款”总账科目。该科目贷方登记发行债券款或举借款；借方登记到期偿还的款项；余额在贷方，反映尚未偿还的债务。本科目应按债券种类或债权人设置明细账，进行明细分类核算。

【例9】中央财政经全国人大批准，按规定程序向全国发行国库券5亿元，当日收到款项600 000元。应作如下会计分录：

借：国库存款 600 000

　贷：借入款 600 000

【例10】中央财政清偿去年发行的已到期一年期国库券4 000万元，利息80万元。应作如下会计分录：

借：借入款 40 000 000

　　一般预算支出 800 000

　贷：国库存款 40 800 000

第二节　净资产的核算

财政总预算会计的净资产是一级政府所掌管的资产净值。从会计等式来看，净资产是指资产减去负债的差额。这些净资产，正是各级政府可支配的各项结余资金和预算周转资金。

一、各项结余的核算

各项结余是财政收支的执行结果，是下年度可以结转使用或重新安排使用的资金，包括一般预算结余、基金预算结余和专用基金结余。各项结余必须分别核算，不得混淆。各项结余每年结算一次，平时不结算，年终将各项收入与相应的支出分别结转到有关结余科目后，即成为该项资金的当年结余。当年结余加上上年年末滚存结余即为本年年末滚存结余。预算结余可补充预算周转金。

为了反映和监督各项结余业务，需分别设置“预算结余”、“基金预算结余”、“专用基金结余”总账科目。

“预算结余”科目用来核算各级财政预算收支的年终执行结果。该科目贷方登记年终从“一般预算收入”、“补助收入——一般预算补助”、“上解收入”、“调入资金”等科目转入的预算收入数额；借方登记年终从“一般预算支出”、“补助支出——一般预算补助”、“上解支出”等科目转入的预算支出数额；余额在贷方，反映本年的预算滚存结余，转入下年度。

“基金预算结余”科目用来核算各级财政管理的政府性基金收支的年终执行结果。该科目贷方登记年终从“基金预算收入”、“补助收入——基金预算补助”科目转入的基金预算收入数额；借方登记年终从“基金预算支出”、“补助支出——基金预算补助”、“调出资金”科目转入的基金预算支出数额；余额在贷方，反映本年基金预算滚存结余，转入下年度。

“专用基金结余”科目用来核算总预算会计管理的专用基金收支的年终执行结果。该科目贷方登记年终从“专用基金收入”科目转入的数额；借方登记年终从“专用基金支出”科目转入的数额；余额在贷方，反映本年专用基金的滚存结余，转入下年度。

【例 11】某市财政局进行年终转账时有关收入和支出账户余额如下：

科　目	余　额
一般预算收入	50 000 000（贷）
补助收入——一般预算补助	2 000 000（贷）
上解收入	1 000 000（贷）
调入资金	3 000 000（贷）
一般预算支出	45 000 000（借）
补助支出——一般预算补助	1 500 000（借）
上解支出	800 000（借）
基金预算收入	5 000 000（贷）
补助收入——基金预算补助	1 500 000（贷）
基金预算支出	4 000 000（借）
补助支出——基金预算补助	1 200 000（借）
调出资金	500 000（借）
专用基金收入	2 000 000（贷）
专用基金支出	1 800 000（借）

根据以上资料应作如下结账分录：

（1）结转一般预算收入。

借：一般预算收入　　50 000 000

　　补助收入——一般预算补助　　2 000 000

　　上解收入　　1 000 000

调入资金 3 000 000
贷：预算结余 56 000 000

（2）结转一般预算支出。

借：预算结余 47 300 000
贷：一般预算支出 45 000 000
补助支出——一般预算补助 1 500 000
上解支出 800 000

（3）结转基金预算收入。

借：基金预算收入 5 000 000
补助收入——基金预算补助 1 500 000
贷：基金预算结余 6 500 000

（4）结转基金预算支出。

借：基金预算结余 5 700 000
贷：基金预算支出 4 000 000
补助支出——基金预算补助 1 200 000
调出资金 500 000

（5）结转专用基金收入。

借：专用基金收入 2 000 000
贷：专用基金结余 2 000 000

（6）结转专用基金支出。

借：专用基金结余 1 800 000
贷：专用基金支出 1 800 000

二、预算周转金的管理与核算

预算周转金是指各级财政为平衡预算年度内季节性收支差额，保证及时用款而设置的周转资金，是国家财政后备基金的一种形式。

政府预算在年度执行过程中，由于季节性等原因，可能出现暂时的收不敷支情况。例如，预算收入在征收、报解、转拨的过程中流转需要一定的时间，而且收入是逐日收取的，但每日的支出却要在月初就拨付，如果没有一定的周转金，要完成预算收支任务是难以想象的，这就要求各级财政设置一笔供临时周转垫支使用的预算周转金。

设置必要的预算周转金是各级财政灵活调度预算资金的重要保证，预算周转金的设置必须经上级财政部门批准，从一般预算结余中提取或补充。对于新成立的一级财政，由于原来没有设置预算周转金，上级财政应在财力许可的范围内给予一定的资金。预算周转金只供平衡预算收支的临时周转使用，不能用于安排财政开支。未经上级财政部门批准，不能随意减少预算周转金的数额，并且应随着本级政府预算支出规模的扩大逐年增补。预算周转金不另设存款户，当动用预算周转金时，则表现为国库存款的减少，若国库存款的余额小于预算周转金的余额，即表明预算周转金已经动用。

为了核算预算周转金业务，需设置“预算周转金”总账科目。设置和补充预算周转金时，借记“预算结余”科目，贷记该科目。该科目的借方一般无发生额。

【例 12】某市财政局按规定设置用于平衡季节性预算收支差额周转使用的预算周转金 500 000 元。应作如下会计分录：

借：预算结余　　500 000

　贷：预算周转金　　500 000

【例 13】某乡财政局收到上级县财政局拨来的资金 230 000 元，供该乡设立预算周转金。应作如下会计分录：

借：国库存款　　230 000

　贷：预算周转金　　230 000

本章关键词

暂存款　与上级往来　借入款　预算结余　基金预算结余　专用基金结余　预算周转金

复习思考题

1. 财政总预算会计的负债包括哪些内容？表明了什么关系？
2. 什么是结余？财政总预算会计应设置哪些结余科目？
3. 什么是预算周转金？预算周转金的作用是什么？
4. 预算周转金有哪些来源渠道？
5. 预算周转金的核算有什么特点？

习　题

1. 某市财政局向省财政厅借款 1 200 000 元。

2. 某市财政局收到性质不明的预算缴款 50 000 元。后查明是营业税收入。

3. 经省财政厅批准，同意将上述 1 200 000 元借款转为对其补助款。

4. 市财政总预算会计将预算资金 450 000 元划入政府采购资金专户。

5. 中央财政根据全国人民代表大会的决定，在国内发行 5 000 万元的国库券，期限为一年，年利率为 2.5%。

6. 一年期已到，中央财政总预算会计偿还国库券本金和利息。

7. 在年终体制结算中，市财政应上缴省财政款项 280 000 元。

8. 某市财政局年末有关收入、支出账户余额如下：

一般预算收入	3 000 000
补助收入——一般预算补助	1 500 000
上解收入	300 000
调入资金	250 000
基金预算收入	450 000
补助收入——基金预算补助	200 000
专用基金收入	600 000
一般预算支出	2 600 000
补助支出——一般预算补助	1 300 000
上解支出	280 000
基金预算支出	400 000
补助支出——基金预算补助	160 000
调出资金	150 000
专用基金支出	500 000

根据以上资料编制有关结账分录。

9. 某市财政局收到上级拨来的预算周转金 500 000 元。

10. 市财政总预算会计用预算结余的 56 000 元增补预算周转金。

第五章　财政总预算会计收入的核算

收入是指各级政府为了实现其管理职能，根据法令和法规取得的非偿还性资金，是一级财政的资金来源。财政总预算会计核算的收入包括一般预算收入、基金预算收入、专用基金收入、资金调拨收入等。

通过本章学习，应该掌握以下内容：

（1）预算收入的分类及内容。

（2）预算收入的收纳、划分和报解。

（3）国家金库的构成。

（4）预算收入的账务处理。

（5）专用基金收入和资金调拨收入的内容及账务处理。

第一节　预算收入的分类和内容

预算收入是国家为了实现其职能，通过政府预算所集中的资金，是进行社会主义现代化建设的财力保证。预算收入项目的具体分类和内容，是按照《政府收支分类科目》的规定，由财政部根据预算管理的要求统一制定的。

政府收支分类科目是政府预算收支的总分类及明细分类，体现了政府收支分类体系，它由收入分类、支出功能分类和支出经济分类三部分构成，并从2007年1月1日全面实施。

一、政府收入的分类及内容

收入分类主要反映政府收入的来源和性质。根据我国政府收入构成的情况，结合国际通行的分类方法，可将政府收入分为类、款、项、目四级。政府收入分类科目概括了预算收入的全部内容，并将随着社会经济的发展和政府收入形式的变化，及时进行修订。按照《2007年政府收支分类科目》的划分，收入主要由税收收入、社会保险基金收入、非税收入、贷款转贷回收本金收入、债务收入和转移性收入组成。收入分类的类、款级科目主要内容见表5-1所示。

表5-1 收入分类科目表

科目编码		科目名称	说明
类	款		
101		税收收入	
	01	增值税	反映《中华人民共和国增值税暂行条例》征收的国内增值税、进口货物增值税和经审批退库的出口货物增值税。
	02	消费税	反映按《中华人民共和国消费税暂行条例》征收的国内消费税、进口消费品消费税和经审批退库的出口消费品消费税。
	03	营业税	反映税务部门按《中华人民共和国营业税暂行条例》征收的营业税。
	04	企业所得税	反映税务机关按《中华人民共和国企业所得税暂行条例》征收的企业所得税以及依照《中华人民共和国外商投资企业和外国企业所得税法》征收的外商投资企业和外国企业所得税。税务机关对港澳台商投资企业征收的企业所得税，也在本类有关科目反映。
	05	企业所得税退税	反映财政部门按“先征后退”政策审批退库的企业所得税。其口径与“企业所得税”相同。
	06	个人所得税	反映按《中华人民共和国个人所得税法》、《对储蓄存款利息所得征收个人所得税的实施办法》征收的个人所得税。
	07	资源税	反映按《中华人民共和国资源税暂行条例》征收的资源税。
	08	固定资产投资方向调节税	反映地方税务局按《中华人民共和国固定资产投资方向调节税暂行条例》补征的固定资产投资方向调节税。
	09	城市维护建设税	反映按《中华人民共和国城市维护建设税暂行条例》征收的城市维护建设税。
	10	房产税	反映地方税务局按《中华人民共和国房产税暂行条例》征收的房产税以及依照《城市房地产税暂行条例》征收的城市房地产税。

（续上表）

科目编码		科目名称	说明
类	款		
	11	印花税	反映按《中华人民共和国印花税暂行条例》征收的印花税。
	12	城镇土地使用税	反映按《中华人民共和国城镇土地使用税暂行条例》征收的城镇土地使用税。
	13	土地增值税	反映按《中华人民共和国土地增值税暂行条例》征收的土地增值税。
	14	车船使用和牌照税	反映按《中华人民共和国车船使用税暂行条例》征收的车船使用税以及依照《车船使用牌照税暂行条例》征收的车船使用牌照税。
	15	船舶吨税	反映船舶吨税收入。
	16	车辆购置税	反映按《中华人民共和国车辆购置税条例》征收的车辆购置税。
	17	关税	反映海关按《中华人民共和国进出口关税条例》征收的关税，按《中华人民共和国反倾销条例》征收的反倾销税，按《中华人民共和国反补贴条例》征收的反补贴税，按《中华人民共和国保障措施条例》征收的保障措施关税以及财政部按“先征后退”政策审批退税的关税。
	18	耕地占用税	反映地方税务局按《中华人民共和国耕地占用税暂行条例》征收的耕地占用税。
	19	契税	反映地方税务局按《契税暂行条例》征收的契税。
	20	其他税收收入	
102		社会保险基金收入	
	01	基本养老保险基金收入	反映参加基本养老保险的单位和个人缴纳的基本养老保险费、财政补贴、利息等收入。
	02	失业保险基金收入	反映参加失业保险的单位和个人缴纳的失业保险费、财政补贴、利息等收入。
	03	基本医疗保险基金收入	反映参加基本医疗保险的单位和个人缴纳的基本医疗保险费、财政补贴、利息等收入。
	04	工伤保险基金收入	反映参加工伤保险的单位缴纳的工伤保险费、财政补贴、利息等收入。

（续上表）

科目编码		科目名称	说明
类	款		
	05	生育保险基金收入	反映参加生育保险的单位缴纳的生育保险费、财政补贴、利息等收入。
	06	其他社会保险基金收入	
103		非税收入	
	01	政府性基金收入	反映各级政府及其所属部门根据法律、行政法规以及中共中央、国务院有关文件规定，向公民、法人和其他组织无偿征收具有专项用途的财政资金（包括基金、资金、附加和专项收费）。
	02	专项收入	反映中央和地方政府根据有关规定对排污、资源、矿藏、教育、运输等征收费用形成的共用收入。
	03	彩票奖金收入	反映彩票机构上缴财政部门的彩票公益金和发行费等资金。
	04	行政事业性收费收入	反映依据法律、行政法规、国务院有关规定、国务院财政部门与计划部门共同发布的规章或者规定以及省、自治区、直辖市的地方性法规、政府规章或者规定，省、自治区、直辖市人民政府财政部门与计划（物价）部门共同发布的规定所收取的各项收费收入。目级科目编码01至50的收入缴入国库，51至99的收入缴入财政专户。
	05	罚没收入	反映执法机关依法收缴的罚款（罚金）、没收款、赃款，没收物资、赃物的变价款收入。
	06	国有资本经营收入	反映经营、使用国有财产等取得的收入。
	07	国有资源（资产）有偿使用收入	反映有偿转让国有资源（资产）使用费而取得的收入。
	08	其他收入	
104		贷款转贷回收本金收入	
	01	国内贷款回收本金收入	反映收回的技改贷款及其他财政贷款本金收入。
	02	国外贷款回收本金收入	反映收回的我国政府向国外政府贷款、向国际组织贷款的本金收入。
	03	国内转贷回收本金收入	反映收回的政府部门向外国政府、国际金融机构借款转贷给地方政府、相关部门和企业的款项。

（续上表）

科目编码		科目名称	说明
类	款		
	04	国外转贷回收本金收入	反映收回的中央政府部门向外国政府、国际金融机构借款转贷给国外有关机构和企业的款项。
105		债务收入	
	01	国内债务收入	反映从国内取得的债务收入。
	02	国外债务收入	反映从国外取得的债务收入。
110		转移性收入	
	01	返还性收入	反映下级政府收到上级政府的返还性收入。
	02	财力性转移收入	反映政府间财力性转移支付收入。
	03	专项转移支付收入	反映政府间专项转移支付收入。
	04	政府性基金转移收入	反映政府性基金转移收入。
	05	彩票公益金转移收入	反映政府间彩票公益金转移收入。
	06	预算外转移收入	反映政府间预算外资金转移收入。
	07	单位间转移收入	反映各单位间的转移收入。
	08	上年结余收入	反映各类资金的上年结余。
	09	调入资金	反映不同性质资金之间的调入收入。

二、政府收入分类科目与财政总预算会计预算收入科目之间的协调

《2007年政府收支分类科目》反映了我国为适应市场经济条件下的政府职能转变、建立健全公共财政体系的总体要求，而逐步形成的一套既适合我国国情又符合国际通行做法的较为规范合理的政府收支分类体系。该体系的不断完善，将为进一步深化财政改革、提高预算透明度、强化预算监督创造有利条件。

我国在1998年开始实施的财政总预算会计制度是和现行的预算管理方式相适应的。为积极稳妥地推进政府收支分类改革，2007年实施政府收支分类科目后，暂不改变目前预算管理的基本流程和管理模式，也不改变财政总预算

会计制度核算预算内资金、预算外资金和社会保险基金分别管理、核算的方式。因此，财政总预算会计的预算收支科目仍然是四个：一般预算收入、基金预算收入、一般预算支出、基金预算支出，并且，以政府收支分类科目作为明细科目进行核算。

为了与目前预算管理的实际情况相适应，财政部对2007年政府收入分类科目与2006年政府预算收入科目进行了总体协调。预算收入类、款级具体内容见表5－2所示。

表5－2　政府收入分类科目与原预算收入科目对照表

科目编码		科目名称	科目编码		科目名称
类	款		类	款	
		一、一般预算收入科目			二、基金预算收入
101		税收收入	103		非税收入
	01	增值税		01	政府性基金收入
	02	消费税	110		转移性收入
	03	营业税		04	政府性基金转移收入
	04	企业所得税		08	上年结余收入
	05	企业所得税退税		09	调入资金（基金预算）
	06	个人所得税			
	07	资源税			三、债务预算收入
	08	固定资产投资方向调节税	105		债务收入
	09	城市维护建设税		01	国内债务收入
	10	房产税		02	国外债务收入
	11	印花税			
	12	城镇土地使用税			
	13	土地增值税			
	14	车船使用和牌照税			
	15	船舶吨税			

（续上表）

科目编码		科目名称	科目编码		科目名称
类	款		类	款	
	16	车辆购置税			
	17	关税			
	18	耕地占用税			
	19	契税			
	20	烟叶税			
103		非税收入			
	02	专项收入			
	04	行政事业性收费收入			
	05	罚没收入			
	06	国有资本经营收入			
	07	国有资源（资产）有偿使用收入			
	99	其他收入			
104		贷款转贷回收本金收入			
	01	国内贷款回收本金收入			
	02	国外贷款回收本金收入			
	03	国内转贷回收本金收入			
	04	国外转贷回收本金收入			
110		转移性收入			
	01	返还性收入			
	02	财力性转移支付收入			
	03	专项转移支付收入			
	08	上年结余收入			
	09	调入资金（一般预算）			

注：以上三大项收入不包括社会保险基金收入。

财政总预算会计的一般预算收入和基金预算收入与原政府预算收入的划分是相适应的，从以上的对照表，我们可以看到，新的政府收入分类科目与原预算收入科目进行了协调，从而明确了财政总预算会计预算收入科目核算的具体内容，即以政府收入科目作为财政总预算会计核算的明细科目。

第二节　预算收入的收纳、划分和报解

一、预算收入的组织机构

为了组织和监督预算收入，国家设立了专门的征收和管理机构，包括征收机关和国家金库。

1. 征收机关

政府预算经过法定程序批准后，必须正确地组织实施，保证预算收入任务的完成，这就进入了预算执行阶段。组织预算执行是实现预算收支任务的重要环节。政府预算收入的执行是由财政部门负责组织的，但是，各项预算收入的性质和来源不同，征收的方法也有所不同。我国的征收机关主要有税务机关、财政机关和海关等。

（1）税务机关。税务机关主要负责各项工商税收和企业所得税的征收管理，以及国家交办的其他预算收入的征收管理。

（2）财政机关。财政机关主要负责国有企业上缴利润、农牧业税及其他预算收入的征收管理。

（3）海关。海关主要负责对进出口的货物和各种物品、旅客行李等依法征收关税和规费，为税务机关代征进出口产品的增值税、消费税、对台贸易调节税以及政府交办的涉及进出口产品的其他税收的征收管理。

（4）其他机关。不属于上述范围的预算收入，根据国家规定负责征收管理的单位为征收机关，如公安、法院、检察院等。

2. 国家金库

（1）国家金库的概念。

国家金库是经理政府财政收入支出的总出纳机关，简称国库。国库负责政府预算资金的收纳、划分、留解和库款支拨的业务。国库的概念包括两层意思：一是说明国库是政府财政的“财政库”，是国家财政的总出纳机关。它既不是银行收存金银实物的“实物库”，也不是银行保管货币的“发行库”。二是说明国库作为出纳机关，政府的全部预算收入都由国库收纳入库，一切预算

支出都由国库拨付。但它不是单纯的现金出纳，而是参与组织和执行政府预算的专门机关。因此，国库必须认真执行国家的方针、政策和财经制度，发挥国库的执行作用、促进作用和反映作用。

（2）国家金库的管理体制和组织机构。

从世界各国的情况看，政府预算收支的保管出纳制度主要有独立国库制、委托国库制和银行制三种。独立国库制指的是国家单独设立经管国家财政预算收支的机构，办理国家财政预算收支的保管出纳工作；委托国库制指的是委托银行办理政府预算收支工作；银行制则是指国家不设国库，国家的财政收入作为一般存款存入银行进行管理。

我国的国库制度一直采用委托制，即国家金库由中国人民银行代理。目前世界各国，尤其是经济较发达的国家大多数采用委托制。实行委托制的优点在于：一是可利用遍及全国城乡的银行机构，方便缴款和拨款；二是通过银行单位能迅速灵活地划转资金，实现预算收支的上解下拨；三是通过银行办理有利于加强对预算收支的监督管理。

我国国家金库的组织机构是按照国家财政管理体制设立的，原则上一级财政设立一级国库。根据预算法及其实施条例规定，我国国库分设中央国库和地方国库两套机构，并分别向中央财政和地方财政负责。中央国库业务由中国人民银行经理；地方国库业务由中国人民银行分支机构经理；未设中国人民银行分支机构的地区，由中国人民银行及地方财政委托有关银行办理。

目前，我国国库设有总库、分库、中心支库、支库，有部分地方建立了乡镇国库。中国人民银行总行负责经理总库；各省、自治区、直辖市分行负责经理分库，计划单列市分行可设置分库，其国库业务受省分库领导；省辖市、自治州和成立一级财政的地区，由市、地（州）分支行经理中心支库；县（市）支行经理支库。支库以下可设置国库经收处，业务由专业银行的分支机构办理，负责收纳报解财政库款。国库经收处不是一级独立的国库，其业务工作受支库领导。

二、预算收入的收纳

1. 缴库方式

政府预算收入的收缴，一律通过国库办理。按国库集中收付制度的规定，预算收入的缴库方式分为直接缴库和集中汇缴两种。

（1）直接缴库。指由缴款单位或缴款人按有关法律法规规定，直接将应缴收入缴入国库单一账户或预算外资金财政专户。具体来说，就是通过缴款人所在地的开户行，以转账方式将款项缴入国库。这种方式使政府预算收入的收缴减少了层层汇总缴款的繁琐手续，同时便于税务机关的监督和指导。目前，我国企业、事业单位等纳税人主要采用直接缴库方式。

（2）集中汇缴。指由征收机关（有关法定单位）按有关法律规定，于收缴收入的当日汇总，将所收的应缴收入缴入国库单一账户或预算外资金财政专户。这种方式主要适用于农村集贸市场、个体商贩及农民缴纳的小额零散税款、个人的进口关税及法律另有规定的应缴收入和非税收入中的现金缴款。

2. 预算收入的缴款凭证

国库在办理收入缴库时，必须填制缴款凭证，即缴款书。它是国库办理收纳预算收入的唯一合法原始凭证，也是各级征收机关、国库、银行和缴款单位分析检查预算收入任务完成情况，进行记账、统计的重要基础资料。缴款书一般分为税收专用缴款书、一般缴款书和其他缴款书三种。

（1）工商税收专用缴款书。工商税收专用缴款书共分六联：第一联为收据（代完税证），国库收款盖章后退缴款单位或纳税人；第二联为付款凭证，由缴款单位开户行作付出传票；第三联为收款凭证，由收款国库作收入传票；第四联为回执，国库收款盖章后退征收机关；第五联为报查，国库收款盖章后退基层征收机关；第六联为存根，由征收机关根据需要增加，由税务机关留存。

（2）一般缴款书。实行利润承包的国有企业上缴利润等收入，各机关事业单位上缴有关收入等使用一般缴款书。一般缴款书一式五联，一至四联的用途与税收专用缴款书相同，第五联为报查，国库收款盖章后退同级财政部门。

（3）其他专用缴款书。主要包括企业所得税专用缴款书、涉外税收专用缴款书、海关专用缴款书，其他不属于税收、利润和其他收入的缴款书等。其他专用缴款书共分六联，与工商税收专用缴款书各联内容相同。

三、预算收入的划分和报解

1. 预算收入的划分

各级国库对于每日收纳入库的预算收入，应按照预算管理体制规定的范围和比例，将预算收入在中央预算与地方预算之间，以及地方各级预算之间正确地进行划分。预算收入在各级财政之间的划分是国家预算管理体制的一项基本内容，是实现国家预算分级管理，确保财权、事权统一，解决中央财政与地方财政之间分配关系的核心内容。我国预算收入一般可划分为固定收入、分成收入两大部分。固定收入分为“中央固定收入”和“地方固定收入”，固定为各级的预算收入；分成收入按各级财政的财力情况以比例或其他方法进行分配。

一般预算收入在中央财政和地方财政之间的划分如下：

（1）中央固定收入。包括：关税，海关代征消费税和增值税，消费税，中央所得税，地方银行和外资银行及非银行金融企业（包括信用社）所得税，铁道部门、各银行总行、保险总公司等集中缴纳的收入（包括营业税、所得税、城市维护建设税和利润），中央企业上缴利润等。

（2）地方固定收入。包括：营业税（不含铁道部门、各银行总行、各保险总公司集中缴纳的营业税），地方企业所得税（不含上述地方银行和外贸银行及非银行金融企业所得税），地方企业上缴利润，个人所得税，城镇土地使用税，城市维护建设税（不含铁道部门、各银行总行、各保险总公司集中缴纳的部分），房产税，车船使用税，印花税，屠宰税，农牧业税，农业特产税，耕地占用税，契税，遗产和赠予税，土地增值税，国有土地有偿使用收入等。

（3）中央与地方分成收入。包括：增值税、资源税（除海洋石油资源税为中央收入外，其他为地方收入）、证券交易税等。

一般预算收入在地方各级财政之间的划分情况，由上一级财政制定本级和下级财政之间的财政管理体制，按规定划分的方法执行。由于各地的情况不同，其划分的方法也不尽相同。这种分税、分征和分管的制度，规范了中央与地方的财力分配关系，保证了中央财政收入的稳定，也调动了地方财政组织收入的积极性。

基金预算收入也按预算级次划分为中央基金预算收入、地方基金预算收入和中央、地方共享基金收入。具体项目的划分目前仍按原规定执行。

2. 预算收入的报解

预算收入的报解是指通过国库向上级国库和财政部门报告预算收入情况，并将属于上级财政的预算收入解缴到中心支库、分库和总库的过程。“报”就是国库要向各级财政机关报告预算收入的情况，以便各级财政机关掌握预算收入的进度和情况；“解”就是国库要在对各级预算收入的划分和办理收入分成后，将财政库款解缴到各级财政的国库存款账户上。

支库是基层国库，各级预算收入款项应以缴入支库为正式入库。国库经收处只是代收，不能作为正式入库。支库收到属于中央预算固定收入、省级预算固定收入、地（市）级预算固定收入时，凭“缴款书”，直接编制“预算收入日报表”，将款项逐级报解到上级国库。“预算收入日报表”填写时附“缴款书”报查联随划款报单上报分库或中心支库。收到属于本级预算固定收入时，也应按“缴款书”编制“预算收入日报表”一式三份，一份留存，一份附缴款书回执联送交征收机关，一份送财政机关。收到属于分成收入时，还应编制“分成收入计算日报表”，按上级规定的分成比例对参与分成的收入办理分成留解，“分成收入计算日报表”一份留存，一份送县财政机关，一份随划款报单上报中心支库。

中心支库、分库和总库预算收入的报解程序与支库的报解程序基本相同。

“预算收入日报表”和“分成收入计算日报表”的格式如表 5－3、5－4 所示。

表 5－3 预算收入日报表

级次： 年 月 日 第 号

预算科目	本日收入

国库（公章） 复核 制表

表 5－4 分成收入计算日报表

级次： 年 月 日

分成项目	本月收入	本年累计
收入总额		
60% 地（市）级分成		
40% 县级分成		

国库（公章） 复核 制表

四、预算收入的退库

预算收入退库是指在预算收入执行过程中，经本级财政部门批准，将已入库的预算收入退还给原缴款单位或个人。退库属于减少政府预算收入，需要认真审核。办理退库时，必须遵守国家金库条例及其实施细则规定的退库范围和审批程序。凡是不符合规定的收入退库，各级财政机关、税务机关和海关不得办理审批手续，各级国库对不符合规定的退库有权拒绝办理。

1. 预算收入退库的原则和范围

一切预算收入，均应及时足额缴入国库，已缴入国库的收入数额，属于正当理由需要办理退库的，应遵循以下原则：

（1）应经财政机关或其授权的主管征收机关如税务局、海关批准，从国库中退库支款，国库经收处只办理库款收纳，不办理预算收入退库。

（2）办理收入退库必须由申请退库的单位或个人提出书面申请，经财政或征收机关审查批准后，退给申请单位或个人。国库办理库款的退付，应当凭财政或征收机关填制的“收入退还书”办理。

（3）预算收入的退库，应按预算收入的级次办理，即中央预算收入退库，从中央级库款中退付；地方各级预算固定收入的退库，从地方各级库款中退付；各级分成收入的退库，按规定的分成比例分别从上级和本级库款中退付。

（4）各级预算收入的退库，原则上通过转账办理，不能支付现金。对个别特殊情况，必须退付现金时，财政征收机关应在从严审查核定后，在“收入退还书”上加盖“退付现金”的戳记，由收款人持其向指定的国库按规定审查退库。

预算收入的退库，必须在国家规定的退库范围内，按照规定的审批程序办理，属于下列范围的可以办理退库：

（1）技术性的差错和结算性质的退库，如预算收入的错调或缴错预算级次。

（2）对国有企业的所得税退税和计划亏损补贴。

（3）财政部明文规定或专项批准的其他退库项目。

2. 预算收入退库的手续

缴款单位或缴款人申请退库，应向财政机关报填写退库申请书，严格履行退库手续。退库申请书经财政机关审核批准后，在退库申请书上签署审批意见和核定退库金额，并填制收入退还书，加盖公章，交申请单位或申请人持其向指定的国库办理退库。

“收入退还书”是通知国库退付库款的唯一合法凭证。它一式五联：第一联为报查联，由退款国库盖章后退至签发“收入退还书”的机关；第二联为付款凭证，由退款国库作付出传票；第三联为收入凭证，由收款单位开户行作收入传票；第四联为收账通知，由收款单位开户银行通知收款单位收账；第五联为付款通知，由国库随收入日报表，送至退款的财政机关。“收入退还书”第五联的格式如表 5－5 所示。

表 5－5

收入退还书（付款通知）

年　月　日　　　　　　　　　　编号

<table>
<tr><td rowspan="3">收款单位</td><td>全　　称</td><td colspan="5"></td><td rowspan="3">退款单位</td><td colspan="3">机关全称</td><td colspan="2"></td></tr>
<tr><td>账　　号</td><td colspan="5"></td><td colspan="3">预算级次</td><td colspan="2"></td></tr>
<tr><td>开户银行</td><td colspan="5"></td><td colspan="3">退款国库</td><td colspan="2"></td></tr>
<tr><td colspan="3">预算科目</td><td colspan="9">金　额</td><td rowspan="2">退库原因</td></tr>
<tr><td>款</td><td>项</td><td>目</td><td>百</td><td>十</td><td>万</td><td>千</td><td>百</td><td>十</td><td>元</td><td>角</td><td>分</td></tr>
<tr><td></td><td></td><td></td><td></td><td></td><td></td><td></td><td></td><td></td><td></td><td></td><td></td><td></td></tr>
<tr><td></td><td></td><td></td><td></td><td></td><td></td><td></td><td></td><td></td><td></td><td></td><td></td><td></td></tr>
<tr><td></td><td></td><td></td><td></td><td></td><td></td><td></td><td></td><td></td><td></td><td></td><td></td><td></td></tr>
<tr><td colspan="3">合　计</td><td></td><td></td><td></td><td></td><td></td><td></td><td></td><td></td><td></td><td></td></tr>
<tr><td colspan="13">人民币（大写）：</td></tr>
<tr><td colspan="13">上列款项已办妥退库手续，并划转收款单位账户
国库（银行）盖章
年　月　日</td></tr>
</table>

第五联　由国库随收入日报表送退款的财政机关

第三节　预算收入的核算

各级财政总预算会计办理预算收入的核算，主要是以同级国库报来的“预算收入日报表”、“分成收入计算日报表”及所附的“缴款书”、“收入退还书”等原始凭证为依据。财政总预算会计不得直接收纳任何预算收入，也不得自行调整国库报来的数字。财政总预算会计收到上述原始凭证后，应认真进行审核，经审核无误才能进行账务处理。

一、预算收入核算的会计科目

为了核算预算收入业务，财政总预算会计应设置“一般预算收入”科目和“基金预算收入”科目。

“一般预算收入”科目用来核算各级财政部门组织的纳入预算的各项收入。该科目贷方登记从国库报来的各项预算收入数，以红字记录亏损补贴数和退库数；年终，借方登记将贷方余额全数转入预算结余科目的数额。该科目平时贷方余额，反映预算收入累计数。该科目应根据政府收支分类科目中“收入分类科目”下应列入一般预算收入的类、款、项、目级科目设置相应明细账，进行明细分类核算。

一般预算收入一般以本年度缴入基层国库（含乡镇国库）的数额为准。

未设国库的乡（镇）总预算会计根据征收机关（如税务所）报来的预算收入日报表登记收入辅助账，待收到县财政返回收入时，再作收入的账务处理。

“基金预算收入”科目用来核算各级财政部门管理的政府性基金预算收入。该科目贷方登记平时取得的收入数；年终，借方登记将贷方余额全数转入“基金预算结余”科目的数额。该科目平时贷方余额，反映当年基金预算收入累计数。该科目应按政府收支分类科目中“收入分类科目”下应列入基金预算收入的类、款、项、目级科目设置明细账，进行明细分类核算。

各项基金预算收入以缴入国库数或总预算会计实际收到数额为准。

二、一般预算收入的账务处理

财政总预算会计收到国库报来的预算收入日报表等凭证时，经审核无误，应按所列当日预算收入数，借记“国库存款”科目，贷记“一般预算收入”科目。如果当日的收入为负数时，应以红字记入。年终结账时，将“一般预算收入”科目的贷方余额全数转入“预算结余”科目。

【例1】某市财政局收到国库报来本市市级预算收入日报表，列示当日营业税收入为1 100 000元。应作如下分录：

借：国库存款	1 100 000	
贷：一般预算收入——营业税		1 100 000

【例2】某市财政局收到国库报来本市市级“预算收入日报表”，列示一般预算收入为负数100 000元，其中，营业税收入200 000元，个人所得税收入100 000元，国有企业计划亏损补贴退库280 000元，企业所得税退税120 000元。应作如下会计分录：

借：国库存款	-100 000	
贷：一般预算收入——营业税		200 000
——个人所得税		100 000
——国有企业计划亏损补贴		-280 000
——企业所得税退税		-120 000

【例3】某市财政局收到“收入退还书”一联，计应退A单位一般预算收入80 000元，经批准同意退还。应作如下会计分录：

借：国库存款 －80 000
　贷：一般预算收入 －80 000

【例4】某市财政局收到“分成收入日报表”，列示当日一般预算收入为300 000元，按分成比例本级收入为60%，上级收入为40%。应作如下会计分录：

借：国库存款 300 000
　贷：一般预算收入 300 000
借：上解支出 120 000
　贷：国库存款 120 000

【例5】某市财政局将中央一般预算收入1 000 000元，误记为本级一般预算收入，并按40%上解分成和入账。现根据“预算收入日报表”、“分成收入日报表”及“更正通知书”予以更正。应作如下会计分录：

借：国库存款 －1 000 000
　贷：一般预算收入 －1 000 000
借：上解支出 －400 000
　贷：国库存款 －40 000

【例6】某市财政局将应属于分成的预算收入700 000元，误作为中央预算收入而未入账。现根据“预算收入日报表”和“分成收入计算日报表”及“更正通知书”予以更正（上缴40%）。应作如下会计分录：

借：国库存款 700 000
　贷：一般预算收入 700 000
借：上解支出 280 000
　贷：国库存款 280 000

【例7】某县将地方固定收入房产税200 000元误列为城市维护建设税入账，现予以更正。应作如下会计分录：

借：国库存款 －200 000
　贷：一般预算收入——城市维护建设税 －200 000

借：国库存款　　200 000

　贷：一般预算收入——房产税　　200 000

【例8】某市财政年终将“一般预算收入”科目的贷方余额2 850 000元全部转入“预算结余”科目。应作如下会计分录：

借：一般预算收入　　2 850 000

　贷：预算结余　　2 850 000

三、未建立乡（镇）国库的乡（镇）财政预算收入的账务处理

未建立国库的乡（镇）财政，其预算收入都是由县（市）国库收纳并向县（市）财政报送预算收入日报表，成为县（市）财政的预算收入，但乡财政又须作预算收入入账，这就使预算收入重复。所以，对未设国库的乡（镇）财政预算收入，应作如下处理：

（1）县（市）财政根据本县（市）的乡（镇）财政管理体制，与征收机关共同制定“乡（镇）财政预算收入报表”，由征收机关分乡（镇）报县（市）财政和有关乡（镇）财政各一份。

（2）县（市）财政根据“乡（镇）财政预算收入报表”，审查核对无误后，根据乡（镇）应得数拨款；乡（镇）财政总预算会计根据县（市）财政的拨款通知和审核后的“乡（镇）财政预算收入报表”记账。

由于编报和审查“乡（镇）预算收入报表”需要一定的时间，可能影响到乡镇财政支付，县（市）财政根据实际情况，可先用“与下级往来”预拨，而乡（镇）财政则用“与上级往来”核算，最后按“乡（镇）预算收入报表”结算。

【例9】某县财政总预算会计收到国库报来的“预算收入日报表”，列示当日的预算收入为650 000元，其中，所属A乡财政（未设国库）的预算收入为350 000元。应作如下会计分录：

借：国库存款　　650 000

　贷：一般预算收入　　650 000

【例10】接上例，县财政按财政体制结算向A乡拨付属于该乡的预算收入。

县财政应作如下会计分录：

借：一般预算收入　　350 000

　贷：国库存款　　350 000

A 乡财政应作如下会计分录：

借：其他财政存款　　350 000

　贷：一般预算收入　　350 000

【例 11】某县财政按财政体制结算对所属未设国库的 B 乡财政的预算收入实行先预拨款，然后定期结算的办法。

（1）县财政向 B 乡预拨款 650 000 元。

县财政应作如下会计分录：

借：与下级往来——B 乡　　650 000

　贷：国库存款　　650 000

B 乡财政应作如下会计分录：

借：其他财政存款　　650 000

　贷：与上级往来——县财政　　650 000

（2）定期结算时，县财政应向 B 乡财政返回 700 000 元，假设已返回 650 000元，余款通知国库付款。

县财政应作如下会计分录：

借：一般预算收入　　700 000

　贷：与下级往来——B 乡　　650 000

　　　国库存款　　50 000

B 乡财政应作如下会计分录：

借：与上级往来——县财政　　650 000

　　其他财政存款　　50 000

　贷：一般预算收入　　700 000

四、基金预算收入的账务处理

政府性基金是专用性较强的资金。财政总预算会计在管理与核算基金预算收入时，应遵循以下基本要求：

（1）先收后支，自求平衡。财政总预算会计应当在已有基金预算收入数额内办理基金预算支出。要坚持收入按标准、支出按规定。基金预算收入与基金预算支出应当做到自求平衡。

（2）专款专用，分项核算。基金预算收入应当用于相应的基金预算支出项目，各项基金预算收入与基金预算支出之间不能相互调剂。各项基金预算收入、支出和结余要单独核算，不能相互混淆。

(3) 对于财政部明文规定在指定银行存储的基金，应按规定办理转存手续。在指定银行的存款利息，应作为基金预算收入处理。

【例 12】某市财政局收到国库报来的基金预算收入日报表，其中，工业交通部门基金收入 180 000 元，文教部门基金收入 60 000 元，社会保障基金收入 10 000 元。应作如下会计分录：

借：国库存款　　250 000
　贷：基金预算收入——非税收入
　　　　　　　　　——政府性基金收入　　250 000

【例 13】某市财政局收到财政部规定需专户存储的基金收入 250 000 元。应作如下会计分录：

收到时：
借：国库存款　　250 000
　贷：基金预算收入　　250 000
转存时：
借：其他财政存款　　250 000
　贷：国库存款　　250 000

【例 14】某市财政局当日收到国库报来的基金预算收入日报表，共计收入 100 000 元。其中，农牧业税附加收入 50 000 元，城镇公用事业附加收入 50 000元。应作如下会计分录：

借：国库存款　　100 000
　贷：基金预算收入——地方财政税费收入　　100 000

【例 15】年终，某市财政局将“基金预算收入”账户贷方余额 100 万元转入“基金预算结余”账户。应作如下会计分录：

借：基金预算收入　　1 000 000
　贷：基金预算结余　　1 000 000

第四节 专用基金收入和资金调拨收入的核算

在财政总预算会计核算的收入业务中，除了通过国库和指定银行集中一般预算收入和基金预算收入外，还要核算具有专门用途的资金业务以及反映在财政上下级之间的资金调拨业务。

一、专用基金收入的管理与核算

专用基金收入是指财政总预算会计管理的各项具有专门用途的资金收入，如粮食风险基金收入等。各级财政总预算会计可按规定用本级预算支出安排或从上级财政部门拨入等途径取得专用基金，并设置有关科目进行核算。

专用基金收入与基金预算收入在管理要求上的相同之处是：它们都需要专款专用，不能随意改变用途；它们也都需要做到先收后支、量入为出。不同的是，基金预算收入是财政部门按规定收取的纳入预算管理的资金收入，而专用基金收入是财政部门按规定设置或取得的在基金预算收入之外单独管理的资金收入；基金预算收入需要缴入国库，而专用基金收入则要求开立专户。

为了核算专用基金收入业务，财政总预算会计应设置“专用基金收入”总账科目。该科目贷方登记从上级财政部门或通过本级预算支出安排的取得数；借方登记专用基金收入的退回数；年终，借方登记将贷方余额全部转入“专用基金结余”科目的数额。该科目平时余额在贷方，反映财政部门当年专用基金收入累计数，年终结转后，该科目无余额。专用基金收入以财政总预算会计实际收到数额为准。

【例 16】某市财政局从上级财政部门取得专用基金收入 600 000 元。应作如下会计分录：

借：其他财政存款　　600 000
　贷：专用基金收入　　600 000

【例 17】某市财政局从本级预算支出安排取得专用基金收入 400 000 元。应作如下会计分录：

借：其他财政存款　　400 000
　贷：专用基金收入　　400 000

借：一般预算支出　　400 000
　贷：国库存款　　400 000

【例18】年终，某市财政局将本年“专用基金收入”贷方余额200 000元转入“专用基金结余”科目。应作如下会计分录：

借：专用基金收入　　200 000
　贷：专用基金结余　　200 000

二、资金调拨收入的核算

预算资金调拨是中央财政与地方财政之间、地方上下级财政之间，以及同级财政不同资金项目之间，通过补助、上解、返还等方式调整各级财政的财力，平衡各级财政预算收支的一种手段。资金调拨收入主要包括两方面：一是上下级财政之间由于分成收入的分配、转移支付、体制结算而产生的上下级财政资金调拨收入；二是本级财政因预算收支平衡而产生的一般预算与基金预算之间的资金调拨收入。这些资金调拨收入主要包括补助收入、上解收入和调入资金。

1. 资金调拨收入的内容

(1) 补助收入。补助收入是指上级财政按财政管理体制规定或因专项、临时性资金需求等原因对本级财政进行补助而形成的收入，包括：税收返还收入，按财政管理体制规定由上级财政补助的款项，上级财政对本级财政的专项补助和临时补助等。

(2) 上解收入。上解收入是指按财政管理体制规定由下级财政上缴给本级财政的收入，包括：按财政管理体制规定由国库在下级预算收入中直接划解给本级财政的收入，按财政管理体制结算后由下级财政补缴给本级财政的收入和各种专项上解收入等。

(3) 调入资金。调入资金是指为平衡一般预算收支，从基金预算结余调入一般预算的资金，以及按规定从其他渠道调入的资金。

2. 资金调拨收入的会计科目及账务处理

为了核算资金调拨收入业务，财政总预算会计应设置“补助收入”、“上解收入”、“调入资金”总账科目。各级财政总预算会计的资金调拨收入应按上级财政部门的规定或实际发生数额记账。

“补助收入”科目用来核算上级财政部门拨来的补助款。该科目贷方登记收入数；借方登记退还数和年终转入“预算结余”的数额；该科目平时余额在贷方，反映上级补助收入累计数。年终转账后无余额。该科目应分别按一般预算和基金预算设置明细账，进行明细分类核算。

本级财政的“补助收入”的数额应与上级财政的“补助支出”的数额相等。

“上解收入”科目用来核算下级财政上缴的预算上解款。该科目贷方登记上解款；借方登记收入退还款和年终转入“预算结余”的数额；该科目平时余额在贷方，反映下级上解收入累计数。年终转账后无余额。该科目应按上解地区设置明细账，进行明细分类核算。

本级财政的“上解收入”的数额应与所属下级财政的“上解支出”的数额相等。

“调入资金”科目用来核算各级财政部门因平衡一般预算收支，从有关渠道调入的资金。该科目贷方登记调入数；借方登记年终转入“预算结余”科目的数额；该科目平时余额在贷方，反映调入资金的累计数。年终转账后无余额。

调入资金属于预算资金的横向调度，不涉及上下级财政的收支变动。调入资金仅限于地方弥补财政总决算赤字，未经财政部批准，不得扩大调入资金使用范围。

【例19】某市财政局收到上级财政部门拨来的一般预算补助款600 000元，基金预算补助款200 000元。应作如下会计分录：

借：国库存款	800 000	
贷：补助收入——一般预算补助		600 000
——基金预算补助		200 000

【例20】某市财政局接到上级财政部门通知，将原所欠往来款1 000 000元转作一般预算补助。应作如下会计分录：

借：与上级往来	1 000 000	
贷：补助收入——预算补助		1 000 000

【例21】某市财政局收到下级财政部门按财政体制补缴的预算款500 000元。应作如下会计分录：

借：国库存款	500 000	
贷：上解收入		500 000

【例22】某市财政局收到下级财政单位上缴的预算款400 000元，并以此抵前欠下级财政单位的往来款。应作如下会计分录：

借：与下级往来　　400 000
　贷：上解收入　　400 000

【例 23】某市财政局年终根据上级批文从“基金预算结余”调出资金700 000元弥补一般预算收支不足。应作如下会计分录：

借：国库存款——一般预算存款　　700 000
　贷：调入资金　　700 000
借：调出资金　　700 000
　贷：国库存款——基金预算存款　　700 000

【例 24】某市财政局收到省财政厅拨来的税收返还收入款 500 000 元。应作如下会计分录：

借：国库存款　　500 000
　贷：补助收入　　500 000

【例25】某市财政局年终将“补助收入”科目贷方累计余额3 500 000 元，“上解收入”科目贷方累计余额 1 800 000 元，“调入资金”科目贷方累计余额 1 700 000 元转入“预算结余”科目。应作如下会计分录：

借：补助收入　　3 500 000
　　上解收入　　1 800 000
　　调入资金　　1 700 000
　贷：预算结余　　7 000 000

本章关键词

一般预算收入　基金预算收入　国库　专用基金收入　资金调拨收入　征收机关

复习思考题

1. 政府预算收入主要分为哪几类？
2. 负责组织国家预算收入的机关有哪些？
3. 国家金库按财政管理体制应如何设立？
4. 预算收入的缴库方法有几种？

5. 预算收入退库的原则和范围是什么？

6. 政府预算收入全部是财政总预算会计的收入吗？为什么？

7. 简述预算收入的划分、报解程序。

8. 未设国库的乡镇财政应如何组织预算收入的入库？

9. 在资金调拨收入中，哪些是上下级之间的调拨？哪些是不同资金之间的调拨？

10. 基金预算收入与专用基金收入在管理上有何区别？

习 题

1. 收到国库报来本市市级“预算收入日报表”及“缴款书”等原始凭证，列示当日市级预算收入为150万元。

2. 某省财政总预算会计收到国库报来“预算收入日报表”所列数字如下：

科目名称	本月收入
企业所得税	1 000 000
文教卫生所得税	100 000
煤炭企业亏损补贴	−200 000
粮食企业亏损补贴	−150 000
本月合计	750 000

根据上述资料编制会计分录。

3. 某市财政局按规定通过财政安排，取得由财政管理并指定有专门用途的政府性基金500 000元。

4. 某市财政局从上级财政部门取得专用基金收入300 000元。从当月预算支出中安排取得专用基金收入100 000元。

5. 某市财政局收到上级财政拨来的预算补助款250 000元。

6. 某市财政局接到上级财政部门的通知，将原所欠往来款1 500 000元转作预算补助1 000 000元，专项补助500 000元。

7. 某市财政局收到下级财政单位上缴的预算上缴款700 000元。

8. 某市财政局年终根据上级批文，从基金预算结余调出资金950 000元，以弥补预算收支不足。

9. 某市财政局将已收到的所属A县的预算上缴款18 000元退还给该县财政局。

10. 某市财政局将自筹资金200 000元调入预算内。

11. 某市财政收到国库报来的分成收入计算表及所附的缴款书与收入退还书，列明当日收入为负数10 000元（当日预算收入30 000元，收入退库40 000元），其中上解省财政60%，市留成40%。

第六章　财政总预算会计支出的核算

支出是一级政府为实现其职能，对财政资金的再分配。根据财政总预算会计支出的性质、特点及与收入相对应的原则，支出的内容包括一般预算支出、基金预算支出、专用基金支出、资金调拨支出等。

通过本章学习，应该掌握以下内容：

(1) 预算支出的分类和内容。

(2) 预算支出的核算基础。

(3) 预算拨款的原则。

(4) 预算支出的账务处理。

第一节　预算支出的分类和内容

预算支出是国家为实现其职能，通过法定的预算程序对预算收入进行再分配的活动。预算支出的安排，实际上是国家通过对部分社会资源配置、收入分配、效益的约束来影响社会资源的配置结构。为了有计划地安排有限的财政资金，预算支出项目的具体分类和内容是按照《政府收支分类科目》的规定，由财政部根据预算管理的要求统一制定。

一、预算支出的分类和内容

《2007 年政府收支分类科目》根据政府职能活动及国际通行做法，以政府开支的具体用途，设置支出功能分类科目和支出经济分类科目。其中，支出功能分类主要反映政府活动的不同功能和政策目标，并设类、款、项三级。类级科目包括一般公共服务、外交、国防、公共安全、教育、科学技术、文化体育与传媒、社会保障和就业、社会保险基金支出、医疗卫生、环境保护、城乡社区事务、农林水事务、交通运输、工业商业金融等事务、其他支出和转移性支出等 17 类。支出经济分类主要反映政府支出的经济性质和具体用途，并设类、款两级。类级科目包括：工资福利支出、商品和服务支出、对个人和家庭的补助、对企事业单位的补贴、转移性支出、赠与、债务利息支出、债务还本支出、基本建设支出、其他资本性支出、贷款转贷及产权参股、其他支出等12类。支出分类的类、款级具体内容见表6－1、表6－2所示。

表6－1 支出功能分类科目表

科目编码		科目名称	说明
类	款		
201		一般公共服务	反映政府提供一般公共服务的支出，包括人大、政协、政府办公厅（室）及相关机构、发展与改革、统计信息、财政、税收、审计、海关、人事、纪检监察、人口与计划生育、商贸、知识产权、工商行政管理、食品和药品监督管理、质量技术监督与检验检疫、国土资源、海洋管理、测绘、地震、气象、民族、宗教、港澳台侨、档案、共产党、民主党派及工商联、彩票、国债等32项事务。
202		外交	反映政府外交事务支出。包括外交行政管理、驻外机构、对外援助、国际组织、对外合作与交流、边界勘界联检等方面的支出。人大、政协、政府及所属各部门（除国家领导人、外交部门）的出国费、招待费列相关科目，不在本科目反映。
203		国防	反映政府用于现役部队、国防报备力量、国防动员等方面的支出。
204		公共安全	反映政府维护社会公共安全方面的支出。包括武装警察、公安、国家安全、检察、法院、司法行政、监狱、劳教、国家保密等事务的支出。
205		教育	反映政府教育事务支出。包括教育行政管理、学前教育、小学教育、初中教育、普通高中教育、普通高等教育、初等职业教育、中专教育、技校教育、职业高中教育、高等职业教育、广播电视教育、留学生教育、特殊教育、干部继续教育、教育机关服务等事务的支出。
206		科学技术	反映用于科学技术方面的支出。包括管理、研究、应用、开发等事务的支出。

（续上表）

科目编码		科目名称	说明
类	款		
207		文化体育与传媒	反映政府在文化、文物、体育、广播影视、新闻出版等方面的支出。
208		社会保障和就业	反映政府在社会保障与就业方面的支出。包括社会保障和就业管理事务、民政管理事务、财政对社会保险基金的补助、补充全国社会保障基金、行政事业单位离退休、企业关闭破产补助、就业补助、抚恤、退役安置、社会福利、残疾人事业、城市居民最低生活保障、其他城镇社会救济、农村社会救济、自然灾害生活救助、红十字事务等。
209		社会保险基金支出	反映政府由社会保险基金列支的各项支出，包括基本养老保险基金支出、失业保险基金支出、基本医疗保险基金支出、工伤保险基金支出、生育保险基金支出等。特别说明：在将社会保险基金包括在内统计政府支出时，应将财政对社会保险基金的补助以及由财政承担的社会保险缴款予以扣除，以免重复计算。
210		医疗卫生	反映政府医疗卫生方面的支出。具体包括医疗卫生管理事务支出、医疗服务支出、医疗保障支出、疾病预防控制支出、卫生监督支出、妇幼保健支出、农村卫生支出、中医药支出等。
211		环境保护	反映政府环境保护支出。具体包括：环境保护管理事务支出、环境监测与监察支出、污染治理支出、自然生态保护支出、天然林保护工程支出、退耕还林支出、风沙荒漠治理支出、退牧还草支出、已垦草原退耕还草支出等。
212		城乡社区事务	反映政府城乡社区事务支出。具体包括：城乡社区管理事务支出、城乡社区规划与管理支出、城乡社区公共设施支出、城乡社区住宅支出、城乡社区环境卫生支出、建设市场管理与监督支出、政府住房基金支出、国有土地使用权出让金支出、城镇公用事业附加支出等。

（续上表）

科目编码		科目名称	说明
类	款		
213		农林水事务	反映政府农林水事务支出。具体包括：农业支出、林业支出、水利支出、南水北调工程支出、扶贫支出、农业综合开发支出
214		交通运输	反映政府交通运输方面的支出。包括公路运输支出、水路运输支出、铁路运输支出、民用航空运输支出等。
215		工业商业金融等事务	反映政府工业、商业、金融等事务支出。具体包括：采掘业支出、制造业支出、建筑业支出 、电力支出、邮政电信支出、旅游业支出、涉外发展支出、粮油事务支出、商业流通事务支出、物资储备支出、金融保险支出、烟草事务支出、安全生产支出、国有资产监管支出、中小企业发展支出、清洁生产支出等。
229		其他支出	反映不能划分到上述功能科目的其他支出。主要有：预算中安排的预备费、财政安排的住房改革支出等。
230		转移性支出	反映政府的转移支付以及不同性质资金之间的调拨支出。具体包括：返还性支出、财力性转移支付、专项转移支付、政府性基金转移支付、彩票公益金转移支付、预算外转移支出、调出资金、年终结余等。

表 6－2　　支出经济分类科目表

科目编码		科目名称	说明
类	款		
301		工资福利支出	反映单位开支的在职职工和临时聘用人员的各类劳动报酬，以及为上述人员缴纳的各项社会保险费等。具体包括：基本工资、津贴补贴、奖金、社会保障缴费、伙食费、伙食补助费和其他工资福利支出等。

（续上表）

科目编码		科目名称	说明
类	款		
302		商品和服务支出	反映单位购买商品和服务的支出（不包括用于购置固定资产的支出、战略性和应急储备支出，但军事方面的耐用消费品和设备的购置费、军事性建设费以及军事建筑物的购置费等在本科目中反映。）具体包括：办公费、印刷费、咨询费、手续费、水费、电费、邮电费、取暖费、物业管理费、交通费、差旅费、出国费、维修（护）费、租赁费、会议费、培训费、招待费、专用材料费、装备购置费、工程建设费、作战费、劳务费、工会经费等。
303		对个人和家庭的补助	反映政府用于对个人和家庭的补助支出。具体包括：离休费、退休费、退职（役）费、抚恤金、生活补助、救济费、医疗费、助学金、奖励金、生产补贴、住房公积金、提租补贴、购房补贴等。
304		对企事业单位的补贴	反映政府对各类企业、事业及民间非营利组织的补贴。具体包括：企业政策性补贴、事业单位补贴、财政贴息等。
305		转移性支出	反映政府的转移性支出。具体包括：不同级政府间转移性支出、同级政府间转移性支出等。
306		赠与	反映对国内、外政府，组织等提供的援助、捐赠以及交纳国际组织会费等方面的支出。具体包括：对国内的赠与、对国外的赠与。
307		债务利息支出	反映政府的债务利息支出。具体包括：国库券付息、向国家银行借款付息、其他国内借款付息、向国外政府借款付息、向国际组织借款付息、其他国外借款付息等。
308		债务还本支出	反映政府归还各类借款本金方面的支出（债务利息列入“债务利息支出”不在此科目反映）。具体包括：国内债务还本、国外债务还本。

（续上表）

科目编码		科目名称	说明
类	款		
309		基本建设支出	反映各级发展与改革部门集中安排的用于购置固定资产、战略性和应急性储备、土地和无形资产，以及购建基础设施、大型修缮所发生的支出。具体包括：房屋建筑物购建、办公设备购置、专用设备购置、交通工具购置、基础设施建设、大型修缮、信息网络购建、物资储备和其他基本建设支出等。
310		其他资本性支出	反映非各级发展与改革部门集中安排的用于购置固定资产、战略性和应急性储备、土地和无形资产，以及购建基础设施、大型修缮和财政支持企业更新改造所发生的支出。具体包括：房屋建筑物购建、办公设备购置、专用设备购置、交通工具购置、基础设施建设、大型修缮、信息网络购建、物资储备和其他资本性支出。
311		贷款转贷及产权参股	反映政府部门发放的贷款和向企业参股投资方面的支出。具体包括：国内贷款、国外贷款、国内转贷、国外转贷、产权参股和其他贷款转贷有产权参股支出。
399		其他支出	反映不能划分到上述经济科目的其他支出。具体包括：财政部门专用的预备费、补充全国社会保障基金等。

二、预算支出与政府分类支出科目的协调

为了积极稳妥地推进政府收支分类改革，2007 年实施政府收支分类科目后，暂不改变目前预算支出的预算管理基本流程和管理模式，也不改变财政总预算会计制度核算预算内资金、预算外资金和社会保险基金分别管理、核算的方式。

为了与目前预算管理的实际情况相适应，财政部对 2007 年政府收支分类科目与 2006 年政府预算收支科目进行了总体协调。其中，政府支出分类科目

的类、款级科目的具体内容与原政府预算中一般预算支出、基金预算支出科目的联系，见表6－3所示。

表6－3 政府支出分类科目与预算支出科目对照表

政府支出分类科目编码		政府预算科目	政府支出分类科目编码		政府预算科目
类	款		类	款	
		一、一般预算支出	215	18款	工业商业金融等事务
201	32款	一般公共服务	229	4款	其他支出
202	8款	外交	230	8款	转移性支出
203	3款	国防			二、基金预算支出
204	10款	公共安全	205	1款	教育
205	10款	教育	207	1款	文化体育与传媒
206	9款	科学技术	208	1款	社会保障和就业
207	6款	文化体育与传媒	212	2款	城乡社区事务
208	17款	社会保障和就业	213	4款	农林水事务
210	10款	医疗卫生	214	3款	交通运输
211	10款	环境保护	215	8款	工业商业金融等事务
212	10款	城乡社区事务	230	3款	转移性支出
213	7款	农林水事务			三、债务预算支出
214	4款	交通运输	201	1款	国债事务

从以上的划分和内容对照来看，原政府一般预算支出和基金预算支出科目与政府支出分类中的功能分类科目的内容是一致的，从而确定了财政总预算会计预算支出核算的明细内容。而支出经济分类将与行政、事业单位会计相联系。因此，财政总预算会计的一般预算支出、基金预算支出科目，仍然是以政府支出分类中的功能分类科目作为明细科目核算。

第二节 预算支出的管理

政府预算支出的执行就是按年初确定的预算支出任务分配和使用财政资金的过程。为了保证政府预算支出的正确执行，财政总预算会计要根据年度支出预算，适时地、正确地把预算资金拨付给用款单位，反映和监督预算支出情况。

一、预算支出的执行机构

政府预算的执行机构，按各种不同用途的预算支出和管理分工，分别由政府财政部门、各行政事业单位主管部门和负责拨款付款的银行组成。

（1）各级财政部门是分配和管理财政资金的主管部门，也肩负着核算和监督财政资金使用的责任。在进行国库集中收付制度的改革中，财政部门应按照财政国库管理制度的基本要求，建立国库单一账户体系，将支出通过国库单一账户体系支付到商品和劳务供应者或用款单位。

（2）各行政事业单位主管部门应按照要求核算和监督拨入经费的使用。

（3）中国人民银行要和各级财政部门一起，履行对国库单一账户和有关代理银行的管理和监督职能。

二、预算拨款的原则

预算支出执行的一个重要环节是预算拨款。在实行国库集中收付制度下，预算资金的拨付将由层层下拨，改为由财政部门统一存在国库单一账户中进行管理，由国库集中支付核算局集中支付。为了保证预算支出的顺利执行，预算拨款应遵循下列原则：

1. 按照预算拨款

各级财政部门的预算拨款，必须控制在年度预算和季度（分月）用款计划范围内，不能办理无预算、无计划、超预算、超计划的拨款。如遇有特殊情况需要超过预算时，必须经过办理追加支出预算的手续后才能拨款。

2. 按照进度拨款

按照用款单位的基本建设工程进度、生产和事业发展的实际进度办理拨款，既要保证资金需要，又要防止积压浪费，保证预算资金的统一安排和灵活调度。按生产和建设事业进度进行拨款时，不仅要考虑本期资金需要，还要考虑上期资金的使用和结余情况，以促进各单位节约有效地使用预算资金。

3. 按照核定的支出用途拨款

预算支出的各种资金，都是根据一定的需要安排的，只有按计划、按规定的用途使用资金，才能保证各项生产建设事业发展的资金需要。因此，办理预算拨款时，应根据预算规定的用途拨款，不能改变支出用途。

4. 按照预算级次拨款

各支出部门和单位都应按国家规定的预算级次，逐级办理预算款项的领拨。各级主管部门一般不准向没有支出预算关系的单位垂直拨款；主管单位之间也不能发生支出预算的拨款关系。如有需要，应当通过同级财政部门办理划转手续，以减少预算拨款渠道，加强预算拨款的管理。

三、预算支出的核算基础

1. 一般预算支出的核算基础

预算支出的核算基础是指财政部门和预算单位列报支出的口径和依据。预算支出分为财政拨付资金、单位逐级拨付资金、用款单位从银行支取资金和单位实际使用资金四个阶段。在这四个阶段中，由于财政部门和预算单位的具体任务不同，预算支出的核算基础也有区别。财政总预算会计制度规定一般预算支出的列报口径有两个：预算拨款数和银行支出数。

预算拨款数是指财政部门向各部门、单位拨付资金的实际数额。银行支出数是指用款单位在核定的预算范围内，从开户银行存款账户中支取款项的数额。但在实际执行中，以上两个数据是以四种具体情况表现的：

（1）实行限额管理的基本建设支出按用款单位银行支出数列报支出。不实行限额管理的基本建设支出按拨付用款单位的拨款数列报支出。

（2）对行政事业单位的非包干性支出和专项支出，平时按财政拨款数列报支出，清理结算收回拨款时，再冲销已列支出。对于收回以前年度已列支出的款项，除财政部门另有规定者外，应冲销当年支出。

（3）除以上两款以外的其他各项支出均以财政拨款数列报支出。特别是经费包干部分，实行以拨列支。

（4）凡是预拨以后各期的经费，不得直接按预拨数列作本期支出，应作为预拨款处理。到期后，按前述规定的事项及口径转列支出。

2. 办理预算支出的核算要求

根据现行制度，大部分的预算支出均以预算拨款数列报支出。因此，财政总预算会计按拨款数办理预算支出时必须做到以下几点：

（1）严格执行《中华人民共和国预算法》。办理拨款支出必须以预算为准，预备费的动用必须经同级人民政府批准。

（2）对主管部门（主管会计单位）提出的季度分月用款计划及分“款”、“项”填制的“预算经费请拨单”应认真审核。根据经审核批准的拨款申请，结合库款余存情况按时向用款单位拨款。

（3）财政总预算会计应根据预算管理要求和拨款的实际情况，分“款”、“项”核算，列报当期预算支出。

（4）主管会计单位应按计划控制用款，不得随意改变资金用途，“款”、“项”之间如确需调剂，应填制“科目流用申请书”，报经同级财政部门核准后使用。财政总预算会计凭核定的流用数调整预算支出明细账。

（5）财政总预算会计不得列报超预算的支出；不得任意调整预算支出科目；未拨付的经费，原则上不得列报当年支出。因特殊情况确需在当年预留的支出，应严格控制，并按规定的审批程序办理。

基金预算支出的核算基础及要求，比照一般预算支出的有关规定办理。总的来说，应按规定的用途开支，做到先收后支，量入为出。

第三节　预算支出的核算

一、预算支出核算的主要科目

为了核算预算支出业务，财政总预算会计需设置“一般预算支出”科目和“基金预算支出”科目。

“一般预算支出”科目用来核算应由预算资金支付的各项支出。该科目借方登记应由预算资金支付的各项支出，包括财政总预算会计办理的直接支出、将预拨经费转列的支出，以及基本建设支出；贷方登记支出收回数及年终转账数；该科目平时借方余额，反映预算支出累计数，年终将结算单发生数转入“预算结余”科目，转账后该科目无余额。该科目应根据《政府收支分类科目》中的支出功能分类科目的款级设置明细账，进行明细分类核算。

“基金预算支出”科目用来核算各级财政部门用基金预算收入安排的支出。该科目借方登记发生的支出数；贷方登记支出收回数及年终转账数；该科目平时借方余额，反映基金预算支出累计数，年终将借方余额全数转入“基金预算结余”科目，转账后该科目无余额。该科目应根据《政府收支分类科目》中的支出功能分类科目设置明细账，进行明细分类核算。

二、一般预算支出的账务处理

在现行制度下，一般预算支出业务主要有四类：一是政府采购资金转列支出；二是对经费包干和不实行限额管理的基本建设资金的直接支出；三是预拨经费和实行限额管理的基本建设资金的转列支出；四是对非包干经费和专项经费的支出。

1. 政府采购资金转列支出的账务处理

目前，我国各级政府为加强政府采购资金的监督和管理，提高资金使用效益，保证政府采购资金及时足额支付，采用了政府采购资金财政直接拨付的方式。这一方式是发达国家普遍采用的资金支付模式。具体程序表现为：财政部门按照政府采购合同约定，将政府采购资金通过代理银行（国有商业银行或股份制商业银行）直接支付给中标供应商。这一方式主要有全额拨付和差额拨付两种。

在全额拨付方式下，财政总预算会计把预算资金划入政府采购资金专户时，在"暂付款——政府采购款"科目中核算，在支付采购资金后，按实际支付数转列支出。

【例1】某市财政总预算会计按照合同将预算资金划入政府采购资金专户，款项为1 500 000元。有关行政单位的配套资金500 000元也划入采购资金专户。应作如下会计分录：

借：暂付款——政府采购款	1 500 000	
贷：国库存款		1 500 000
借：其他财政存款	2 000 000	
贷：暂存款——政府采购款		1 500 000
——政府采购配套资金		500 000

【例2】接上例，市财政总预算会计根据合同和有关支付文件资料，向供应商付款1 800 000元，政府采购款1 350 000元，配套资金450 000元；支付后，将财政安排的政府采购资金列报支出。应作如下会计分录：

借：暂存款——政府采购款	1 350 000	
——政府采购配套资金	450 000	
贷：其他财政存款		1 800 000

借：一般预算支出　　1 350 000
　贷：暂付款——政府采购款　　1 350 000

【例 3】接上例，市财政总预算会计将节约的预算资金 15 万元划回国库，将节约的配套资金 5 万元划回采购单位。应作如下会计分录：

借：国库存款　　150 000
　贷：暂付款——政府采购款　　150 000
借：暂存款——政府采购配套资金　　50 000
　　　　——政府采购款　　150 000
　贷：其他财政存款　　200 000

【例 4】市财政总预算会计收到代理银行（国有商业银行）交来政府采购资金专户的利息收入 5 000 元，并按规定将此利息全额转入同级国库。应作如下会计分录：

借：其他财政存款　　5 000
　贷：暂存款——利息收入　　5 000
转入国库时：
借：国库存款　　5 000
　贷：一般预算收入　　5 000
借：暂存款——利息收入　　5 000
　贷：其他财政存款　　5 000

2. 经费包干和不实行限额管理的基本建设资金的账务处理

财政的重要任务是分配资金，并以“能体现分配的完成”这一特点作为列支的依据。在目前普遍实行经费预算包干制度的情况下，预算拨款之时，也就是体现财政预算支出分配完成之时。因此，实行经费包干的单位和不实行限额管理的基本建设支出单位，应以预算拨款数为核算基础，也就是财政总预算会计的直接支出。

【例 5】某市财政局开出拨款凭证，直接拨给煤建公司煤价挖潜革新改造资金 800 000 元。应作如下会计分录：

借：一般预算支出　　800 000
　贷：国库存款　　800 000

【例 6】某市财政局根据核定的预算和季度分月用款计划，开出拨款凭证，将本月包干经费 500 000 元拨付给市民政局。应作如下会计分录：

借：一般预算支出 500 000

　贷：国库存款 500 000

【例 7】某市财政局直接拨付给某建设单位不实行限额管理的基本建设资金 600 000 元。应作如下会计分录：

借：一般预算支出 600 000

　贷：国库存款 600 000

3. 预拨经费和实行限额管理的基本建设资金转列支出的账务处理

预拨经费和实行限额管理的基本建设资金都是待结算资金，只有在使用或拨付后才能转列支出。

【例 8】某市财政局经审核，将上月预拨给市教育局的教育事业费 1 000 000 元转列支出。应作如下会计分录：

借：一般预算支出 1 000 000

　贷：预拨经费 1 000 000

【例 9】某市财政局收到建设银行报来的实行限额管理的某建设单位的基本建设银行支出数为 1 100 000 元。应作如下会计分录：

借：一般预算支出 1 100 000

　贷：基建拨款 1 100 000

【例 10】某市财政局收到基本建设财务管理部门报来的支出报表，拨付建设单位资金 100 万元。应作如下会计分录：

借：一般预算支出 1 000 000

　贷：基建拨款 1 000 000

4. 非包干经费和专项经费支出的账务处理

对行政、事业单位的非包干支出和有关专项支出，应按照银行支出数进行核算。

【例 11】某市财政局按预算拨付 A 事业单位本月非包干经费 85 万元，后接到该单位缴回余款 5 万元。应作如下会计分录：

拨款时：

借：一般预算支出 850 000

贷：国库存款　850 000

收回余款时：

借：国库存款　50 000

贷：一般预算支出　50 000

【例12】某市财政局拨付市卫生局专项经费75 000元。卫生局完成专项任务，报来专项经费报表，实际使用70 000元，余款缴回国库。应作如下会计分录：

拨款时：

借：一般预算支出　75 000

贷：国库存款　75 000

收回余款时：

借：国库存款　5 000

贷：一般预算支出　5 000

【例13】年终，某市财政局将“一般预算支出”科目借方余额5 000 000元全数转入“预算结余”科目。应作如下会计分录：

借：预算结余　5 000 000

贷：一般预算支出　5 000 000

三、基金预算支出的账务处理

基金预算支出是用基金预算收入安排的支出，在管理上具有特殊性。基金预算支出核算除遵循一般预算支出的管理要求外，还应遵循以下原则：

（1）先收后支，自求平衡。由于基金预算收支有较强的专用性，财政总预算会计在办理基金预算拨款时必须认真审查单位的请拨项目是否有足够的资金来源，即该项目的历年滚存结余＋本年已实现的收入－本年已支拨数≥请拨数。否则，即使符合计划，也不得拨款。

（2）分项核算，专款专用。由于政府基金的专用性，大部分基金几乎都由对口主管部门管理，专款专用，不能相互调剂。应按要求核算反映各项基金的收入、支出和余额，不得相互混淆。

【例14】某市财政局根据预算及基金使用情况，向交通部门拨付公路建设基金200 000元。应作如下会计分录：

借：基金预算支出　　200 000
　贷：国库存款　　200 000

【例 15】某市财政局根据基金预算向农业部门拨付新菜地开发款项150 000元。应作如下会计分录：

借：基金预算支出　　150 000
　贷：国库存款　　150 000

【例 16】年终，某市财政局将“基金预算支出”科目的借方余额 850 000 元全数转入“基金预算结余”科目。应作如下会计分录：

借：基金预算结余　　850 000
　贷：基金预算支出　　850 000

第四节　专用基金支出和资金调拨支出的核算

除了预算支出业务以外，财政总预算会计还要根据有关事项核算专用基金支出和资金调拨支出的业务。

一、专用基金支出的核算

专用基金支出是各级财政部门用专用基金收入安排的支出。如粮食风险基金，是国家为平抑粮食价格、促进农业生产发展，将预算安排的专用基金拨付给粮食部门统筹使用的资金。专用基金也应按规定的用途开支，做到先收后支、量入为出、专款专用。

为了核算专用基金支出业务，财政总预算会计应设置“专用基金支出”总账科目。该科目借方登记发生的支出数；贷方登记支出收回数；平时余额在借方，反映专用基金支出累计数；年终将该科目余额全部转入“专用基金结余”科目，转账后，该科目无余额。

【例 17】某市财政局按规定将存在农业银行的粮食风险基金 600 000 元拨付给市粮食部门，用于秋粮收购的资金需要。应作如下会计分录：

借：专用基金支出　　600 000
　贷：其他财政存款　　600 000

【例18】年终，某市财政局将“专用基金支出”借方累计数2 500 000元进行年终转账。应作如下会计分录：

借：专用基金结余　　2 500 000

　贷：专用基金支出　　2 500 000

二、资金调拨支出的核算

资金调拨支出是根据财政管理体制规定在各级财政之间进行资金调拨以及在本级财政各项资金之间进行调剂所形成的支出，包括补助支出、上解支出和调出资金等。

1. 资金调拨支出的内容

（1）补助支出。补助支出是指本级财政按财政管理体制规定或因专项、临时性资金需求等原因补助给下级财政的款项及其他转移支付的支出。它包括税收返还支出、按原财政管理体制结算应补助给下级财政的款项、专项补助或临时性补助等。

（2）上解支出。上解支出是指按财政管理体制规定由本级财政上缴给上级财政的款项。它包括按财政管理体制由国库在本级预算收入中直接划解给上级财政的款项、按财政管理体制规定结算补解给上级财政的款项和各种专项上解款项。

（3）调出资金。调出资金是指为平衡一般预算收支而从基金预算的地方财政税费附加收入结余中调出，补充一般预算的资金。

2. 资金调拨支出的会计科目

为了核算各级财政资金调拨支出业务，财政总预算会计应设置“补助支出”、“上解支出”和“调出资金”总账科目。

“补助支出”科目用来核算上级财政对下级财政的补助支出。该科目借方登记支出数或从“与下级往来”科目转入数；贷方登记支出退还数或年终转入“预算结余”或“基金预算结余”的数额；该科目平时余额在借方，反映补助支出累计数。年终转账后，该科目无余额。

该科目应按补助地区设明细账。用基金预算资金补助下级财政的地区，应分设基金预算补助明细账。

“上解支出”科目用来核算解缴上级财政的款项。该科目借方登记上解支出数；贷方登记支出退转或年终转入“预算结余”的数额；该科目平时余额在借方，反映上解支出累计数。年终转账后，该科目无余额。

“调出资金”科目用来核算各级财政部门在本级各项财政资金中调出的资金。该科目借方登记调出资金数；贷方登记年终转入“基金预算结余”科目数。年终转账后，该科目无余额。

调出资金时，凡是一般预算与基金预算分设存款账户的地区，应同时调整国库存款的明细账。

3. 资金调拨支出的账务处理

【例 19】某市财政局按规定开出“拨款通知”，对所属 B 县财政局拨出一般预算补助款 1 500 000 元。应作如下会计分录：

借：补助支出——一般预算补助　　1 500 000

　贷：国库存款　　1 500 000

【例 20】某市财政局通知所属 A 县财政局，将原欠本财政局的往来款 1 200 000元转作预算补助款。应作如下会计分录：

借：补助支出——一般预算补助　　1 200 000

　贷：与下级往来　　1 200 000

【例 21】某市财政局向所属 D 县财政局拨出灌溉水源灌排工程补偿费基金补助款 30 万元。应作如下会计分录：

借：补助支出——基金预算补助　　300 000

　贷：国库存款　　300 000

【例 22】某市财政局收到国库报来“分成收入计算表”，其列明分成收入 1 000 000 元，上缴省财政 30%，自留 70%。应作如下会计分录：

借：国库存款　　1 000 000

　贷：一般预算收入　　1 000 000

借：上解支出　　300 000

　贷：国库存款　　300 000

【例 23】某市财政局在年终结算中按财政管理体制规定应上解省财政款项 180 000 元。应作如下会计分录：

借：上解支出　　180 000

　贷：与上级往来　　180 000

【例24】某市财政局按规定上解省财政某专项资金90 000元。应作如下会计分录：

借：上解支出 90 000
　贷：国库存款 90 000

【例25】某市财政局为了平衡一般预算，从基金预算结余中调出资金235 000元。应作如下会计分录：

借：调出资金 235 000
　贷：国库存款——基金预算存款 235 000
借：国库存款——一般预算存款 235 000
　贷：调入资金 235 000

【例26】年终，某市财政局将"补助支出"借方余额3 000 000元、"上解支出"借方余额2 400 000元，"调出资金"借方余额500 000元，分别转入"预算结余"和"基金预算结余"科目。应作如下会计分录：

借：预算结余 5 400 000
　贷：补助支出——一般预算补助 3 000 000
　　　上解支出 2 400 000
借：基金预算结余 500 000
　贷：调出资金 500 000

本章关键词

一般预算支出　基金预算支出　专用基金支出　资金调拨支出

复习思考题

1. 什么是预算拨款和预算支出？
2. 预算支出如何分类？
3. 政府预算支出是指财政总会计的全部支出吗？为什么？
4. 由哪些单位组织执行国家预算支出？
5. 预算支出的核算基础是什么？
6. 预算拨款的原则是什么？
7. 一般预算支出列报口径是什么？

8. “预算拨款数”、“银行支出数”和“实际支出数”之间的关系怎样?

9. 资金调拨支出有哪些内容?

10. 调出资金的年终结转有何特点?

习 题

1. 某市财政局直接拨煤价补贴给煤建公司 860 000 元。

2. 某市财政局拨给某行政单位基本建设款 1 000 000 元，根据建行报来的“银行支出数汇总表”编制有关会计分录。

3. 某市财政局将拨给 W 行政单位预算拨款 1 000 000 元，M 事业单位主管部门预算拨款 1 500 000 元转列支出。

4. 某市财政局用基金预算收入安排支出 250 000 元。

5. 某市财政局用专用基金收入安排一项支出 80 000 元。

6. 某市财政局开出“拨款通知”对其下级财政拨出预算补助款 1 200 000 元。

7. 某市财政局通知下级财政部门将前欠本财政局的往来款 50 万元转作预算补助款。

8. 某市财政局为弥补预算收支不足，决定调出基金预算附加收入结余 800 000 元。

9. 某市财政局在年终结算中按财政管理体制规定应上解上级财政款项为 160 000 元。

10. 某市财政局年终根据财政管理体制规定尚欠所属县财政补助款 66 000 元。

11. 某市财政局根据有关文件，向粮食部门拨付粮食风险基金 850 000 元。

12. 某市财政总预算会计采用政府采购方式进行拨款。以下是对某项采购发生的拨款业务:

(1) 按照合同将预算资金划入政府采购资金专户，款项为 1 300 000 元。有关行政单位的配套资金 200 000 元也划入采购资金专户。

(2) 市财政总预算会计根据合同和有关支付文件资料，向供应商付款 1 400 000 元，政府采购款 1 250 000 元，配套资金 150 000 元；支付后，将财政安排的政府采购资金列报支出。

(3) 市财政总预算会计将节约的预算资金 50 000 元划回国库，将节约的配套资金 50 000元划回采购单位。

第七章　财政总预算会计报告

财政总预算会计报告的编制是各级财政部门在期末必不可少的重要工作，期末报告不仅反映了各级财政总预算会计的结果，也反映了各级政府的工作业绩。

通过本章学习，应该掌握以下内容：

（1）财政总预算会计报告体系的构成。

（2）年末清理、结算和结账工作的内容。

（3）主要会计报表的编制、审核和分析。

第一节　财政总预算会计报告体系概述

一、财政总预算会计报告体系的构成

财政总预算会计报告是各级预算收支执行情况及其结余的定期书面报告，是各级政府和上级财政部门了解情况、掌握政策、指导预算执行工作的重要资料，也是编制下一年度预算的基础。

财政总预算会计报告是由各级财政部门逐级编制的总预算会计报表，与各级国库、各级行政事业单位、相关银行编报的报表一起共同组成一个完整的会计报告体系。如图 7－1 所示。

由各级国库编报的预算收支月报，逐级汇总上报，反映了不同预算级次的预算收支执行情况，也反映了征收机关组织预算收入的工作。

由各级行政事业主管部门向同级财政部门报送的单位收支汇总表，反映了各单位的收支情况和业务发展进度。

由各级相关银行向同级财政部门报送的基本建设支出报表，反映了各级政府的基建投资状况和固定资产投资状况。

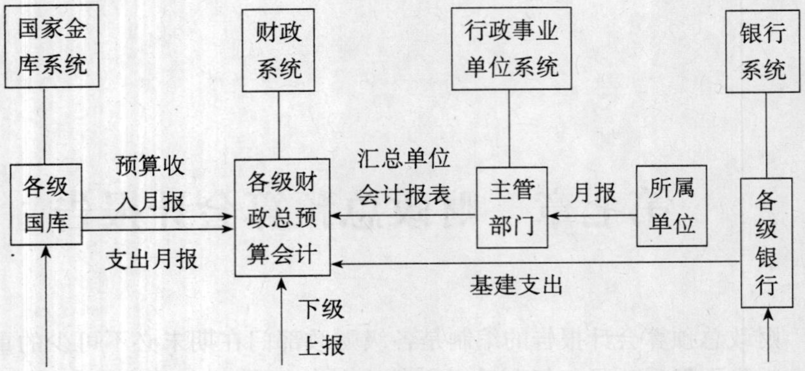

图 7-1　财政总预算会计报告体系构成图

二、财政总预算会计报表的编制要求和编报程序

1. 编制要求

各级财政总预算会计报表要做到报送及时，数字正确，内容完整。具体要求如下：

（1）各级财政总预算会计要加强日常会计核算工作，督促有关单位及时记账、结账。所有预算会计单位都应在规定的期限内报出报表，以便主管部门和财政部门及时汇总。

（2）财政总预算会计报表的数字，必须根据核对无误的账户记录汇总。切实做到账表相符，有根有据，不能估列代编，更不能弄虚作假。

（3）财政总预算会计报表要严格按照统一规定的种类、格式、内容、计算方法和编制口径填制，以保证全国统一汇总和分析。汇总报表的单位，要把所属单位的报表汇集齐全，防止漏报。

2. 编报程序

财政总预算会计报表应由乡（镇）、县（市）、市（设区的市）、省（自治区、直辖市）以及计划单列市的财政机关，根据统一的会计科目、统一的编制口径、统一的报送时间，从基层单位开始，逐级汇总编报，不得估列代编。逐级汇总编成定期的政府预算收支执行情况报表，由财政部报送国务院。地方各级财政总预算收支执行情况报表，由财政机关报送同级人民政府。

各预算单位会计报表是同级财政总预算会计报表的组成部分，由各级行政事业单位逐级汇总，由各主管部门向同级财政机关报送。此外，参与政府预算执行的国家金库和有关银行等单位，也要分别向同级财政机关报送预算收入和预算支出的各种报表。这些报表作为财政总预算会计报表的附表，也构成财政总预算会计报告的组成部分。

财政总预算会计的年报，反映着年度预算收支的最终结果。各级财政总预算会计应在财政部门的领导下，参与或具体负责组织有关政府决算草案的编审工作，并将汇总编制的本级决算草案及时报送本级政府审定，应按照上级财政部门规定的时限和份数，将经本级人民政府审定的本行政区域决算草案逐级及时报送备案。计划单列城市的会计报表和年度财政决算在报送省级财政部门的同时，直接报送财政部。

三、财政总预算会计报表的种类

财政总预算会计报表可以按以下不同的标准进行分类：

（1）按经济内容可分为资产负债表、预算执行情况表、预算执行情况说明书及其他附表。其他附表有政府性基金（资金、附加）收支表、基本数字表、行政事业单位收支汇总表以及所附会计报表等。年度终了，各级财政总预算会计在进行年终结账后，应根据规定要求编制年终决算报表。

（2）按编制时间可分为旬报、月报和年报。预算执行情况表反映预算收支的完成情况，其旬报、月报和年报的表式及内容不尽相同；月份和年度资产负债表的表式则完全相同。

（3）按编制单位可分为本级报表和汇总报表。本级报表是反映本级政府的财务状况和预算执行情况的报表。汇总报表是上级政府根据本级政府和经审查过的所属下级政府的会计报表汇总编制，反映上级政府和所属下级政府总的财务状况和预算执行情况的报表。

第二节　年终清理结算和结账

财政总预算会计的收支结转是在年末进行的，因此，清理结算和结账工作集中在年末展开，为编制年度会计报表做好充分准备。

一、年终清理的内容

年终清理是指各级财政部门和预算执行单位，在年终前后对全年各项预算资金的收支及其有关财务活动进行全面清算和核对的工作。年终清理的目的在于：划清年度收支，核实收支数字，结清往来款项，以及如实反映全年预算执行结果；分析全年预算执行情况，总结预算管理的经验；检查财经纪律遵守情况。

各级财政总预算会计，在会计年度结束前，应当全面进行年终清理工作。年终清理的主要事项如下：

1. 核对年度预算

预算数字是考核决算和办理收支结算的依据，也是进行会计结算的依据。年终前，各级财政总预算会计应配合预算管理部门把本级财政总预算与上、下级财政总预算，以及与本级各单位预算之间的全年预算数核对清楚。追加追减、上划下划数字，必须在年度终了前核对完毕。为了便于年终清理，本年预算的追加追减和企事业单位的上划下划，一般截至11月底止。各项预算拨款，一般截至12月25日止。

2. 清理本年预算收支

凡属本年的一般预算收入，都要认真清理，年终前必须如数缴入国库。财政总预算会计应督促国库在年终库款报解整理期内，迅速报齐当年的预算收入。应在本年预算支领列报的款项，非特殊原因，应在年终前办理完毕。对于基金预算收入和专用基金收入，凡应列入本年的，应及时催收，并缴入国库和指定的银行。

3. 组织征收机关和国库进行年度对账

年度终了后，按照国库制度的规定，支库应设置10天的库款报解整理期（设置决算清理期的年度，库款报解整理期相应顺延）。各国库经收处12月31日前所收款项均应在“库款报解整理期”内报达支库，列入当年决算。同时，各级国库要按年度决算对账办法编制收入对账单，分送同级财政部门、征收机关核对签章，保证财政收入数字在三个部门的一致性。

4. 清理核对当年拨款支出

各级财政总预算会计对本级各单位的拨款支出应与各预算单位的拨款收入核对清楚。对于当年安排的非包干使用的拨款，其结余部分应根据具体情况处理。属于单位正常周转占用的资金，仍可作为预算支出处理；属于应收回的拨款，应及时收回，并按收回数相应冲减预算支出；属于预拨下年度的经费，不得列入当年预算支出。实行国库集中收付制度的财政总预算会计，还应做好清理零余额账户的用款额度、直接支付和授权支付等方面的业务。

5. 清理往来款项

各级财政总预算会计的暂收、暂付等各种往来款项，要在年度终了前认真清理结算，做到“人欠收回、欠人归还”，应转作各项收入或各项支出的款项，要及时转入本年有关收支账。

二、年终财政体制结算的内容和步骤

各级财政总预算会计要在年终清理的基础上进行年终结算。年终结算就是财政体制结算。财政体制结算是指上下级财政之间按财权与事权相统一的原则进行的财政收支结算，并按照财政管理体制的规定，结清上下级财政总预算之间的预算调拨收支和往来款项。年终结算的主要内容及步骤如下：

（1）根据财政管理体制的规定，计算出全年应补助、应上解和应返还的数额；

（2）将上述数字与年度预算执行过程中已补助、已上解和已返还的数额进行比较；

（3）最后，结合借垫款项，计算出全年最后应补或应退的数额，填制“年终财政决算结算单”，经核对无误后，作为年终财政结算凭证，据以入账。“年终财政决算结算单”的格式如表 7－1 所示。

表 7－1　某市年终财政决算结算单　单位：万元

	项　目	金　额		项　目	金　额
市财政决算平衡情况	一、收入总计 其中：决算收入 税收返还 专项补助 结算补助 上年结余 二、支出总计 其中：决算支出 体制上解支出 专项上解支出 三、年终滚存结余 （扣除预算周转金）		资金结算情况	一、应得资金数 二、已得资金数 三、应上解数 四、应欠补助数	

各级财政总预算会计对年终决算清理期内发生的会计事项，应当划清会计年度。属于清理上年度的会计事项，记入上年度账内；属于新年度的会计事项，记入新账。要防止错记漏记。

【例1】经年终结算，某市财政局按年度预算计算应上解省财政数为87 000 000元。年度预算执行中实际上解数额为63 000 000 元。省财政应专项补助该市财政9 500 000 元。

该市财政总预算会计年终计算应补上解数为：

市应补上解数 = 应上解省财政数 − 市实际上解数 − 省应补助市数

= 87 000 000 − 63 000 000 − 9 500 000

= 14 500 000（元）

该市财政总预算会计根据经上级财政审批的年终财政决算结算单，通过“与上级往来”科目与省财政办理结算，作如下会计分录：

借：上解支出	24 000 000	
贷：与上级往来		24 000 000
借：与上级往来	9 500 000	
贷：补助收入		9 500 000

“与上级往来”科目的贷方余额14 500 000 元，为市财政欠省财政应补上解和省财政对市财政专项补助轧差数。

同时，省财政总预算会计也应通过“与下级往来”科目与该市办理结算，作如下会计分录：

借：与下级往来	24 000 000	
贷：上解收入		24 000 000
借：补助支出	9 500 000	
贷：与下级往来		9 500 000

“与下级往来”科目的借方余额14 500 000 元，为省财政应收所属市财政应补交的款项。

三、年终结账的内容

总预算会计经过年终清理和结算，把各项结算收支记入旧账后，即可办理年终结账。年终结账工作一般分为年终转账、结清旧账和记入新账三个环节，依次作账。

1. 年终转账

年终转账，首先要计算出各账户12月份合计数和全年累计数，结出12月末余额，再根据各账户12月末的余额，编制结账前的“资产负债表”，进行试算平衡。然后，再编制记账凭证，将“一般预算收入”、“基金预算收入”、“专用基金收入”、“补助收入”、“上解收入”、“调入资金”等收入类账户的贷方余额以及“一般预算支出”、“基金预算支出”、“专用基金支出”、“补助支出”、“上解支出”、“调出资金”等支出类账户的借方余额，分别转入“预算结余”、“基金预算结余”和“专用基金结余”等账户的贷方和借方。通过年终转账，各收支账户的年末余额应为零。“预算结余”、“基金预算结余”和“专用基金结余”账户的年末余额，分别表示一般预算、基金预算和专用基金的滚存结余。

2. 结清旧账

将上述转账分录入账后，则可结清旧账。具体方法是：先结出资产类、负债类、净资产类、收入类和支出类账户的借方、贷方的全年总计数，然后在下面画双红线，表示本账户全部结清。对年终有余额的账户，应在“摘要”栏内注明“结转下年”字样，表示旧账余额结束，转入新账。

3. 记入新账

根据本年度各总账账户和明细账户年终转账后的余额编制年终决算（结账后）“资产负债表”和有关明细表后，将表列各账户的余额直接记入新年度有关总账和明细账各账户预留空行的余额栏内，并在“摘要”栏注明“上年结转”字样，以区别新年度发生数。

各级财政编制的本级决算草案经本级人民代表大会常务委员会（或人民代表大会）审查批准后，如需要更正原报决算草案收入、支出数字时，则要相应调整旧账，重新办理结账和记入新账。

第三节 财政总预算会计报表的编制

财政总预算会计报表是反映各级政府预算收支执行情况及其结果的定期书面报告，是各级政府和上级财政部门了解情况、掌握政策、指导预算执行工作的重要资料，也是编制下年度总预算会计报表的基础。财政总预算会计报表包括资产负债表、预算执行情况表和政府性基金（资金、附加）收支表等。实行国库集中收付制度的财政总预算会计应增设财政性资金国库集中收付拨款备查表等。实行政府收支分类科目后，财政总预算会计还应增设政府性基金收支情况表，专项资金收支表和财政拨款经济分类收支表等。

一、资产负债表

资产负债表是反映各级政府所实际拥有财政资金状况的会计报表，它提供某一特定日期各级政府所控制的资产、承担的负债以及拥有的净资产情况。资产负债表只要求编制和汇总月报和年报。

1. 资产负债表月报的编制

财政总预算会计的资产负债表月报，既要反映各级政府某一时日（期末）的资产、负债和净资产情况；又要反映各级政府某一时期（月内）预算收支执行情况。资产负债表以"资产 + 支出 = 负债 + 净资产 + 收入"平衡公式为依据，左方为资产部类，右方为负债部类，两方总计数相等。资产负债表月报的编制方法是：

（1）资产、负债和净资产的项目根据月末相应会计科目的余额直接填制和分析计算填列。

（2）收入和支出的项目应根据月末相应会计科目的期末余额（累计发生额）直接填制。

2. 资产负债表年报的编制

财政总预算会计在进行年终结账时，应先根据各账户 12 月份的期末余额，编制结账前"资产负债表"，进行试算平衡无误后，将各收支账户进行分别转入有关结余账户，然后，根据结账分录过账，结清收支账户，并将年终有余额的账户进行年结，最后，根据本年度各总账账户年终转账后的余额编制"结账后资产负债表"，即年终决算资产负债表，并将此表作为记入新账的依据。在年终决算资产负债表中，收支项目一般无余额反映。

下面举例说明资产负债表年报的编制过程。

【例 2】某市财政总预算会计根据 2002 年 12 月末的有关账户余额，编制年终结账前的资产负债表如表 7－2 所示。

根据年终结账前的资产负债表，按年终结账办法的规定，该市财政总预算会计应填制 12 月 31 日的记账凭证，办理年终转账，其会计分录如下：

（1）将全年的一般预算收入 69 000 000 元，补助收入 5 600 000 元，上解收入 3 400 000 元，调入资金 3 000 000 元，转入预算结余账户。

借：一般预算收入	69 000 000	
补助收入	5 600 000	
上解收入	3 400 000	
调入资金	3 000 000	
贷：预算结余		81 000 000

表 7-2 资产负债表

（年终结账前）

编制单位： 2002 年 12 月 31 日 单位：万元

资产部类			负债部类		
科目名称	年初数	期末数	科目名称	年初数	期末数
资产：			负债：		
国库存款		2 200	借入款		0
其他财政存款		860	暂存款		216
有价证券		500	与上级往来		0
在途款		6	负债合计		216
暂付款		4	净资产：		
与上级往来		0	预算结余		2 150
基建拨款		940	基金预算结余		1 350
预拨经费		1 200	专用基金结余		584
资产合计		5 710	预算周转金		1 600
支出：			净资产合计		5 684
一般预算支出		6 800	收入：		
基金预算支出		890	一般预算收入		6 900
专用基金支出		800	基金预算收入		800
补助支出		600	专用基金收入		650
上解支出		350	补助收入		560
调出资金		300	上解收入		340
支出合计		9 740	调入资金		300
			收入合计		9 550
资产部类合计		15 450	负债部类合计		15 450

（2）将全年一般预算支出 68 000 000 元，补助支出 6 000 000 元，上解支出 3 500 000 元，转入预算结余账户。

借：预算结余 77 500 000

　贷：一般预算支出 68 000 000

　　　补助支出 6 000 000

　　　上解支出 3 500 000

（3）将全年基金预算收入 8 000 000 元，转入基金预算结余账户。

借：基金预算收入 8 000 000

贷：基金预算结余　　　　　　　　　　　　　　　　8 000 000

（4）将全年基金预算支出 8 900 000 元，调出资金 3 000 000 元，转入基金预算结余账户。

借：基金预算结余　　　　　　　　　　　　11 900 000

贷：基金预算支出　　　　　　　　　　　　　　　　8 900 000

调出资金　　　　　　　　　　　　　　　　3 000 000

（5）将全年专用基金收入 6 500 000 元，转入专用基金结余账户。

借：专用基金收入　　　　　　　　　　　　6 500 000

贷：专用基金结余　　　　　　　　　　　　　　　　6 500 000

（6）将全年专用基金支出 8 000 000 元，转入专用基金结余账户。

借：专用基金结余　　　　　　　　　　　　8 000 000

贷：专用基金支出　　　　　　　　　　　　　　　　8 000 000

根据年终结账后各账户余额编制年终结账后的资产负债表，见表 7－3 所示。该资产负债表即是年终决算报表，是记入新年度有关总账的依据。

表 7－3　　　　　　资产负债表

（年终结账后）

编制单位：　　　　　　2002 年 12 月 31 日　　　　　　单位：万元

资产部类			负债部类		
科目名称	年初数	期末数	科目名称	年初数	期末数
资产：			负债：		
国库存款		2 200	借入款		0
其他财政存款		860	暂存款		216
有价证券		500	与上级往来		0
在途款		6	负债合计		216
暂付款		4	净资产：		
与下级往来		0	预算结余		2 500
基建拨款		940	基金预算结余		960
预拨经费		1 200	专用基金结余		434
资产合计		5 710	预算周转金		1 600
			净资产合计		5 494
资产部类合计		5 710	负债部类合计		5 710

3. 资产负债表汇总报表的编制

各级财政总预算会计应先编出本级财政的资产负债表，然后和经审核无误的所属下级财政总预算会计的资产负债表汇总编成本地区财政汇总的资产负债表。

在汇编中，各级财政总预算会计应将本级财政的“与下级往来”和下级财政的“与上级往来”、本级财政的“上解收入”和下级财政的“上解支出”、本级财政的“补助支出”和下级财政的“补助收入”等核对无误后互相冲销，以免重复汇总。

二、预算执行情况表

预算执行情况表是反映政府财政总预算收支执行进度、收支构成、各级财力的形成及其分配的报表，并根据需要分为旬报、月报和年报。

1. 旬报的编制

旬报是反映各级财政部门从月初至本旬为止的预算收支主要完成情况的报表。旬报应按当年《政府收支分类科目》，从有关收支账户中取数，收入和支出只列报主要的大类数，并于每月上旬、中旬后报送，下旬由月报代替。

旬报要求及时、快速简明扼要。县级旬报应在旬后 1 日内以电话报上级财政部门；上级财政部门在收齐下级财政部门的旬报后，加上本级数字，汇总上报给上一级财政部门。省、自治区、直辖市的旬报一般要求在旬后 3 日内上报财政部。旬报的具体内容和编制方法由财政部根据情况规定，并逐级布置。旬报的一般格式如表 7－4 所示。

表 7－4 预算收支旬报

编报单位： 年 月 日 单位：万元

代号	项 目	金 额	代号	项 目	金 额
	一般预算收入合计			基金预算收入合计	
	其中：税收收入			……	
	社会保险基金收入			基金预算支出合计	
	非税收入			……	
	……				
	一般预算支出合计				
	其中：一般公共服务				
	外交				
	国防				
	……				

2. 月报的编制

月报是反映各级财政部门从年初至本月末止的预算收支完成情况的报表。按收支配比要求，具体分为一般预算收入月报、一般预算支出月报和基金预算收支月报。也可以将一般预算收支与基金预算收支合并，编报财政总预算收支月报。

月报的列报内容一般比旬报详细，通常列报到政府收支分类科目的“款”级科目，并且要附上本月预算收支执行情况的文字说明。月报的报送也需要及时，省级财政一般要求在月后 5 日将月报报送到财政部。月报应根据有关收支账户本月发生额直接填列。月报参考格式如表 7－5 和 7－6 所示。

表 7－5

一般预算收入月报

年 月

单位：万元

编码	收入科目	当月数	累计数
	一般预算收入合计		
	税收收入		
	增值税		
	消费税		
	……		
	社会保险基金收入		
	基本养老保险基金收入		
	失业保险基金收入		
	……		
	非税收入		
	政府性基金收入		
	专项收入		
	……		
	……		

表 7－6

一般预算支出月报

年 月

单位：万元

编码	支出科目	当月数	累计数
	一般预算支出合计		
	一般公共服务		
	人大		
	政协		
	……		
	外交		
	外交行政管理		
	驻外机构		
	……		
	国防		
	现役部队		
	国防报备力量		
	……		

基金预算收支月报的格式与一般预算收支月报的格式基本相同。各省、自治区、直辖市上报到财政部的月报，应按照财政部每年制发的月报格式编制，

不得自行增删或变动报表项目。

3. 年报的编制

年度预算执行情况表就是反映政府财政收支的决算报表，是反映整个预算年度内政府预算收支执行情况及其结果的报表。年报是各级政府全年政治经济活动在财政上的集中反映。编制年报是各级财政总预算会计的主要任务之一，各级财政总预算会计应在财政部门的领导下，参与或负责有关决算草案的编审工作。

各级预算情况执行表的年报可由年度政府收支决算总表、收入决算明细表、支出决算明细表、财政收支决算分级表、基金预算收支决算总表和专用基金收支明细表等组成。在政府收支分类改革的情况下，预算收支情况决算报表体系的完善还将经历一个建设过程，但是，改革后的决算报表体系应能全面反映政府整体收支情况，即包括一般预算、政府性基金和预算外资金三大部分；设计的报表应具有实用性，能满足政府和财政工作的实际需要；设计的决算指标应与国际通行的体系、方法接轨，并具有一定的连续性和稳定性。

年度预算执行情况决算报表体系的具体内容与编制方法，应根据财政部有关决算报表的规定办理。财政总预算会计在编制预算执行情况表的年报时，还应编写预算执行情况说明书及其他附表，以便用文字和有关附表补充说明年度财政收支情况。其他附表主要有基本数字表、行政事业单位收支汇总表等。

本章关键词

财政总预算会计报告　资产负债表　预算执行情况表　年终清理　年终结算　年终结账

复习思考题

1. 试述财政总预算会计年终清理的内容。
2. 财政总预算会计如何进行年终结算？
3. 年终结账包括哪几个环节？
4. 简述财政总预算会计报表的种类？
5. 试述财政总预算会计编制资产负债表的程序。
6. 预算执行情况表的作用是什么？

习 题

某市财政局 2001 年 12 月 31 日全部账户余额如下：

科 目	借方余额（万元）	科 目	贷方余额（万元）
国库存款	3 500	借入款	100
其他财政存款	860	暂存款	116
有价证券	700	与上级往来	250
在途款	106	预算结余	2 150
暂付款	64	基金预算结余	1 350
与下级往来	100	专用基金结余	584
基建拨款	940	预算周转金	1 300
预拨经费	500	一般预算收入	8 900
一般预算支出	7 860	基金预算收入	850
基金预算支出	890	专用基金收入	650
专用基金支出	800	补助收入	580
补助支出	500	上解收入	440
上解支出	400	调入资金	200
调出资金	300		

要求：(1) 请根据以上数字编制结账前资产负债表；(2) 编制年终转账分录；(3) 根据有关余额编制结账后资产负债表。

第八章　行政单位会计概述

行政单位会计是预算会计的组成部分，其会计核算必须遵守国家的有关法律、法规及《行政单位会计制度》的规定。本章先从行政单位会计的概念和特点入手，然后介绍行政单位会计的组织系统和会计科目的设置。

通过本章学习，应该掌握以下内容：

（1）行政单位会计的概念和特点

（2）行政单位会计的组织系统。

（3）行政单位会计处理要求。

第一节　行政单位会计的概念和特点

一、行政单位的特征

行政单位是指行使国家权力、管理国家事务、维护社会公共秩序、进行各项行政管理工作的政府机构。其人员列入国家行政编制，所需经费全部由政府预算拨给。行政单位可具体包括以下几部分：

一是国家权力机关。指各级人民代表大会及其常务委员会。全国人民代表大会是国家的最高权力机关。

二是各级行政机关。指各级人民政府及其所属各行政部门。行政机关是国家权力机关的执行机关，国务院是国家的最高行政机关。

三是审判机关和检察机关。指行使国家审判职能和检察职能的机关，即各级人民法院和各级人民检察院。最高人民法院是国家的最高审判机关，最高人民检察院是国家的最高检察机关。

四是政党组织。指中国共产党、各民主党派以及共青团、妇联、工会等组织。

军队虽然也通过政府预算拨款解决经费，但因人员不属于行政编制，不划为行政单位，而作为独立的系统。

行政单位的职责是完成国家所赋予的各项行政管理任务，即维护社会公共秩序、保证国家机器的正常运转。行政单位虽不直接参与物质生产，但它们为社会再生产创造良好的环境，提供有效的服务和安全保障。因此，行政单位表现出以下特征：

(1) 行政单位的存在是以满足社会公共需要为前提，属于公共部门。行政单位为社会公众提供的服务，属于公共物品。公民在消费行政单位提供的服务时，不具有排他性。而当公民消费企业的商品时，具有排他性。

(2) 行政单位的运作不以营利为目的。行政单位为公民提供的服务一般不收取费用或只收取工本费，不像企业那样以营利为目的提供商品和劳务。

(3) 行政单位的资金来源是单一的和无偿的。行政单位的资金来源是政府预算拨款，无须偿还。

对行政单位来说，执行单位预算，按照预算取得和使用财政资金，并使财政资金发挥应有的社会效益，是行政单位会计必须遵循的基本要求。

二、行政单位会计的概念和特点

1. 行政单位会计的概念

行政单位为完成自身的任务，需要业务活动经费。它们一方面要按照财政部门或上级主管部门核准的预算，有计划地领拨经费；另一方面，又要按照预算规定的用途使用经费。因此，行政单位会计的对象是各级行政单位预算资金和其他资金的收支运动。行政单位会计是指以货币为主要计量单位，反映和监督各级行政机关以及实行行政财务管理的其他机关情况及其结果的专业会计。它是预算会计体系中的重要组成部分。

行政单位预算是行政单位根据其职责和工作任务编制的年度财务收支计划，由收入预算和支出预算组成，是行政单位取得国家财政拨款，使用国家财务拨款的依据。行政单位预算是政府预算的重要组成部分。行政单位的预算执行情况，直接影响着国家财政预算的执行情况。行政单位会计因此负有反映、监督的重要职能。通过反映职能，如实将行政单位的预算执行情况通过会计核算程序表现出来；通过监督职能，督促单位加强财务管理，提高资金的使用效益。

2. 行政单位会计的特点

行政单位会计的特点是在与财政总预算会计和事业单位会计的比较中体现出来的。

(1) 会计核算对象是纯预算收支运动。

与财政总预算会计相连接，行政单位会计的核算对象是财政资金的领拨、使用及其结果，体现出资金来源的唯一性，而事业单位会计的对象则体现出资金来源的多元化。

（2）支出列报依据是实际支出数。

行政单位会计和事业单位会计均是以经费的实际支出数列报支出，表现资金的最终消费；而财政总预算会计则是以预算拨款数列报支出，体现财政资金的分配。

（3）以收付实现制为记账基础。

事业单位会计的记账基础既需用收付实现制，又需用权责发生制；行政单位会计与财政总预算会计的记账基础一样，均是收付实现制。

（4）不以营利为目的，会计核算简单。

与事业单位比较，行政单位的业务活动目标是行使政府职能，向社会公众提供服务，其经济业务活动范围有特定限制，故会计核算比事业单位会计要简单得多。行政单位会计资金来源渠道单一，没有成本核算过程，不计盈亏。

（5）体现单位预算的刚性。

按照《预算法》及有关制度的规定，行政单位应当严格执行预算，按照收支平衡的原则，合理安排各项资金，不得超预算安排支出。因此，行政单位会计在明细科目的设置上、在年终清理结算的工作上都充分体现了单位预算的刚性。

三、行政单位会计的内容

行政单位主要依靠政府预算拨款履行其立法、行政和司法等管理职能，因此，行政单位向国家取得预算拨款收入，向所属单位拨出经费，自身为行使管理职能而发生的经费支出以及经费结余就是行政单位会计核算的主要内容。

行政单位会计核算的内容具体表现在资产、负债、净资产、收入、支出等五大要素上。这五大要素之间的关系可以从以下几方面来表现：

$$资产 = 负债 + 净资产$$

$$资产 = 负债 + 净资产 + （收入 - 支出）$$

$$资产 + 支出 = 负债 + 净资产 + 收入$$

以上五大要素的关系为行政单位会计科目的设置、会计报表的设计提供了理论基础。并且，这五大要素的关系还表明了行政单位会计与财政总预算会计有着相同的记账基础。

第二节 行政单位会计的组织

要开展行政单位会计的核算，应当建立会计机构、配置会计人员、设置会计科目以及规定会计凭证和会计账簿的格式。

一、行政单位会计组织系统

根据行政单位的机构建制和经费领拨关系，行政单位的会计组织系统分为主管会计单位、二级会计单位和基层会计单位。

1. 主管会计单位

主管会计单位是指向同级财政部门领报经费，并发生预算管理关系，有下一级会计单位的行政单位。主管会计单位直接向财政部门领报经费，并向其下级会计单位转拨经费。

主管会计单位的主要任务是：①审核所属各单位的预算草案，编制本单位和所属各单位的汇总预算草案，并及时报送同级财政部门审核。②根据同级财政部门批准的预算，按规定的程序向同级财政部门申请拨付经费；取得拨付经费后，及时向所属各单位转拨经费。③监督本单位和所属各单位严格按照国家有关规定使用各项资金。④审核所属各单位的决算草案，编制本单位和所属各单位的汇总决算草案，并及时报送同级财政部门审核。⑤核算本单位的各项资产，保证国家财产的安全完整。⑥核算本单位的各项负债，对于应缴财政的各项资金，应及时、足额地上缴财政。

2. 二级会计单位

二级会计单位是指向主管会计单位或上一级会计单位领报经费，并发生预算管理关系，有下一级会计单位的行政单位。

二级会计单位的主要任务是：①审核所属各单位的预算草案，编制本单位和所属各单位的汇总预算草案，并及时报送主管会计单位或上一级会计单位审核。②根据主管会计单位或上一级会计单位批准的预算，按照规定的程序向主管会计单位或上一级会计单位申请拨付经费；取得拨付经费后，及时向所属单位转拨经费。③监督本单位和所属各单位严格按照国家有关规定使用各项资金。④审核所属各单位的决算草案，编制本单位和所属各单位的汇总决算草案，并及时报送主管会计单位或上一级会计单位审核。⑤核算本单位的各项资产，保证国家财产的安全完整。⑥核算本单位的各项负债，对于应缴财政的各项资金，应及时、足额地上缴财政或主管会计单位、上一级会计单位。

3. 基层会计单位

基层会计单位是指向上一级会计单位领报经费，并发生预算管理关系，没有下级会计单位的行政单位。向同级财政部门领报经费，没有下级会计单位的，视同基层会计单位。

基层会计单位的主要任务是：①编制本单位的预算，并及时报送上一级会计单位或同级财政部门审核。②根据批准的预算，按照规定的程序向上一级会计单位或同级财政部门申请拨付经费。③监督本单位严格按照国家有关规定使用各项资金。④编制本单位的决算草案，并及时报送上一级会计单位或同级财政部门审核。⑤核算本单位的各项资产，保证国家财产的安全完整。⑥核算本单位的各项负债，对于应缴财政的各项资金，应及时、足额地上缴财政或上一级会计单位。

主管会计单位、二级会计单位和基层会计单位实行独立会计核算，负责组织管理本部门、本单位的全部会计工作。不具备独立核算条件的行政单位，实行单据报账制度，作为“报销单位”管理。各行政单位会计主体的会计核算应当以各预算单位发生的各项经济业务为对象，反映和监督各预算单位自身的各项经济活动。

二、行政单位会计科目及使用要求

1. 行政单位会计科目表

行政单位会计科目是对行政单位会计核算对象的具体内容进行科学分类的标志。行政单位会计科目是各级行政单位会计设置账户、确定核算内容、归集经济业务的依据，也是汇总和检查行政单位资金活动情况及其结果的依据。行政单位会计与财政总预算会计相比，需增设现金、材料、固定资产等实物资产科目；与事业单位会计相比，没有应收账款、应收票据、应付账款及有关经营收支科目。这是由行政单位会计核算内容决定的。各级行政单位统一适用的会计科目如表 8 - 1 所示。

表 8-1　　行政单位会计科目表

序号	编　号	科　　目	序号	编　号	科　　目
	一、资产类		15	213	应付其他个人收入
1	101	现金			
2	102	银行存款		三、净资产类	
3		零余额账户用款额度	16	301	固定基金
4	103	有价证券	17	303	结余
5	104	暂付款		四、收入类	
6	105	库存材料	18	401	拨入经费
7	106	固定资产	19	404	预算外资金收入
8	115	财政应返还额度	20	407	其他收入
9	二、负债类			五、支出类	
10	201	应缴预算款	21	501	经费支出
11	202	应缴财政专户款	22	502	拨出经费
12	203	暂存款	23	505	结转自筹基建
13	211	应付工资(离退休费)			
14	212	应付地方（部门）津贴补贴			

2. 行政单位会计科目的使用要求

各级行政单位在使用会计科目时应当遵循以下要求：

（1）应当使用按规定统一设置的会计科目，非经财政部门同意，不得随意减少、合并或自行增设，不得擅自更改会计科目的名称。不需用的会计科目可以不用。

（2）在使用会计科目的编号时，应与会计科目名称同时使用。可以只使用会计科目的名称，不使用会计科目的编号，但不得只使用会计科目的编号，而不使用会计科目的名称。

3. 各类会计科目的二级科目和明细科目可根据以下具体情况分别设置

（1）资产类明细科目的设置。货币资金可分别按人民币和外币设置明细科目。实物资产可按资产的名称、品种、类别设置明细科目，还可按存放地点设置明细科目。“暂付款”可按债务单位或个人名称设置明细科目。

（2）负债类明细科目的设置。应缴预算款和应缴财政专户款，可按类别设置明细科目。暂存款可按债权单位或个人名称设置明细科目。

（3）净资产类明细科目的设置。有专项资金的单位可按结余产生的来源分别按经常性结余和专项结余设置明细科目。

（4）收入类明细科目的设置。拨入经费和预算外资金收入可首先按资金管理要求分别设置“基本支出”和“项目支出”两个二级科目。拨入经费的二级科目可按政府收支分类科目设置三级明细科目。预算外资金收入的二级科目可按预算外资金项目设置明细科目。

(5) 支出类明细科目的设置。经费支出和拨出经费可首先按资金管理要求分别设置“基本支出”和“项目支出”经费支出的二级科目可再按政府收支分类科目设置明细科目。拨出经费的二级科目可再按所属拨款单位名称设置明细科目。

三、行政单位会计账务处理的要求

1. 行政单位会计凭证的要求

(1) 原始凭证。原始凭证是经济业务发生时取得的书面证明，是记录会计事项的唯一合法凭证，是登记明细账的依据。

行政单位会计采用的原始凭证主要有收款收据、借款凭证、预算拨款凭证、固定资产调拨单、开户银行转来的收付款凭证、往来结算凭证、库存材料的出库入库单、其他足以证明会计事项发生经过的凭证和文件。行政单位的专用票据和通用票据要按照国家规定的要求使用。

(2) 记账凭证。记账凭证是由会计人员依据审核后的原始凭证填制的，并作为登记会计账簿直接依据的凭证。

行政单位的记账凭证有两种：一种是专用记账凭证，它包括收款凭证、付款凭证和转账凭证；另一种不分收、付、转，只有一种格式的通用记账凭证。目前各行政单位普遍采用“通用记账凭证”。其格式如表 8-2 所示。

表 8-2　　通用记账凭证

出纳编号：

年　月　日　　制单编号：

摘要	借方		贷方		金额	记账符号
	总账科目	明细科目	总账科目	明细科目		

会计主管：　记账：　稽核：　出纳：　制单：　领（缴）人：

记账凭证编制要求如下：

（1）行政单位应根据经审核无误的原始凭证，归类整理编制记账凭证。记账凭证的各项内容必须填列齐全，经复核后凭以记账。制证人必须签名或盖章。

（2）记账凭证一般根据每项经济业务的原始凭证编制。当天发生的同类会计事项可以适当归并后编制。不同类会计事项的原始凭证，不得合并编制同一张记账凭证，也不得把几天的会计事项加在一起做一张记账凭证。

（3）记账凭证必须附有原始凭证。一张原始凭证涉及几张记账凭证的，可以把原始凭证附在主要的一张记账凭证后面，在其记账凭证上注明附有原始凭证的记账凭证的编号。结账和更正错误的记账凭证，可以不附原始凭证，但应经主管会计人员签章。

（4）记账凭证必须清晰、工整，不得潦草。记账凭证由指定人员复核，并经会计主管人员签章后据以记账。

（5）记账凭证应按照会计事项发生的日期，顺序整理制证记账。按照制证的顺序，每月从第一号起编一个连续号。

（6）记账凭证每月应按顺序号整理，连同所附的原始凭证加上封面，装订成册保管。记账凭证封面样式如表 8－3 所示。

（单位名称）

表 8－3　　记账凭证封面

时　间	年　月
册　数	本月共　册　　本册是第　册
张　数	本册自第　号至第　号

会计主管：　　　　　　　　　　　　制订人：

行政单位会计填制的凭证发生错误时，不得挖补、涂抹、刮擦或使用化学药水消字，应按有关规定进行更正。凡是发现未登记账簿的记账凭证错误，应将原记账凭证作废，重新编制记账凭证登记入账；凡是发现已经登记账簿的记账凭证错误，应采用“红字冲账法”或“补充登记法”更正。采用计算机做记账凭证的，用“红字冲账法”时以负数表示。

2. 行政单位会计账簿设置的要求

账簿是由具有一定格式、互相联系的若干账页组成，并以会计凭证为依据，用以全面、系统、序时、分类记录各项经济业务的簿籍。账簿按用途分为序时账簿、分类账簿和备查账簿。

（1）日记账的设置。行政单位会计应根据需要设置现金日记账和银行存款日记账。对于所有货币资金业务，出纳人员必须当天记入“现金日记账”和“银行存款日记账”。行政单位的现金日记账和银行存款日记账一般采用订本式，其格式与企业的账簿格式基本相同。

（2）分类账的设置。行政单位会计还应根据需要设置分类账，包括总分类账和明细分类账。总账用来核算资产、负债、净资产及收入、支出、结余的总括情况，平衡账务，控制和核对各种明细账。行政单位会计的总账一般采用借、贷、余三栏式，并按照会计科目名称设置账户。行政单位会计的总账格式与企业的账簿格式基本相同。

明细账是用来对总账有关科目进行明细核算的账簿。行政单位会计明细账的格式一般也采用三栏式，与总账格式一样。核算财产物质的则可用数量金额式。核算收入支出的还可用多栏式，这种收支明细账可利用余额分多栏进行分析，如表 8－4 所示。

表 8－4　　　　　　××明细分类账

明细科目或户名：　　　　　　　　　　　　　　　　　　第　页

年		凭证号码	摘　要	借方金额	贷方金额	余额	借（贷）方余额分析				
月	日										

行政单位需要设置的主要明细账有：

收入明细账包括拨入经费明细账、预算外资金收入明细账及其他收入明细账。

支出明细账包括拨出经费明细账、经常性支出明细账、专项资金支出明细账。

往来款项明细账包括暂付款明细账、暂存款明细账。

3. 账簿使用及登记要求

（1）账簿使用要求。会计账簿的使用，以每一会计年度为限。每一账簿启用时，应填写“经管人员一览表”和“账簿目录”，附于账簿扉页上。账簿经管人员一览表样式如表 8 -5 所示。

表 8 -5 **账簿经管人员一览表**

财政机关名称			
账簿名称			
账簿页数	从第　　页起至第　　页止共　　页		
启用日期	年　　月　　日		
会计机构负责人		会计主管人员	
经管人员	经管日期	移交日期	
接办人员	接管日期	监交人员	

（2）账簿书写要求。手工记账必须用蓝、黑色墨水笔书写，不得使用铅笔、圆珠笔。红色墨水笔除登记收入负数使用外，只能在画线、改错、冲账时使用。账簿必须按照编定的页数连续记载，不得隔页、跳行。如因工作疏忽发生跳行或隔页时，应当将空行、空页画线注销，并由记账人员签名盖章。登记账簿要及时准确，日清月结，文字和数字的书写要清晰整洁。

（3）账簿登记要求。会计账簿应根据审核无误的会计凭证登记。记账时，将记账凭证的编号记入账簿内；记账后，在记账凭证上用“√”符号注明，表示已登记入账。

（4）账簿结账要求。各种账簿记录应按月结账，计算出本月发生额和余额。

（5）账簿更正要求。账簿记录如发生错误，不能挖补、涂抹、刮擦或用化学药水除迹。应按以下方法更正：

手工记账发生文字或数字书写错误，用“画线更正法”更正，并由记账人员在更正处盖章。

由于记账凭证科目对应关系填错引起的，应采用红字冲账法或补充更正法更正。

本章关键词

行政单位会计　行政单位会计特点　行政单位会计科目

复习思考题

1. 行政单位会计的特点是什么？它适用于哪些组织？
2. 行政单位会计科目设置有哪些特点？
3. 行政单位会计的意义是什么？
4. 行政单位会计组织系统分为哪三级？各级会计单位的主要任务是什么？
5. 行政单位会计的账务处理要求有哪些？

第九章　行政单位资产的核算

资产是行政单位占有或使用的并能以货币计量的经济资源。包括流动资产和固定资产两大类。流动资产是指行政单位在一年内变现或耗用的资产，主要有现金、银行存款及财政授权用款额度、有价证券、暂付款和库存材料等。固定资产是指行政单位拥有的各种可待其长期使用的设备和设施。

通过本章学习，应该掌握以下内容：

（1）行政单位各项流动资产的内容及管理要求。

（2）各项流动资产的账务处理。

（3）固定资产的分类与计价。

（4）固定资产的账务处理。

第一节　流动资产的核算

一、现金的管理与核算

行政单位的现金，是指行政单位在预算执行过程中为保证日常开支需要而存放在财务部门的库存现金。现金是一种流动性最强的流动资产，而行政单位在开展行政管理活动中，需要一定量的现金。为了正确、及时地进行现金结算并如实反映和严格监督现金的收支、结存情况，行政单位应当加强现金管理，遵循各种手续，保证现金的安全、完整，要指定专职的出纳员办理现金收支业务。

1. 现金管理原则

现金管理制度是国家金融管理的一项重要制度，也是行政单位会计工作的一个组成部分。根据《现金管理暂行条例》和《现金管理暂行条例实施细则》等有关规定，现金管理应做到以下几点：

（1）严格遵守银行核定的库存现金限额。库存现金限额是指银行根据规定，对在银行开户的行政单位，核定一个保留库存现金的最高额度。这一额度内的库存现金主要用于行政单位日常零星现金支付和备用金的需要。凡是超过限额的现金，必须及时存入银行。

（2）收入的现金必须及时送存银行，不得随意坐支。坐支是指以本单位的现金收入直接支付本单位的支出。行政单位每天收入的现金，必须当天送存银行，不能直接支用。因特殊原因需要坐支现金的，应事先报经银行审查批准，由开户银行核定坐支范围和限额。

（3）明确规定现金的使用范围。根据《现金管理暂行条例》规定，现金的使用范围为：职工工资、津贴，个人劳务报酬；根据国家规定颁发给个人的各种科学技术、文化艺术、体育等各项奖金；各种劳保、福利费用以及国家规定的对个人的其他现金支出；向个人收购农副产品和其他物资支付的价款；出差人员必须随身携带的差旅费；结算起点以下的零星支出和银行确定需要支付现金的其他支出。行政单位之间以及和其他单位的经济往来，除按规定范围可以使用现金外，均应通过开户银行转账结算。

（4）严格现金的收付手续。行政单位向银行提取现金时，必须如实写明提取现金的用途；将现金存入银行时，必须如实写明存入现金的来源。收入现金必须开给收款人正式的收据，支付现金应在付款的原始凭证上加盖“现金付讫”戳记。

（5）建立现金内部控制制度。行政单位应在现金的管理上强调内部控制的作用。行政单位的会计核算比较单一，没有分得那么细，按照现金的内部控制要求，主要在以下方面进行控制：一是不得以“白条”抵库。所谓“白条”抵库，就是以不符合财务制度的凭证顶替库存现金。二是行政单位之间不得相互借用现金。因为借用现金逃避了银行监督，给不正当地使用现金开了方便之门。三是进行钱账分管，相互牵制。做到明确职责，相互监督。四是对现金收付款凭证从真实性、合法性、完整性、正确性几个方面加强审核。

2. 现金的核算

为了核算现金业务，行政单位应设置“现金”科目。该科目借方登记现金的增加；贷方登记现金的减少；余额在借方，反映单位库存现金的实有数额。

行政单位应根据科目设置“现金日记账”，由出纳员根据收付款凭证按照业务的发生顺序逐笔登记。每日终了，应计算当日的现金收入合计数、现金支出合计数和结存数，并将结余数与库存数相核对，做到账款相符。发现不符时，应及时查明原因。有外币现金的单位还要设置外币现金账户，进行现金明细分类核算。

除出纳人员每日要进行现金清查以外，行政单位会计部门或内部审计机构也应定期和不定期地清查现金。发生长款或短款，应及时调整“现金”科目，进行相关会计处理。如果发生长款，应通过“暂存款”科目核算；如果发生短款，应通过“暂付款”科目核算。待查明原因后，转销“暂存款”和“暂付款”；对不能查明原因的长、短款，将作为“应缴预算款”和“经费支出”处理。

【例1】某行政单位开出现金支票，从银行提款1 000元以备零用。应作如下会计分录：

借：现金　　1 000
　贷：银行存款　　1 000

【例2】某行政单位收到违法乱纪者以现金缴入的罚没款项480元。应作如下会计分录：

借：现金　　480
　贷：应缴预算款　　480

【例3】某行政单位办公室购买办公用品1 000元，并直接领用。应作如下会计分录：

借：经费支出　　1 000
　贷：现金　　1 000

【例4】某行政单位盘点库存现金时发现长款200元，原因待查。应作如下会计分录：

借：现金　　200
　贷：暂存款　　200

如果查明原因是某人或某单位多交款，应及时退还给别人。借记“暂存款”科目，贷记“现金”科目。如果该笔长款无法查明原因，也应经单位领导批准后及时处理。

借：暂存款　　200
　贷：应缴预算款——无主收入　　200

【例5】某行政单位清查出纳的现金时，发现短款1 000元，原因待查。应作如下会计分录：

借：暂付款——××出纳　　1 000

贷：现金 1 000

如果查明原因是单位多付款给某人或某单位，应及时追回此款。借记“现金”科目，贷记“暂付款”科目。假设此笔短款是由于出纳工作差错而引起的，无法追回，经单位领导批准，20% 由出纳赔偿，其余部分记入“经费支出”。

借：经费支出 800

现金 200

贷：暂付款——××出纳 1 000

二、银行存款及财政授权用款额度的管理与核算

1. 银行存款及财政授权用款额度的管理要求

银行存款是行政单位存放在开户银行或其他金融机构的货币资金。行政单位的银行存款来源于财政拨款，这是行政单位行使行政职能的物质保证。行政单位必须按照《人民币银行结算账户管理办法》的规定，对银行存款进行严格的管理，遵守下列银行账户的管理原则：

（1）行政单位必须严格银行的开户，禁止多头开户。行政单位的预算经费应统一在同级财政部门或主管部门指定的银行开户，并履行银行规定的申请开户程序。有外币的行政单位，应在有关银行开立外币存款账户。

（2）严格遵守银行的各项结算制度和现金管理制度，接受银行的监督和管理。

（3）银行账户只限于本单位使用，不得出租、出借或转让。

（4）建立银行存款内部控制制度。行政单位对银行存款加强管理和控制主要表现在以下几方面：一是严格审核收付款凭证。各种收付款凭证必须如实填写款项来源或用途，不得巧立明目，弄虚作假，严禁利用银行账户进行非法活动。二是严格管理支票，不得签发空头支票和其他远期支付凭证。三是严格按照国库集中收付制度进行有关的政府采购开支。四是定期与银行对账单核对，编制银行存款余额调节表。

（5）按照规定的银行结算方式办理业务。由于行政单位涉及银行结算的业务主要是由预算资金的领拨和经费的支用所引起，在实际工作中，行政单位经常使用的银行结算方式主要是支票、汇兑和预算拨款凭证等。其中，预算拨款凭证是财政部门与主管部门或基层单位之间办理预算拨款时使用的结算凭证。当主管部门或基层单位收到银行转来的“预算拨款凭证”收款通知时，据以编制收款凭证。

在财政授权支付方式下，虽然支付指令由行政单位下达，但财政不再将货币资金拨付到行政单位，而是将用款额度划拨到行政单位的零余额账户，并要求行政单位设置“零余额账户用款额度”科目，并于收到代理银行盖章的“授权支付到账通知书”时，按到账通知书标明的额度确认收入。

2. 银行存款及财政授权用款额度的核算

为了核算有关收入支出业务，行政单位应设置“银行存款”总账科目。该科目借方登记从财政部门或上级主管部门拨入经费和其他原因使行政单位增加的银行存款数；贷方登记支取和转账结算而减少的银行存款数；余额在借方，反映行政单位银行存款结存数。

为了核算国库集中收付业务，行政单位还应设置“财政授权用款额度”科目，其核算与银行存款相同。

同现金核算一样，行政单位也应设置“银行存款日记账”，由出纳人员根据银行收付款凭证，按照业务发生的时间顺序逐日逐笔登记。每日终了，应计算当日银行存款收入合计数、银行存款支出合计数和银行存款结存数。月末，收到银行的对账单时，应编制“银行存款余额调节表”检查银行存款的记录是否有差错，如有差错，应及时查明原因。银行存款调节表的编制和核对方法见事业单位会计第十四章“资产的核算”。行政单位发生外币银行存款业务时，应将外币金额折合为人民币金额记账，并同时登记外币的金额和折合率。

【例6】某行政单位收到财政部门（上级主管部门）拨来的经费800 000元。应作如下会计分录：

借：银行存款　　800 000

　贷：拨入经费——基本支出　　800 000

【例7】某行政单位开出现金支票从银行提取现金500元备用。应作如下会计分录：

借：现金　　500

　贷：银行存款　　500

【例8】某行政单位开出银行转账支票到某商场购买材料2 000元，一般办公用品500元。应作如下会计分录：

借：库存材料　　2 000

　　经费支出　　500

　贷：银行存款　　2 500

【例9】某行政单位向其下属单位拨出经费200 000元。应作如下会计分录：

借：拨出经费——基本支出　　200 000
　贷：银行存款　　200 000

【例10】某行政单位银行存款户收到外事服务收入500美元，当日人民币与美元的汇率为1∶8.3。应作如下会计分录：

借：银行存款——美元户　　4 150
　贷：其他收入　　4 150

【例11】接上例，该行政单位发生外事服务支出，用去外汇200美元，当日人民币与美元的汇率为1∶8.2。应作如下会计分录：

借：经费支出　　1 640
　贷：银行存款——美元户　　1 640

【例12】年末，上述行政单位银行存款——美元户余额为300美元，汇率为1∶8.35，则汇兑损益为5元人民币［（4 150－1 640）－300×8.35］。应作如下会计分录：

借：经费支出　　5
　贷：银行存款——美元户　　5

三、有价证券的管理与核算

有价证券是由国家指定的证券发行部门依照法定程序发行的，约定在一定期限内还本付息的信用凭证。行政单位持有的有价证券是行政单位用结余资金购买的政府债券。政府债券一般分为中央政府债券和地方政府债券。中央政府债券主要指国库券。行政单位购买有价证券时，应当遵守以下管理原则：

（1）行政单位应严格执行国家规定进行政府债券的购买和兑付，不得购买公司债券和股票。

（2）行政单位购买政府债券的资金来源只能是可自行支配的结余资金，不得使用拨入经费和预算外资金购买，也不能将购买政府债券列为支出。

（3）购入的有价证券应作为货币资金妥善保管，保证账券相符。

（4）当期有价证券的利息以及转让有价证券取得的收入与其账面成本的差额，应记入其他收入，而不能作为福利费处理或设立“小金库”。

为了核算有价证券业务，行政单位应设置“有价证券”总账科目。该科目借方登记行政单位购入的有价证券数额；贷方登记有价证券到期收回的本金；余额在借方，反映行政单位尚未到期兑付的有价证券本金数额。

【例 13】某行政单位按规定用结余资金购入国库券 100 000 元。应作如下会计分录：

借：有价证券　　100 000

　贷：银行存款　　100 000

【例 14】某行政单位收回到期的国库券本息 525 000 元。其中 500 000 元本金，25 000 元利息收入。应作如下会计分录：

借：银行存款　　525 000

　贷：有价证券　　500 000

　　其他收入　　25 000

四、暂付款的核算

暂付款是行政单位在业务活动中与所属单位、其他单位或本单位职工发生的临时性待结算款项。暂付款业务具体表现为借款给所属单位、职工出差预借差旅费、预付的购货款和有关部门领用的备用金等。

1. 暂付款的管理要求

暂付款是行政单位的待结算债权，应当从以下几方面加强对暂付款的管理：

（1）行政单位的暂付款项必须遵守预算资金管理有关规定，严格管理，认真加以控制。必须在规定的范围内发生暂付款业务，以少量、短期、必需和安全为原则。

（2）必须制定相应的审批制度，完善有关审批手续，建立暂付款回收责任制。暂付款根据受款单位或收款人的借款收据，经本单位负责人签批，会计主管人员审核后办理。

（3）暂付款必须及时清理结算，不得长期挂账。凡有前借未清的款项，原则上不得办理第二次借款。单位财务部门应要求借款者及时办理结清手续，防止长期拖欠，占用单位资金。对所属单位的备用金，既要根据实际需要明确定额，又要所属单位定期结报。年终时，备用金原则上全部结清收回，下年初另行办理。

2. 暂付款的核算

为了核算暂付款业务，行政单位应设置“暂付款”总账科目。该科目借方登记暂付款的增加数；贷方登记暂付款的收回数；余额在借方，表示期末暂付款的结存数。该科目应按借款对象，即债务单位和个人名称设置明细账，进行明细分类核算。在实行政府采购并需要单位自筹配套资金时，应在暂付款科目下设“政府采购款”明细科目进行核算。

【例 15】某行政单位职工张三出差预借差旅费 2 500 元，财务部门以现金支付。应作如下会计分录：

借：暂付款——张三　　2 500

　贷：现金　　2 500

【例 16】某行政单位下属部门从财务部门领取备用金 20 000 元，财务部门开出现金支票支付。应作如下会计分录：

借：暂付款——××部门　　20 000

　贷：银行存款　　20 000

【例 17】职工张三出差回单位报销差旅费 2 200 元，交回多余现金 300 元。应作如下会计分录：

借：现金　　300

　　经费支出　　2 200

　贷：暂付款——张三　　2 500

【例 18】年终，行政单位的下属部门到财务部门报销发票 23 000 元，补付给下属部门 3 000 元现金。应作如下会计分录：

借：经费支出　　23 000

　贷：暂付款——××部门　　20 000

　　　现金　　3 000

【例 19】某行政单位为购买办公设备通过银行预付 50 000 元给供货方。应作如下会计分录：

借：暂付款——××单位　　50 000

　贷：银行存款　　50 000

假设 10 天后，收到供货单位发来的设备并已验收。发票上的货款为

80 000元，通过银行补付差额款。

借：固定资产 80 000

贷：固定基金 80 000

借：经费支出 80 000

贷：暂付款——××单位 50 000

银行存款 30 000

五、库存材料的核算

库存材料是指行政单位大宗购入、进入库存，并陆续领用的各种行政用物资材料，包括大宗办公用品、电脑耗材和器材等。对于数量不大，品种不多，随购随用的物资材料，在购入时可直接列入经费支出。行政单位的材料按其用途分类，一般分为原材料、燃料、修理用备件、低值易耗品4类。

1. 库存材料的管理要求

行政单位的库存材料是流动资产的重要组成部分，并处于经常不断的领用和增加的状态，应从以下几方面加强管理：

（1）建立健全库存材料的管理制度。对材料的购买、验收、入库、保管和领用，要明确岗位职责，以保证库存材料的安全和完整。

（2）加强对库存材料的清查盘点工作。库存材料应至少每年盘点一次，对于盘盈或盘亏的库存材料，要及时查明原因，分清责任，并做好会计处理，以保证库存材料账实相符。

（3）严格执行财政部门关于政府采购的规定。凡是属于列入当年政府集中采购目录的材料物资，实行财政直接支付。

2. 库存材料的计价

行政单位所需的材料一般由采购、自制或委托加工等方式取得。在实行政府采购制度的情况下，行政单位应根据批准的部门预算和有关规定编制季度分月用款计划，逐级上报主管部门审核汇总，并由主管部门报财政部门审核批复，从而取得办理财政性资金支付的依据。

行政单位的库存材料一般以实际价格计价，并包括支付的增值税。购入、调入材料时，分别按购价和调入价记价；材料采购、运输过程中发生的差旅费、运杂费等不计入库存材料的价值，而直接计入有关支出。发出、领用的库存材料，一般按月末一次加权平均法计价，也可按先进先出法计价。

3. 库存材料的核算

为了核算库存材料业务，应设置“库存材料”总账科目。该科目借方登记行政单位购入并已验收入库的材料实际成本；贷方登记行政单位领用各种库存材料的实际成本；余额在借方，表示行政单位库存材料的实际成本。本科目按库存材料的类别、品种设置明细账，进行明细核算。

【例 20】某行政单位以银行存款购入用量较大的通用材料一批 30 000 元（含增值税价），已验收入库，并以现金支付运费 500 元。应作如下会计分录：

借：库存材料　　30 000

　贷：银行存款　　30 000

借：经费支出　　500

　贷：现金　　500

【例 21】某行政单位收到政府统一采购的甲材料一批，价值为 35 000 元，材料已验收入库，根据财政部门开具的拨款通知单等入账。应作如下会计分录：

借：库存材料——甲材料　　35 000

　贷：拨入经费　　35 000

【例 22】某行政单位某部门领用材料一批，按加权平均成本计价 1 000 元。应作如下会计分录：

借：经费支出　　1 000

　贷：库存材料　　1 000

【例 23】某行政单位以银行转账支票购买办公用品 2 500 元，并直接给有关部门使用。应作如下会计分录：

借：经费支出　　2 500

　贷：银行存款　　2 500

【例 24】某行政单位购入一批低值易耗品，货款 20 000 元，并已开出转账支票支付。该批低值易耗品已验收入库。应作如下会计分录：

借：库存材料——低值易耗品　　20 000

　贷：银行存款　　20 000

【例 25】某行政单位的下属部门领用一批低值易耗品价值 15 000 元。应作如下会计分录：

借：经费支出　　15 000

　贷：库存材料——低值易耗品　　15 000

行政单位对于发生盘盈或盘亏的库存材料，应当查明原因，属于正常的溢出或损耗，作为减少或增加当期支出处理。发生盘盈时，应借记"库存材料"科目，贷记有关支出科目；发生盘亏时，借记有关支出科目，贷记"库存材料"科目。属于非正常性的毁损，应按规定的程序报经批准后处理。

为了节约材料资金占用，应注意减少材料库存，对于多余不用的材料应及时进行变价处理。库存材料的变价处理，变价发生的损益，相应增减当期支出。

【例26】某行政单位期末盘点库存材料，结果盘盈甲材料80千克，每千克单价20元；盘亏乙材料50千克，每千克单价25元。经分析认为盘亏材料属自然损耗，经领导批准盘盈、盘亏的材料分别冲减、增加经费支出。应作如下会计分录：

借：库存材料——甲材料　　1 600

　贷：经费支出　　1 600

借：经费支出　　1 250

　贷：库存材料——乙材料　　1 250

【例27】某行政单位将多余不用的材料变价处理，收到变价收入款1 000元。处理材料的实际成本为1 400元。应作如下会计分录：

借：现金　　1 000

　　经费支出　　400

　贷：库存材料　　1 400

第二节　固定资产的核算

行政单位固定资产是指可供长期使用而不改变其实物形态的设备与设施。包括房屋及建筑物、专用设备、一般设备、文物和陈列品、图书、其他固定资产。固定资产是行政单位完成行政管理工作必要的物质条件。行政单位应当建立必要的固定资产内部控制制度，保证固定资产的安全与完整。

一、固定资产的分类

《行政单位会计制度》规定了行政单位固定资产的标准：一般设备单位价值在500元以上；专用设备单位价值在800元以上，且使用期限在1年以上，并在使用过程中基本保持原有实物形态的资产。对于单位价值虽未达到规定标准，但使用时间在1年以上的大批量同类财产，如图书、桌椅、被服等，应作为固定资产。

凡是不同时具备上述固定资产标准的工具、器具等物资资料，应作为低值易耗品，纳入库存材料的核算。

行政单位的固定资产按其自然属性、用途和管理要求可分为以下6类：

（1）房屋及建筑物。指行政单位占有或使用的房屋、建筑物及其附属设施。包括办公大楼、库房、职工宿舍、职工食堂、锅炉、围墙、水塔及房屋的附属设施等。

（2）专用设备。指行政单位根据业务活动需要占有或使用的各种具有专门性能和专门用途的设备，如公安消防用的专用设备、仪器等。

（3）一般设备。指行政单位用于业务活动的通用性设备，包括办公用具、交通工具等。

（4）文物和陈列品。指行政单位占有或使用的具有特别价值的文物和陈列品，如古物、纪念物品等。

（5）图书。指行政单位统一管理使用的批量业务用书，如单位图书馆、阅览室的图书等。

（6）其他固定资产。指不属于以上各类的其他固定资产。

二、固定资产的计价

行政单位的固定资产应当按照取得时的实际成本计价。由于行政单位的固定资产可通过多种渠道取得，因此，其固定资产的计价有以下不同的具体要求：

（1）购入和调入的固定资产，应当按实际支付的买价、调拨价以及运杂费、保险费、安装费、车辆购置附加费等计价。购置固定资产过程中的差旅费不计入固定资产价值。

（2）自行建造的固定资产，应按建造过程中实际发生的料、工、费等全部支出计价。

(3) 在原有固定资产基础上进行改建、扩建的固定资产，应按改建、扩建过程中发生的支出，减去改建、扩建过程中发生的变价收入后的净增加值，增计固定资产价值。

(4) 接受捐赠的固定资产，应按照同类固定资产的市场价格或根据所提供的有关凭据计价。接受固定资产时发生的相关费用也应计入固定资产价值。

(5) 无偿调入的固定资产，应按调出单位的账面原价计价，不能查明原价的，应按估计价值计价。

(6) 盘盈的固定资产，应按重置完全价值计价。

(7) 已投入使用但尚未办理移交手续的固定资产，可先按估计价值计价，待确定实际价值后，再进行调整。

(8) 行政单位的固定资产不计提折旧。凡是购入、有偿调入的固定资产，均一次计入费用；凡是调出、变卖、报废固定资产时，均按其原值注销。

三、固定资产的核算及规定

行政单位的固定资产核算由会计部门和财产管理部门分别进行。会计部门应设置“固定资产”和“固定基金”两个总账，并根据固定资产的分类设置二级账户，在账上只记金额，不记数量。财产管理部门应设置固定资产明细账，按类别进行数量和金额的明细分类核算，并按照使用单位或个人设立固定资产领用登记簿。登记簿只记数量不记金额。以上账簿体系定期进行核对，以保证账实相符。

“固定资产”总账科目用来核算以各种渠道增加的固定资产原始价值。该科目的借方登记各种渠道增加的固定资产原值；贷方登记调出、出售、报废固定资产的原值；余额在借方，反映行政单位期末占用全部固定资产的原值。

“固定基金”科目用来核算行政单位以各种渠道增加固定资产所形成的固定资金。该科目的贷方登记因增加固定资产而增加的固定基金；借方登记因减少固定资产而减少的固定基金；余额在贷方，反映行政单位期末占用固定资产所形成的固定基金总值。

行政单位应设置“固定资产登记簿”或“固定资产卡片”，并按固定资产类别进行明细分类核算。

按照政府采购法的要求，凡是列入当年政府采购目录的设备，并使用财政性资金购入的固定资产或建造的基本建设支出，应根据财政直接拨付的国库管理制度，由国库直接付款。行政单位应按要求编制季度分月用款计划，送主管部门审核汇总，报财政部门审核批复则可实施购建固定资产的核算。

行政单位的固定资产在运行中会发生调出、出售等事项，这就是固定资产的处置。具体来说，是指行政事业单位对其占有、使用的固定资产进行产权转让及产权注销的行为，包括无偿调出、出售、出租、出借、报废、报损等行为。行政单位占有、使用的房屋建筑物、土地和车辆的处置，须经主管部门审核后报同级财政部门审批；规定限额以下的固定资产处置报主管部门审批，主管部门将审批结果报同级财政部门备案。国有固定资产的处置收入属于国家所有，应当按照政府非税收入管理的规定，实行"收支两条线"管理。

【例 28】某行政单位用预算拨款资金购入设备一台，买价 100 000 元，增值税 17 000 元，运杂费及安装费共计 3 000 元，货款以银行存款支付。应作如下会计分录：

借：经费支出——基本支出　　120 000
　贷：银行存款　　120 000

同时：

借：固定资产　　120 000
　贷：固定基金　　120 000

【例 29】某行政单位经批准新建办公大楼一座，造价为 650 000 元，验收合格后交付使用。应作如下会计分录：

借：固定资产　　650 000
　贷：固定基金　　650 000

【例 30】某行政单位用专项拨款改扩建其办公楼。改扩建支出 300 000 元，改扩建过程中获得残料价值出售收入 5 000 元。应作如下会计分录：

借：经费支出——项目支出　　295 000
　贷：银行存款　　295 000

同时：

借：固定资产　　295 000
　贷：固定基金　　295 000

【例 31】某行政单位收到政府集中采购方式购入的设备一台，购价 380 000元，运杂费 300 元，安装调试费 300 元，全部由财政预算资金支付。应作如下会计分录：

借：经费支出　　380 600

贷：拨入经费 380 600

同时：

借：固定资产 380 600

贷：固定基金 380 600

【例 32】某行政单位将自筹资金 50 000 元划入政府采购资金专户，用于采购某专项设备。应作如下会计分录：

借：暂付款——政府采购款 50 000

贷：银行存款 50 000

【例 33】接上例，所购设备已运到该行政单位，经验收合格后投入使用。设备总价格为 80 000 元，单位自筹资金承担 50 000 元，财政预算资金支出 30 000元。应作如下会计分录：

借：经费支出 80 000

贷：暂付款——政府采购款 50 000

拨入经费 30 000

同时：

借：固定资产 80 000

贷：固定基金 80 000

【例 34】某行政单位接受外单位捐赠汽车一辆价值 350 000 元，发生与该汽车有关的费用 50 000 元，以银行存款支付。应作如下会计分录：

借：经费支出——基本支出 50 000

贷：银行存款 50 000

同时：

借：固定资产 400 000

贷：固定基金 400 000

【例 35】某行政单位经上级主管部门的批准从同系统其他部门无偿调入设备一台，原单位账面价值 800 000 元；调入后进行改造耗费 150 000 元。应作如下会计分录：

借：固定资产 950 000

贷：固定基金 950 000

同时：

借：经费支出——基本支出　　150 000
　贷：银行存款　　150 000

【例36】某行政单位经上级批准有偿出售旧设备，账面原价为500 000元，取得收入70 000元，货款收妥已存入银行。应作如下会计分录：

借：固定基金　　500 000
　贷：固定资产　　500 000

同时：

借：银行存款　　70 000
　贷：其他收入　　70 000

【例37】某行政单位经上级批准报废一台已无法使用的复印机，原账面价值60 000元，其变现收入10 000元收到并存入银行，以现金支付清理费1 000元。应作如下会计分录：

借：固定基金　　60 000
　贷：固定资产　　60 000
借：银行存款　　10 000
　贷：其他收入　　10 000
借：经费支出　　1 000
　贷：现金　　1 000

固定资产在使用过程中，由于使用磨损，或由于自然力的作用，往往发生固定资产局部的损坏。为了充分发挥固定资产的整体使用效能，保持固定资产的正常运转和使用，必须对受损的固定资产进行修理。支付修理费时，借记“经费支出”科目，贷记有关科目。

【例38】某行政单位对某设备进行修理，以银行存款支付修理费3 000元。应作如下会计分录：

借：经费支出——基本支出（修缮费）　　3 000
　贷：银行存款　　3 000

行政单位的固定资产若发生短期或临时性闲置，可考虑出租以便提高固定资产的利用率，增加单位的收入。对于租入单位来说，又可以节省购入固定资产的经费开支。租出固定资产时，由于不会改变固定资产所有权，不能作固定资产减少的处理。取得租金收入时，应借记“现金”或“银行存款”科目，贷记“其他收入”科目。

【例 39】某行政单位短期出租办公用房，收到全年租金收入 50 000 元。应作如下会计分录：

借：银行存款　　50 000

　贷：其他收入　　50 000

本章关键词

现金管理　银行存款　暂付款管理　库存材料　固定资产　政府采购

复习思考题

1. 行政单位的资产包括哪些内容？
2. 行政单位对现金管理的基本要求是什么？
3. 行政单位应当遵守银行规定的哪些管理要求？
4. 什么是有价证券？行政单位购买有价证券应当遵循哪些管理要求？
5. 什么是暂付款？行政单位应当如何加强对暂付款的管理？
6. 行政单位的库存材料应当如何计价？
7. 行政单位的固定资产可分为哪几类？其固定资产业务主要有哪些？
8. 行政单位的固定资产的计价要求有哪些？
9. 政府采购的账务处理与原来的处理有何不同？

习　题

1. 某行政单位用结余资金购入国库券 200 000 元，期限 5 年，年利率 8%。

2. 某行政单位兑付前两年购入的两年期国库券，购入时按面值 100 000 元支付，年利率 10%。收到的本金和利息存入银行。

3. 某行政单位的所属部门暂借临时周转资金 4 000 元，财务部门以银行存款支付。

4. 某行政单位职工李明出差借支 2 000 元。

5. 上述李明出差回单位后报销，交回发票 1 500 元和现金 500 元。

6. 某行政单位购入材料 2 000 千克，含税单价 10 元，共计价款 20 000 元，材料已验收入库，货款以银行转账支票支付。

7. 某行政单位以现金 180 元购入办公用材料，直接由办公室领用。

8. 某行政单位所属部门从仓库领用材料 300 元。

9. 某行政单位请 A 施工队改扩建办公大楼，合同工程款 200 000 元，扩建过程中垫付资金 100 000 元，完工交付使用，余款以银行存款支付。

10. 某行政单位用行政经费购入办公用电脑 5 台，每台 5 000 元，货款以银行转账支票支付。

11. 某行政单位以专项拨款 60 000 元购入设备一台，货款由银行支付。

12. 某行政单位将账面价值为 150 000 元的旧汽车出售，获货款 70 000 元，货款已存入银行。

13. 某行政单位报废已到期使用的汽车一台，原账面价值为 180 000 元。报废后得到残值收入 5 000 元存入银行。

14. 某行政单位接受国外友好单位赠送轿车一辆。该轿车重置价值为 300 000 元。在投入使用之前以银行存款支付有关费用 50 000 元。

15. 某行政单位无偿调出固定资产一项，账面原值 400 000 元。

16. 某行政单位收到政府集中采购方式购入的设备一台，购价 630 000 元，运杂费 300 元，安装调试费 300 元，全部由财政预算资金支付。

17. 某行政单位将自筹资金 60 000 元划入政府采购资金专户，用于采购某专项设备。

18. 所购专项设备已运到，经验收合格后投入使用。设备总价格为 100 000 元，单位自筹资金承担 60 000 元，财政预算资金支出 40 000 元。

第十章　行政单位负债和净资产的核算

行政单位的负债是行政单位承担的能以货币计量的，需用资产偿付的债务，包括应缴预算款、应缴财政专户款、暂存款、应付工资和应付津贴补贴。行政单位的净资产是指行政单位资产总额减去负债后的差额，包括固定基金和结余。

通过本章学习，应该掌握以下内容：

（1）行政单位负债的内容及管理。

（2）各项负债的账务处理。

（3）行政单位净资产的内容及管理。

（4）各项净资产的账务处理。

第一节　负债的核算

行政单位的负债相对于一般企业来讲比较简单，由于其资金来源是财政拨款，不需要发行债券也不需要向银行借款，没有应交税金也没有应付利润等核算业务。并且，行政单位的负债属于流动负债。行政单位就其职能和目标来说，一般不应该，也不可能发生大量的债务。即使发生了少量的负债，行政单位也应该严格加强管理，定期清查，及时结算，防止拖欠。

一、应缴预算款的核算

1. 应缴预算款的内容

行政单位应缴预算款是指行政单位在公务活动中，按规定取得的各项应缴财政预算的款项。应缴预算款主要包括以下内容：

（1）纳入预算管理的政府性基金。从 1996 年起，国家就陆续颁布规定，逐步将政府性基金纳入预算管理。上缴国库的政府性基金，按系统、部门分为基金预算收入，并按规定安排相应的基金预算支出。

（2）纳入预算管理的行政事业性收费。这部分收费主要是指行政单位在行使管理职能的过程中，依据国家法律、法规向公民、法人和其他组织收取的行政事业性费用。如各级公安、司法、民政、工商行政管理等行政单位为发放各种证照、簿册等而向有关单位或个人收取的工本费、商标注册费、企业登记注册费、公证费等费用。根据有关规定，行政事业性收费实行中央、省两级审批制度。省以下各级人民政府及其部门无权审批设立行政事业性收费项目或调整收费标准。对未纳入预算管理的行政事业性收费则应缴入财政专户进行管理。

（3）罚没款项。这部分款项是指各级司法、行政、执法单位依据国家法律、法规，对公民、法人和其他组织实施经济处罚所取得的各项罚款、没收款、没收财物变价款以及有关行政单位取得的无主实物变价款等。

（4）其他应缴预算的资金。它是指其他按规定应缴财政预算的资金。

2. 应缴预算款的管理要求

应缴预算款是纳入财政预算的资金，行政单位必须加强对应缴预算款的管理。具体管理要求主要是：

（1）依法收取。应缴预算款的收取是一项政策性较强的工作，行政单位应当按照国家有关法律和法规的规定收取应缴预算款，不得自行立项，随意收取。

（2）及时、足额上缴国库。行政单位的应缴预算款应当按照同级财政部门规定的缴款方式、缴款期限及其他缴款要求，将应缴预算款及时、足额地上缴国库。行政单位不得缓缴、截留、坐支、挪用，更不得转作单位小金库。应缴预算款原则上按月清缴，年终必须将全年的应缴预算款全部缴入国库。

3. 应缴预算款的核算

为了反映和监督行政单位应缴预算款的业务，应设置“应缴预算款”总账科目。该科目贷方登记行政单位收取的各种应缴预算款；借方登记行政单位实际上缴给财政的应缴预算款；余额在贷方，反映行政单位应缴未缴的应缴预算款。年终，该科目应无余额。该科目应按应缴预算款的类别设置明细账，进行明细分类核算。

【例1】某行政单位根据有关规定收到行政事业性收费8 000元存入银行。应作如下会计分录：

借：银行存款　　8 000

　贷：应缴预算款——行政事业性收费　　8 000

【例2】某行政单位依法对某企业的违法行为处以罚款7 000元，款项存入银行。应作如下会计分录：

借：银行存款 7 000

　贷：应缴预算款——罚款 7 000

【例3】某行政单位将多年无人认领的多件财物出售，获得价款4 500元，款项存入银行。应作如下会计分录：

借：银行存款 4 500

　贷：应缴预算款——无主财物变价款 4 500

【例4】某行政单位追回赃物一批，变价出售后，获得价款500 000元，款项存入银行。应作如下会计分录：

借：银行存款 500 000

　贷：应缴预算款——赃款赃物变价款 500 000

【例5】某行政单位依据有关规定收取政府性基金60 000元，款项存入银行。应作如下会计分录：

借：银行存款 60 000

　贷：应缴预算款——政府性基金 60 000

【例6】某行政单位将本月取得的应缴预算款共计800 000元全数上缴国库。应作如下会计分录：

借：应缴预算款 800 000

　贷：银行存款 800 000

二、应缴财政专户款的核算

应缴财政专户款是指行政单位按规定代收的应上缴财政专户的预算外资金。这部分资金是行政单位在履行政府职能过程中形成的未纳入预算管理的资金。

1. 应缴财政专户款的内容

国家对预算外资金的管理规定了实施办法，并且将游离在预算外的资金，尤其是行政事业性收费方面的资金逐步纳入预算内。应缴财政专户款的内容主要包括以下方面：

（1）根据国家法律、法规规定收取、提取的各种行政事业性收费、基金（资金、附加收入）和凭借政府职权筹集的资金等。

（2）按照国务院和省、自治区、直辖市人民政府及其财政和计划（物价）部门共同审批的项目和标准，收取和提取的各种行政事业性收费。

（3）按照国务院和财政部审批的项目和标准向企事业单位和个体征收、募集或以政府信誉建立的具有特定用途的各种基金（资金、附加收入）。

（4）主管部门按照国家规定从所属企业、事业单位和社会团体中集中的管理费及其他资金。

（5）用于乡（镇）政府开支的乡（镇）自筹资金和统筹资金。

（6）其他未纳入财政预算管理的财政性资金。

2. 应缴财政专户款的管理要求

行政单位取得的预算外资金，是国家的财政性资金，必须按照国家的规定加强管理。应缴财政专户款的管理要求主要有：

（1）按规定收取或提取。预算外资金是体现政府职能的财政性资金，行政单位应当严格按照有关规定和标准收取或提取，不得随意提高或降低标准。

（2）实行收支两条线管理。预算外资金不是单位的自有资金，必须纳入财政管理。设置财政专户，实行收支两条线管理，是加强预算外资金管理的一个有效方法。财政部门要在银行开设统一的专户，用于预算外资金收入和支出管理。行政单位取得的预算外资金必须缴入同级财政专户，支出由同级财政按预算外资金收支计划和单位财务收支计划统筹安排，从财政专户中拨付。具体方法有全额上缴、比例上缴和结余上缴三种。

（3）实行直接缴库和集中汇缴的方式，逐步将预算外资金纳入国库单一账户管理。在两种方式下，由执收单位开具统一规定的《非税收入一般缴款书》，由缴款人直接持票据到代理银行缴款；或由执收单位收款并按日汇总后，到代理银行将所收款项缴入财政专户。

3. 应缴财政专户款的核算

为了核算应缴财政专户款业务，应设置“应缴财政专户款”总账科目。本科目贷方登记收取的应上缴财政专户的预算外资金；借方登记上缴财政专户的预算外资金。实行预算外资金结余上缴财政专户办法的单位定期结算预算外资金结余时，应按结余数借记“预算外资金收入”科目，贷记本科目；实行按比例上缴财政专户的行政单位收到预算外资金收入时，应分别记入“应缴财政专户款”和“预算外资金收入”科目，借记“银行存款”科目，贷记“预算外资金收入”科目，贷记“应缴财政专户款”科目。本科目贷方余额，反映应缴未缴预算外资金。年终，本科目应无余额。该科目应按预算外资金的类别设置明细账，进行明细核算。

【例7】某行政单位收到未纳入财政预算管理的行政性收费5 000元，存入银行。应作如下会计分录：

借：银行存款　5 000
　贷：应缴财政专户款——行政性收费　5 000

【例8】某行政单位收到未纳入预算管理的某项基金1 000元，存入银行。应作如下会计分录：

借：银行存款　1 000
　贷：应缴财政专户款——某项基金　1 000

【例9】接上两例，月末，上述行政单位将收到的预算外资金6 000元上缴财政专户。应作如下会计分录：

借：应缴财政专户款——行政性收费　5 000
　　　　　　　　——某项基金　1 000
　贷：银行存款　6 000

【例10】行政单位收到按确定比例上缴的预算外资金80 000元存入银行，上缴比例为70%，分成留用30%。应作如下会计分录：

借：银行存款　80 000
　贷：应缴财政专户款　56 000
　　　预算外资金收入　24 000

定期上缴时：

借：应缴财政专户款　56 000
　贷：银行存款　56 000

【例11】某行政单位的预算外资金实行结余上缴办法。本期预算外资金结余为12 000元，并将结余上缴财政专户。应作如下会计分录：

借：预算外资金收入　12 000
　贷：应缴财政专户款　12 000

上缴时：

借：应缴财政专户款　12 000
　贷：银行存款　12 000

三、工资和津贴补贴的核算

为了进一步加强和规范行政单位工资和津贴补贴发放的会计管理，全面、准确地核算工资和津贴补贴发放业务，行政单位会计核算应设置应付工资（离退休费）、应付地方（部门）津贴补贴、应付其他个人收入三个总账科目，并在资产负债表中“负债部类”下列示应付工资（离退休费）、应付地方（部门）津贴补贴、应付其他个人收入三个项目。

应付工资（离退休费）科目，核算向职工发放的工资或离退休费。工资是指行政单位按国家统一规定发放给在职人员的职务工资、级别工资、年终一次性奖金；离退休费是指按国家统一规定发放给离退休人员的离休、退休费及经国务院或人事部、财政部批准设立的津贴补贴。发放工资（离退休费）时，借记相关支出科目，贷记“应付工资（离退休费）”；同时，借记“应付工资（离退休费）”，贷记“银行存款”或“拨入经费”（财政直接支付）等科目。

应付地方（部门）津贴补贴科目，核算向职工发放的各类地方（部门）津贴补贴。这些津贴补贴是指各地区、各部门、各单位出台的津贴补贴。发放地方（部门）津贴补贴时，借记相关支出科目，贷记“应付地方（部门）津贴补贴”；同时，借记“应付地方（部门）津贴补贴”，贷记“银行存款”或“拨入经费”（财政直接支付）等科目。

应付其他个人收入科目，核算向职工发放除以上两个科目核算内容以外的其他个人收入，包括误餐费、夜餐费，出差人员伙食补助费、市内交通费，出国人员伙食费、公杂费、个人国外零用费，发放给个人的一次性奖励等。发放其他个人收入时，借记相关支出科目，贷记“应付其他个人收入”科目；同时，借记“应付其他个人收入”科目，贷记“银行存款”、“零余额账户用款额度”等科目。

在以上三个科目下可按“在职人员”、“离休人员”、“退休人员”设二级科目进行明细核算。

【例12】A 行政单位本月应付职工工资 510 000 元，其中，基本工资480 000元，地方津贴 30 000 元。工资实行财政统发的办法，A 行政单位凭工资单和财政部门开具的拨款通知书，应作如下会计分录：

借：经费支出——基本支出（基本工资）	480 000
——基本支出（补贴工资）	30 000
贷：应付工资	480 000

应付地方津贴补贴　　　　30 000

同时：

借：应付工资　　　　480 000

　　应付地方津贴补贴　　　　30 000

　贷：拨入经费——基本支出　　　　510 000

【例13】A行政单位本月发放出差人员误餐费10 000元，属于财政授权支付业务。应作如下会计分录：

借：经费支出——基本支出（其他工资）　　　　10 000

　贷：应付其他个人收入　　　　10 000

同时：

借：应付其他个人收入　　　　10 000

　贷：零余额账户用款额度　　　　10 000

四、暂存款的核算

暂存款是行政单位在业务活动中与其他单位或个人发生的待结算款项，包括临时性暂存款和各种应付款。临时性暂存款是指其他单位或个人存入的押金、保证金、个人住房公积金、预收款、工会经费，以及不明原因的盘点长款等。应付款则指赊欠其他单位的货款等。

1. 暂存款的管理要求

行政单位应从以下方面加强暂存款的管理：

（1）必须将暂存款与单位的收入、应缴预算款和应缴财政专户款区分清楚，不得相互混淆。

（2）各项暂存款应当及时清理和结算，不得长期挂账。

2. 暂存款的核算

为了反映和监督行政单位的暂存款业务，应设置“暂存款”总账科目。该科目贷方登记收到其他单位或个人的暂存款；借方登记结算、退回的暂存款；余额在贷方，反映尚未结算的暂存款数额。该科目应按单位或个人名称设置明细账，进行明细分类核算。

【例14】某行政单位购入材料一批，价款9 000元，因资金紧张，尚未付款。运杂费150元已用现金支付。应作如下会计分录：

借：库存材料　　　　9 000

贷：暂存款——××单位 9 000

借：经费支出 150

贷：现金 150

【例15】某行政单位收到A单位租用房屋的押金15 000元存入银行。应作如下会计分录：

借：银行存款 15 000

贷：暂存款——A单位 15 000

【例16】某行政单位赊购W公司的一批商品作为办公设备之用，货款90 000元暂欠。该批办公设备已运至单位并验收使用。应作如下会计分录：

借：经费支出——基本支出 90 000

贷：暂存款——W公司 90 000

同时：

借：固定资产 90 000

贷：固定基金 90 000

第二节 净资产的核算

净资产是指行政单位的资产减负债和收入减支出的差额。包括固定基金和结余。

一、固定基金的核算

固定基金是指行政单位所掌管的各项固定资产所占用的基金。它体现了国家对行政单位固定资产的所有权。

固定基金是行政单位净资产中的基本份额。固定基金是固定资产的价值表现，它会随着固定资产的增加而增加，随固定资产的减少而减少。由于行政单位的固定资产不计提折旧，固定基金在数额上始终与固定资产相等。

为了反映和监督行政单位固定基金的增减变动及其结存情况，应设置“固定基金”总账科目。该科目贷方登记随固定资产增加而形成固定基金的增加数；借方登记随固定资产的减少而形成固定基金的减少数；余额在贷方，表示行政单位掌握的固定资产所占用的固定基金总额。

【例 17】 某行政单位以预算拨款购置设备一台，价值 150 000 元，货款从银行支付，并以现金支付运输费 150 元。应作如下会计分录：

借：固定资产　　150 150
　贷：固定基金　　150 150

同时：

借：经费支出　　150 150
　贷：银行存款　　150 000
　　现金　　150

【例 18】 某行政单位经批准新建办公楼一座，造价为 3 000 000 元，已验收合格并交付使用。应作如下会计分录：

借：固定资产　　3 000 000
　贷：固定基金　　3 000 000

【例 19】 某行政单位报废无法继续使用的房屋一栋，原账面价值 2 000 000 元，收到残值收入 30 000 元，已存入银行，开出现金支票支付清理费 10 000 元。应作如下会计分录：

核销房屋的账面价值时：

借：固定基金　　2 000 000
　贷：固定资产　　2 000 000

取得残值收入时：

借：银行存款　　30 000
　贷：其他收入　　30 000

支付清理费用时：

借：经费支出　　10 000
　贷：银行存款　　10 000

【例 20】 某行政单位收到上级单位无偿调入的专用设备一台，估计价值为 45 000 元。应作如下会计分录：

借：固定资产　　45 000
　贷：固定基金　　45 000

【例21】某行政单位收到以政府采购方式购置的办公设备一台，价值为35 000元，价款由财政预算资金全额支付。应作如下会计分录：

借：经费支出　　35 000

　贷：拨入经费　　35 000

同时：

借：固定资产　　35 000

　贷：固定基金　　35 000

二、结余的核算

（一）一般结余的核算

结余是行政单位各项收入与支出相抵后的余额。行政单位的结余每年年终结算一次，它是行政单位全年全部实际收入与全年全部实际支出相抵后的最终财务成果。

行政单位的结余应全额结转下年度使用。行政单位的结余可分为当年结余和历年滚存结余，当年结余还应当区分基本结余和项目结余。行政单位对基本结余可自行支配；对于未完成项目的项目结余，应结转下年度继续该项目的支出；对于已完成项目的项目结余，应在报经主管部门或财政部门批准后，由行政单位统筹安排使用。

为了核算结余业务，行政单位应设置“结余”总账科目。该科目的贷方登记“拨入经费”（不含预拨下年经费）、“预算外资金收入”和“其他收入”科目的转入数，借方登记“经费支出”、“拨出经费”（不含预拨下年经费）和“结转自筹基建”科目的转入数。年终该科目的贷方余额，表示行政单位的滚存结余。该科目应设置“基本结余”和“项目结余”两个明细账，进行明细分类核算。

【例22】某行政单位某年年终有关收支科目的余额如表10－1所示。

表10-1 ××年收支科目余额表 单位：元

收入科目	金　额	支出科目	金　额
拨入经费——基本支出	4 560 000	经费支出——基本支出	2 210 000
拨入经费——项目支出	860 000	经费支出——项目支出	430 000
拨入经费——预拨下年度经费	160 000	拨出经费——基本支出	2 440 000
预算外资金收入——基本支出	244 000	拨出经费——项目支出	350 000
预算外资金收入——项目支出	135 000	拨出经费——预拨下年度经费	64 000
其他收入	56 000	结转自筹基建	50 000
合　计	6 015 000	合　计	5 544 000

年终结转有关收支科目时，应作如下会计分录：

(1) 结转基本结余：

借：拨入经费——基本支出　4 560 000
　　预算外资金收入——基本支出　244 000
　　其他收入　56 000
　贷：结余——基本结余　4 860 000

同时：

借：结余——基本结余　4 700 000
　贷：经费支出——基本支出　2 210 000
　　　拨出经费——基本支出　2 440 000
　　　结转自筹基建　50 000

(2) 结转项目结余：

借：拨入经费——项目支出　860 000
　　预算外资金收入——项目支出　135 000
　贷：结余——项目结余　995 000

同时：

借：结余——项目结余　780 000
　贷：经费支出——项目支出　430 000
　　　拨出经费——项目支出　350 000

(二) 国库集中收付制度下的年终预算结余资金的核算

预算结余资金，是指实行国库集中支付的预算单位在预算年度内，按照财政部门批复的部门预算，当年尚未支用并按有关规定应留归预算单位继续使用的资金。预算单位结余资金的数额可以按照以下公式计算：

已批复的部门预算数额＋上年预算结余数额－［当年财政国库已支付数额（财政直接支付数额和财政授权支付数额）＋应缴回财政部门数额］

预算单位的预算结余资金应按规定程序由财政部门核定。财政部门核定下达预算结余后，预算单位根据财政部门核定的上一年度预算结余和下一年度预算，按规定的程序申请使用资金。

为了核算在不同支付方式下的年终结余资金，实行国库集中支付制度的行政单位，应设置“财政应返还额度”总账科目进行核算。该科目是资产类科目，应分别按“财政直接支付”和“财政授权支付”两种方式设置明细账，进行明细核算。财政直接支付年终结余资金账务处理时，借方登记单位本年度财政直接支付预算指标数与财政直接支付实际支出数的差额，贷方登记下年度实际支出的冲减数；财政授权支付年终结余资金账务处理时，借方登记单位零余额账户注销额度数，贷方登记下年度恢复额度数（如单位本年度财政授权支付预算指标数大于零余额账户用款额度下达数，借方需同时登记两者差额，贷方登记下年度单位零余额账户用款额度下达数）。

1. 财政直接支付方式的年终结余资金核算

年度终了，行政单位应根据本年度财政直接支付预算指标数与当年财政直接支付实际支出数的差额，进行相应账务处理：借记“财政应返还额度——财政直接支付”科目，贷记“拨入经费”科目。

下年度恢复财政直接支付额度后，行政单位在使用预算结余资金时，借记有关支出类科目，贷记“财政应返还额度——财政直接支付”科目。

2. 财政授权支付年终结余资金

年度终了，行政单位依据代理银行提供的对账单注销额度时，借记“财政应返还额度——财政授权支付”科目，贷记“零余额账户用款额度”科目。如果单位本年度财政授权支付预算指标数大于零余额账户用款额度下达数，根据两者的差额，借记“财政应返还额度——财政授权支付”科目，贷记“拨入经费”科目。

下年初恢复额度时，行政单位依据代理银行提供的额度恢复到账通知书，借记“零余额账户用款额度”科目，贷记“财政应返还额度——财政授权支付”科目。如果下年度收到财政部门批复的上年末下达零余额账户用款额度，借记“零余额账户用款额度”科目，贷记“财政应返还额度——财政授权支付”科目。

【例 23】2004 年 12 月 31 日，乙行政单位尚未使用的年终结余用款计划额度为 40 万元，其中，财政直接支付结余 15 万元，财政授权支付额度结余 25 万元，被予以注销。已收到代理银行转来的对账单，应作如下会计分录：

借：财政应返还额度　　150 000
　贷：拨入经费　　150 000
借：财政应返还额度　　250 000
　贷：零余额账户用款额度　　250 000

【例 24】2005 年 1 月 2 日，按照相关规定，乙行政单位 2004 年度年终结余用款计划额度 40 万元得到自动返还。根据收到的代理银行转来的《财政授权支付额度恢复到账通知书》，应作如下会计分录：

借：零余额账户用款额度　　250 000
　贷：财政应返还额度　　250 000

本章关键词

应缴预算款　应缴财政专户款　暂存款　固定基金　结余

复习思考题

1. 行政单位的负债包括哪些内容？
2. 什么是应缴预算款？它主要包括哪些内容？
3. 应缴预算的管理要求是什么？
4. 什么是应缴财政专户款？它主要包括哪些内容？
5. 应缴财政专户的管理要求是什么？
6. 什么是暂存款？行政单位应当如何加强对暂存款的管理？
7. 什么是固定基金？行政单位的固定基金与固定资产的关系如何？
8. 什么是结余？行政单位应如何核算结余？
9. 行政单位的工资应如何核算？

习　题

1. 某行政单位收到已纳入预算管理的行政性收费收入 46 000 元，已存入银行，暂未上缴。

2. 某行政单位月末将本月收到的预算内行政性收费收入共450 000元，通过银行进行上缴。

3. 某行政单位收到未纳入预算管理的行政事业性收费30 000元，存入银行，该款项采取全额上缴方式。

4. 某行政单位月末上缴财政专户的款项为200 000元，从银行存款支付。

5. 某行政单位收到A单位汇入的款项800元，用于购买本单位编印的学习材料。

6. 接上题，将印好的学习材料寄给A单位，材料工本费760元，余款40元当即退还。

7. 某行政单位用行政费用购入办公设备一台，价款78 000元，货款以银行存款支付。

8. 某行政单位收到未纳入预算管理的某项基金60 000元，该基金采取比例上缴方式具体比例为60%。

9. 某行政单位出售不需用的旧设备一台，原值55 000元，出售价20 000元，价款已存入银行。

10. 某行政单位年末有关收支科目的余额如下（单位：元），请进行年终转账。

（1）收入类科目余额：

拨入经费——基本支出	860 000
拨入经费——项目支出	85 000
预算外资金收入——基本支出	24 000
其他收入	16 000

（2）支出类科目余额：

经费支出——基本支出	580 000
经费支出——项目支出	48 000
拨出经费——基本支出	240 000
拨出经费——项目支出	30 000
结转自筹基建	40 000

第十一章　行政单位收入与支出的核算

行政单位要开展日常业务和完成国家交给的行政任务，就必须有一定的财力作保证。本章主要围绕行政单位的资金来源和业务费用支出介绍收入和支出的核算。

通过本章的学习，应该掌握以下内容：

（1）行政单位收入的来源渠道。

（2）行政单位各项收入的管理及账务处理。

（3）行政单位经费支出的分类及目级科目的设置。

（4）各项支出的账务处理。

（5）国库收付制度在行政单位会计的运用。

第一节　收入的核算

收入是指行政单位为开展业务活动，依法取得的非偿还性资金，包括拨入经费、预算外资金收入和其他收入等。

行政单位不直接从事物质资料生产，它是履行国家职能的管理部门。因此，其资金来源主要有两大渠道：一是来源于国家财政拨款，二是来源于预算外资金收入。行政单位会计应当按照要求对这两大类资金进行反映和监督。

一、拨入经费的核算

拨入经费是指行政单位按照经费领报关系，由财政部门或上级单位拨入的预算经费。拨入经费是行政单位的主要资金来源，是行政单位开展业务活动的基本财力保证。因此，行政单位必须加强对拨入经费的管理。

1. 领拨经费的依据

各级行政单位领拨经费的依据是经过审核批准后的单位年度预算和季度分月用款计划。行政单位应当根据核定的年度预算指标和工作计划，在每个季度开始前，按照政府收支分类科目中“支出功能分类”的内容，按“款”分项编制“经费拨款申请单”，报同级财政部门或上级单位核定，作为领拨经费的依据。财政部门或主管单位收到所属单位的“季度分月用款计划”后，应根据工作计划进度以及单位资金结存情况，核定各月拨款数，并据以及时拨款。季度分月用款计划表如表 11 －1 所示。

表 11 －1　　季度（分月）用款计划

编制单位：　　××年第一季度　　单位：元

<table>
<tr><th colspan="3">预算科目</th><th rowspan="3">全　年
预算款</th><th colspan="8">分　月　用　款　计　划</th></tr>
<tr><th colspan="2">编号</th><th rowspan="2">名
称</th><th colspan="2">合　计</th><th colspan="2">1 月份</th><th colspan="2">2 月份</th><th colspan="2">3 月份</th></tr>
<tr><th>款</th><th>项</th><th>计划</th><th>核定</th><th>计划</th><th>核定</th><th>计划</th><th>核定</th><th>计划</th><th>核定</th></tr>
<tr><td></td><td></td><td></td><td></td><td></td><td></td><td></td><td></td><td></td><td></td><td></td><td></td></tr>
<tr><td></td><td></td><td></td><td></td><td></td><td></td><td></td><td></td><td></td><td></td><td></td><td></td></tr>
<tr><td></td><td></td><td></td><td></td><td></td><td></td><td></td><td></td><td></td><td></td><td></td><td></td></tr>
<tr><td></td><td></td><td></td><td></td><td></td><td></td><td></td><td></td><td></td><td></td><td></td><td></td></tr>
<tr><td></td><td></td><td></td><td></td><td></td><td></td><td></td><td></td><td></td><td></td><td></td><td></td></tr>
</table>

单位负责人：　　会计：　　制表：

2. 领拨经费的原则

领拨经费是执行政府预算的主要环节，各行政单位领拨经费时，应坚持“按计划领拨经费、按进度领拨经费、按用途领拨经费、按级次领拨经费”的原则。

（1）按计划领拨经费。行政单位应当严格按照经批准的单位年度预算以及季度分月用款计划按月申请取得拨入经费，不得申请无预算、无计划或超预算、超计划的拨款。如果由于行政计划或任务发生变动而需要增加拨款，行政单位应编制追加预算请求，并经财政部门或上级单位审核批准后，方可申请增加拨款。

（2）按进度领拨经费。行政单位除了应当严格按单位预算和用款计划申请取得拨入经费以外，还应结合各项业务活动的执行进度、资金的结余情况申请取得拨入经费。行政单位既要保证及时申请以取得预算和计划内供应的各项资金，又要防止或减少预算资金的积压，从而提高预算资金的使用效益。

（3）按用途领拨经费。行政单位应当按照预算规定的用途申请取得拨入经费，未经财政部门同意，不得擅自改变拨入经费的用途。行政单位对于拨入的专项经费，应当与拨入的经常性经费分别核算，不得混淆，执行专款专用的原则。

（4）按级次领拨经费。行政单位应当按照预算级次逐级申请取得拨入经费，不得越级申请取得拨入经费。同级主管会计单位之间不能发生拨入经费的业务，没有预算关系的不同级别的行政单位之间也不能发生拨入经费的业务。行政单位的隶属关系如有改变，应在办理划转预算关系的同时，办理拨入经费的划转手续，并结清已经取得的拨入经费。

3. 领拨经费的方式

行政单位领拨经费的方式在目前主要有两种：一是传统的经费拨款方式，一是正在试点并逐步推广的国库集中收付方式。

（1）传统的经费拨款方式。

财政部门对主管部门或主管部门对所属单位的传统经费拨款方式是指划拨资金。划拨资金是财政部门根据各行政主管部门的申请，按月开出“预算拨款凭证”，通知国库将财政存款划到申请单位在银行开立的存款户，由主管单位按规定用途办理转拨或支用，月末由用款单位编报单位预算支出报表的一种拨款方式。预算拨款凭证如表 11－2 所示。

表 11－2

预算拨款凭证

拨款日期　　　　年　月　日　　　　第　号

<table>
<tr><td rowspan="3">收款单位</td><td>全称</td><td colspan="2"></td><td rowspan="3">付款单位</td><td>全称</td><td colspan="10"></td></tr>
<tr><td>账号</td><td colspan="2"></td><td>账号</td><td colspan="10"></td></tr>
<tr><td>开户银行</td><td colspan="2"></td><td>开户银行</td><td colspan="10"></td></tr>
<tr><td>拨款金额</td><td colspan="5">人民币：
（大写）</td><td>千</td><td>百</td><td>十</td><td>万</td><td>千</td><td>百</td><td>十</td><td>元</td><td>角</td><td>分</td></tr>
<tr><td>用途</td><td colspan="5"></td><td></td><td></td><td></td><td></td><td></td><td></td><td></td><td></td><td></td><td></td></tr>
<tr><td colspan="4">拨款单位盖章</td><td>银行分录</td><td colspan="11">对方科目：
复核员：　　　　记账员：</td></tr>
</table>

(2) 国库集中收付的拨入经费方式。

国库集中收付制度是现代财政国库管理制度的重要内容。国库集中收付制度的内容是：所有财政收入直接缴入国库单一账户体系或预算外资金财政专户；所有财政支出均由国库单一账户体系直接支付到商品和劳务提供者或用款单位。我国各地正在结合实际情况，逐步建立以国库单一账户体系为基础，资金缴拨以国库集中收付为主要形式的现代财政国库管理制度。这一制度的建立遵循着统一规划，分步实施的原则，采取先试点、后扩大、再推广的办法进行。

按照国库集中收付制度的试点要求，先在工资性支出、政府采购支出、基本建设项目支出和专项支出等实施，最终将所有政府性基金、行政性收费、罚没收入和预算外资金全部纳入国库集中收付管理。国库集中收付制度的实施，导致行政单位的拨入经费方式发生新的变化。与传统的经费拨款方式相比，在国库集中收付制度下，行政单位的经费领拨产生以下两个新的变化：

第一，预算资金在各行政单位间层层转拨的情况将消失，代之以国库直接支付。各行政单位需要使用资金时，将由国库单一账户直接支付到劳务提供者和商品供应者账户上。主管部门和上级单位在汇总资产负债表时，将所属单位的数字相加时，上级的“拨出经费”和下级的“拨入经费”不用相抵。

第二，各单位在银行应开设零余额账户，并在会计科目上增加一个“零余额账户用款额度”总账科目，专门核算单位在财政下达授权支付额度内的支付业务。这样，财政资金在各单位沉淀的现象将消失。行政单位原来的“银行存款”账户主要核算自筹资金收入、各项往来款项和以前年度结余等内容。

4. 拨入经费的核算

为了核算拨入经费的业务，行政单位应设置“拨入经费”总账科目。该科目贷方登记各行政单位按照经费领拨关系，由同级财政或上级主管部门拨入的预算经费；该科目平时贷方余额，反映拨入经费的累计数。年终结账时，将本科目的贷方余额（不含预拨下年度经费）转入“结余”科目的贷方；结转后该科目无余额。该科目应按拨入经费的资金管理要求分别设置“基本支出”和“项目支出”两个二级科目。二级科目下按政府收支分类科目中“支出功能分类科目”的“项”级科目设置明细账。

行政单位的专项经费需要单独向拨款单位（财政部门或上级主管部门）报账并在“项目支出”二级科目下核算。专项经费拨款一般以科研专款和工程专款为主，如科技三项拨款、专项设备购置拨款、房屋大修拨款等。为了保证专项工程或专项作业所需资金，各行政单位对于拨入的专项资金应坚持

"专款专用，计划管理，单独核算，专项报账，按实列支"的原则。按规定使用专项资金，不得挪作他用，并应按有关拨款部门的要求，定期报告其使用情况。专项业务结束后，应当及时处理报账结算手续。需要缴回的多余资金应及时上缴，按规定同意留给行政单位的，应转入"结余"科目。

行政单位收到非主管会计单位拨入的财政性资金（如公费医疗经费、住房基金等），也应在"项目支出"二级科目下按拨入的单位分别进行明细核算。

【例1】某行政单位本月按计划收到同级财政局拨来经常性经费拨款1 800 000元。应作如下会计分录：

借：银行存款　　1 800 000

　贷：拨入经费——基本支出　　1 800 000

【例2】某二级会计单位从上级主管部门获得本月经常性经费500 000元。应作如下会计分录：

借：银行存款　　500 000

　贷：拨入经费——基本支出　　500 000

【例3】某行政单位收到同级财政部门预拨的下年度经费150 000元。应作如下会计分录：

借：银行存款　　150 000

　贷：拨入经费——预拨下年度经费　　150 000

【例4】某行政单位收到上级主管部门的通知，要求缴回多拨的经常性经费5 500元。应作如下会计分录：

借：拨入经费——基本支出　　5 500

　贷：银行存款　　5 500

【例5】某行政单位职工工资由财政部门统发。本月单位职工工资总额为80 000元，根据同级财政部门开具的拨款通知单和工资发放表，应作如下会计分录：

借：经费支出——基本支出　　80 000

　贷：拨入经费——基本支出　　80 000

【例6】某行政单位收到同级财政部门批准拨入的A专项工程款650 000元。该工程建设过程中开支620 000元。工程完工后作为单位固定资产，并向财政部门报账，多余资金上缴60%，单位自留40%，转入结余。应作如下会计分录：

（1）收到拨款时：

借：银行存款　　650 000

　贷：拨入经费——项目支出　　650 000

（2）支付有关费用：

借：经费支出——项目支出　　620 000

　贷：银行存款　　620 000

（3）工程完工报账时：

借：拨入经费——项目支出　　30 000

　贷：银行存款　　18 000

　　结余　　12 000

同时：

借：固定资产　　620 000

　贷：固定基金　　620 000

【例7】某行政单位收到公费医疗办公室拨入的公费医疗经费20 000元。应作如下会计分录：

借：银行存款　　20 000

　贷：拨入经费——项目支出　　20 000

【例8】某行政单位收到政府采购专项任务所需设备一台，价款由财政预算资金全额支付，共计50 000元。应作如下会计分录：

借：经费支出——项目支出　　50 000

　贷：拨入经费——项目支出　　50 000

同时：

借：固定资产　　50 000

　贷：固定基金　　50 000

【例9】某行政单位将“拨入经费”账户余额进行年终结转，其中，“拨入经常性经费”550 000元，“拨入专项经费”230 000元。应作如下会计分录：

借：拨入经费——拨入经常性经费　　550 000
　　　　　——拨入专项经费　　230 000
　贷：结余——经常性结余　　550 000
　　　　——专项结余　　230 000

二、预算外资金收入的核算

预算外资金收入，指财政部门按规定从财政专户核拨给行政单位的预算外资金，以及部分经财政部门核准不上缴预算外资金财政专户，而直接由行政单位按计划使用的预算外资金。

1. 预算外资金收入的管理要求

预算外资金收入是行政单位为开展业务活动而取得的一部分财政性资金，应加强对预算外资金收入的管理：

（1）分类管理，加强核算。按照国务院《关于加强预算外资金管理的决定》的规定，对行政单位的预算外资金收支按不同性质实行分类管理。首先，国家机关和受政府委托的部门、单位统一收取和使用的专项用于公共工程和社会公共承包的基金、收费等，收入全额缴入同级财政专户，支出按计划和规定用途专款专用，不得挪作他用，收支结余可结转下年度专项使用；其次，各部门和各单位的其他预算外资金，收入缴入同级财政专户，支出由财政结合预算内资金统筹安排；第三，对于少数费用开支有特殊需要的预算外资金，经财政部门核定收支计划后，可按确定比例或按收支结余的数额定期缴入同级财政专户。因此，预算外资金收入的核算应与应缴财政专户款的核算结合起来。只有在财政机关拨回或确认留用时，才能作为单位的预算外资金收入。

（2）将预算外资金收入纳入单位的综合财务收支计划。行政单位应当按规定编制综合财务收支计划，将预算外资金收入纳入单位预算中，以便加强对预算外资金的管理。

2. 预算外资金收入的账务处理

为了核算预算外资金收入的业务，行政单位应设置“预算外资金收入”总账科目。该科目贷方登记收到的预算外资金收入，借记“银行存款”等有关科目，贷记本科目。年终结账时，将本科目贷方余额全数转入“结余”科目。结转后该科目无余额。本科目应按预算外资金收入的管理要求分别设置“基本支出”和“项目支出”二级科目，二级科目下按政府收支分类科目中“支出功能分类科目”的“项”级设置明细账，进行明细分类核算。

实行按确定比例上缴预算外资金财政专户办法的行政单位收到预算外资金

收入时，借记“银行存款”等科目，贷记“应缴财政专户款”科目，贷记“预算外资金收入”科目；实行结余上缴预算外资金财政专户办法的单位收到预算外资金收入时，借记“银行存款”科目，贷记“预算外资金收入”科目；定期结算应缴预算外资金结余时，借记“预算外资金收入”科目，贷记“应缴财政专户款”科目。

主管部门收到财政专户核拨的属于应返还所属单位的预算外资金收入时，应通过“暂存款”科目核算，不通过“预算外资金收入”科目核算。

【例 10】某行政单位收到财政专户核拨的预算资金收入 400 000 元，其中，一般收入 300 000 元，专项收入 100 000 元。应作如下会计分录：

借：银行存款	400 000	
贷：预算外资金收入——基本支出		300 000
——项目支出		100 000

【例 11】某行政单位实行按确定比例上缴预算外资金财政专户办法。某日，收到预算外资金款 150 000 元，均为经常性收入，上缴比例为 40%。应作如下会计分录：

借：银行存款	150 000	
贷：应缴财政专户款		60 000
预算外资金收入		90 000

【例 12】某行政单位实行结余上缴预算外资金财政专户办法。某日收到预算外资金款 100 000 元，均为经常性收入。应作如下会计分录：

借：银行存款	100 000	
贷：预算外资金收入		100 000

【例 13】接上例，该行政单位按规定日期结算预算外资金结余为 30 000 元，均为经常性收入结余。应作如下会计分录：

借：预算外资金收入	30 000	
贷：应缴财政专户款		30 000

【例 14】某行政单位收到财政专户核拨的应返还所属 B 单位的预算外资金 75 000 元。应作如下会计分录：

借：银行存款	75 000	

贷：暂存款——B 单位　　75 000

【例 15】年终，某行政单位将“预算外资金收入”科目余额 650 000 元转入“结余”科目。应作如下会计分录：

借：预算外资金收入　　650 000

　贷：结余　　650 000

三、其他收入的核算

其他收入是指行政单位按规定收取的其他各种收入，以及其他来源形成的收入。主要包括行政单位在业务活动中按规定收取的不必上缴财政的零星杂项收入、有偿服务收入、有价证券利息收入、银行存款利息收入等。

其他收入中的多数项目是由行政单位自行组织的，这就要求行政单位必须遵守国家的有关规定不得擅自扩大收费项目或提高收费标准。

为了核算其他收入的业务，应设置“其他收入”总账科目。该科目贷方登记发生的其他收入；冲销转出时，借记本科目，贷记有关科目。该科目平时贷方余额，反映其他收入的累计数。年终结账时，该科目贷方余额全数转入“结余”科目。年终转账后，该科目无余额。该科目可按其他收入的主要类别设置明细账，进行明细分类核算。

【例 16】某行政单位收到到期兑付的国库券本金 200 000 元，两年的利息收入 6 000 元。应作如下会计分录：

借：银行存款　　206 000

　贷：有价证券　　200 000

　　　其他收入　　6 000

【例 17】某行政单位接银行通知，本季度的银行存款利息为 2 500 元。应作如下会计分录：

借：银行存款　　2 500

　贷：其他收入　　2 500

【例 18】某行政单位收到出售废旧物品收入 200 元。应作如下会计分录：

借：银行存款　　200

　贷：其他收入　　200

【例19】某行政单位年终将“其他收入”科目余额91 200元转入“结余”科目。应作如下会计分录：

借：其他收入　91 200

　贷：结余　91 200

第二节　支出的核算

支出是指行政单位为开展业务活动而发生的各项资金耗费及损失。行政单位核算的支出包括经费支出、拨出经费和结转自筹基建等。

一、经费支出的核算

经费支出是指行政单位在开展业务活动中发生的各项支出。经费支出表现为行政单位为实现国家管理职能、完成行政任务所必须发生的各项资金耗费，也体现了行政单位组织和领导经济建设、文化建设等各项建设的业绩。

经费支出是行政单位对包括拨入经费、预算外资金收入和其他收入等各项收入来源综合使用的结果，是行政单位在预算执行过程中各项资金的实际消耗数，也就是“实际支出数”。因此，实际支出数是行政单位预算支出的核算基础，也是上级机关和财政部门考核单位预算执行情况和核销单位预算支出的依据。

（一）经费支出的内容及分类

对行政单位经费支出的内容进行分类，便于分析和考核各项经费支出的实际发生情况及其效果，从而有针对性地加强和改善对经费支出的管理。行政单位经费支出一般可分为二大类：基本支出和项目支出，以此设置二级明细科目，并按照《政府收支分类科目》中的“支出经济分类”的款级设置三级明细科目，进行明细核算。

1. 基本支出的内容及分类

基本支出是行政单位为保障机构正常运转，完成日常工作任务发生的支出。基本支出反映了行政单位进行公务活动必需的基本资金耗费，是具体履行国家管理职能的基本资金保证，也是编制部门预算、接受上级部门检查预算执行情况的重要依据。

上述所说的“支出经济分类”，主要反映政府支出的经济性质和具体用途，下设类、款两级科目，是基本支出核算的具体内容，主要有：

（1）工资福利支出类。反映单位开支的在职职工和临时聘用人员的各类劳动报酬，以及为上述人员缴纳的各项社会保险费等。该类下设的“款”级内容包括：基本工资、津贴补贴、奖金、社会保障缴费、伙食费、伙食补助费、其他工资福利支出等。

（2）商品和服务支出类。反映单位购买商品和服务的支出，不包括用于购置固定资产的支出、战略性和应急储备支出等。该类下设的“款”级内容包括：办公费、印刷费、咨询费、手续费、水费、电费、邮电费、取暖费、物业管理费、交通费、差旅费、出国费、维修（护）费、租赁费、会议费、培训费、招待费、专用材料费、装备购置费、工程建设费、劳务费、委托业务费、工会经费、福利费、其他商品和服务支出等。

（3）对个人和家庭的补助类。反映政府用于对个人和家庭的补助支出。该类下设的“款”级内容包括：离休费、退休费、退职（役）费、抚恤金、生活补助、救济费、医疗费、助学金、奖励金、生产补贴、住房公积金、提租补贴、其他对个人和家庭的补助支出等。

（4）债务利息支出类。反映政府及预算单位的债务利息支出。该类下设的“款”级内容包括：国库券付息、向国家银行借款付息、其他国内借款付息、向国外政府借款付息、向国际组织借款付息、其他国外借款付息等。

2. 项目支出的内容及分类

项目支出是行政单位为完成特定的行政任务所发生的支出，主要分为基本建设类项目和行政类项目。其中，基本建设类项目是按国家关于基本建设管理规定，财政部门用基本建设资金安排的项目。行政类项目是财政部门用行政事业费安排的项目。项目支出也是部门支出预算的组成部分，具有专项、专业的特点，并要求专款专用。

在“支出经济分类科目”中，属于项目支出核算的具体内容主要有：

（1）基本建设支出类。反映各级发展与改革部门集中安排的用于购置固定资产、战略性和应急性储备、土地和无形资产，以及购建基础设施、大型修缮所发生的支出。该类下设的“款”级内容包括：房屋建筑物购建、办公设备购置、专用设备购置、交通工具购置、基础设施建设、大型修缮、信息网络购建、物资储备、其他基本建设支出等。

（2）其他资本性支出类。反映非各级发展与改革部门集中安排的用于购置固定资产、战略性和应急性储备、土地和无形资产，以及购建基础设施、大型修缮和财政支持企业更新改造所发生的支出。该类下设的“款”级内容与基本建设支出类相同。

（3）专项业务项目类。反映行政单位为履行其职能，在开展专业业务活动中持续发生的特定支出项目。这类项目是行政单位完成行政工作任务的重要保障，也是财政预算安排应该择优考虑的。这类业务主要有专项任务、大型会议等。

（二）经费支出的管理要求

经费支出管理是行政单位财务管理的一项重要组成部分，也是财政部门或上级部门考核行政单位预算执行情况的重要内容。行政单位必须严格按照有关规定，采取切实可行的办法，加强对经费支出的管理。

（1）按批准的部门预算和计划用款，不得办理无预算、无计划或超预算的开支。行政单位应在财政部门批复的年度部门预算框架内编制季度分月用款计划，并根据支出的类型分为财政直接支付计划和财政授权支付计划两部分。行政单位的经费支出必须按照预算规定的开支标准支用，不得任意改变经费开支标准。对于违反财经纪律的开支，一律不得办理报销支付。

（2）保证单位基本支出的需要。行政单位应当保证人员经费和公用经费开支的需要，对于符合预算的人员经费和维持单位正常运转的基本公用经费切实予以落实；对于大型设备的购置和大型会议的召开等的开支，应尽量控制和压减。

（3）注意勤俭节约，讲求支出的效益。行政单位在办理经费支出时必须注意勤俭节约，既要考虑保证行政任务的顺利完成，又要考虑合理节约地使用各项资金。讲求少花钱，多办事、办好事，提高资金的利用效益。

（4）经费支出的薄弱环节实施重点管理和控制。行政单位往往在“人、车、会、电话”等方面的支出难以控制，应当实施重点管理。在人员经费管理方面，应当严格执行核定的编制数，不能超编；在车辆购置费管理方面，标准配备车辆，不得超标；在会议费管理方面，应当健全审批制度，坚持务实、节约、高效的原则；在电话费管理方面，应当严格按规定配备电话等通信设备，未经审批，不负担购置费及消耗费。

（5）严格项目支出的管理。专项业务支出应当保证专款专用，不得任意改变内容或扩大使用范围。对于具有限定用途的资金，应严格按限定用途使用，不得任意挪用。应当为专项资金单独设账，反映和监督专项资金支出、进度和完成结算等情况。

（三）经费支出的账务处理

为了反映和监督经费支出的业务，应设置“经费支出”总账科目。该科目的借方登记行政单位开展业务活动以合法凭证支出的经费数；贷方登记经费支出的冲销转出数；余额在借方，反映行政单位累计发生的经费支出数。年终，将其余额全数转入“结余”科目。该科目应按“基本支出”和“项目支出”分设二级科目，二级科目下按政府收支分类科目中“支出经济分类”的“款”级设置明细账，进行明细核算。

行政单位收回本年度已列为经费支出的款项，应当冲减当年的经费支出；收回以前年度已列为经费支出的款项，应当增加上年结余，不得冲减当年的经费支出。

【例20】A行政单位以财政授权方式交纳本月电话费5 500元。应作如下会计分录：

借：经费支出——基本支出（邮电费）　5 500
　贷：零余额账户用款额度（银行存款）　5 500

【例21】A行政单位以财政授权方式购入零星办公用品7 000元，并直接领用。应作如下会计分录：

借：经费支出——基本支出（办公费）　7 000
　贷：零余额账户用款额度（银行存款）　7 000

【例22】A行政单位职工出差回单位报销，原借款3 000元，现报销交来发票2 500元，交回多余现金500元。应作如下会计分录：

借：现金　500
　　经费支出——基本支出（差旅费）　2 500
　贷：暂付款　3 000

【例23】A行政单位使用专项拨款12 000元购入电脑二台，并采用财政直接支付方式，已到货。应作如下会计分录：

借：经费支出——项目支出（专用设备购置费）　12 000
　贷：拨入经费——项目支出　12 000
同时：
借：固定资产　12 000
　贷：固定基金　12 000

【例24】A行政单位按规定采用财政授权方式支付职工福利费90 000元。应作如下会计分录：

借：经费支出——基本支出（其他工资福利支出）　90 000

贷：零余额账户用款额度　　90 000

【例25】A行政单位领用库存材料8 000元用于维修。应作如下会计分录：

借：经费支出——基本支出（专用材料费）　　8 000
　贷：库存材料　　8 000

【例26】A行政单位的财务部门购入账簿表册，共计560元，以银行支票支付。应作如下会计分录：

借：经费支出——基本支出（办公费）　　560
　贷：银行存款　　560

【例27】A行政单位收回本年度已列入“经费支出——基本支出（业务费）”中的暂付款1 000元。应作如下会计分录：

借：现金　　1 000
　贷：经费支出——基本支出　　1 000

【例28】A行政单位年终将“经费支出”科目的借方余额880 000元，其中，基本支出550 000元，项目支出330 000元，进行年终转账。应作如下会计分录：

借：结余——基本结余　　550 000
　　　　——项目结余　　330 000
　贷：经费支出——基本支出　　550 000
　　　　　　　——项目支出　　330 000

【例29】A行政单位年终将“经费支出”科目的借方余额880 000元进行年终转账，其中基本支出550 000元，项目支出330 000元。应作如下会计分录：

借：结余——基本结余　　550 000
　　　　——项目结余　　330 000
　贷：经费支出——基本支出　　550 000
　　　　　　　——项目支出　　330 000

二、拨出经费的核算

拨出经费是指行政单位根据核定的预算拨付给其所属单位的预算资金。主管单位或二级会计单位从财政部门或上级主管部门取得的预算经费中就包含了其所属单位的预算经费。因此，主管单位或二级会计单位应当在取得预算经费时，及时将其转拨给所属单位。转拨经费属于拨入经费的一项支出，应按实际发生额记账。

为了反映和监督拨出经费业务，应设置“拨出经费”总账科目。该科目借方登记行政单位按批准的预算额拨付给所属单位的经费数额；贷方登记收回或冲销转出的经费数额；余额在借方，表示行政单位转拨给所属单位的累计经费。年终应将其借方余额（不含预拨下年度经费）全数转入“结余”科目。该科目应按“基本支出”和“项目支出”设置二级科目，并按拨出对象设置明细账，进行明细分类核算。

【例 30】某行政主管部门将从财政部门获得的经费拨款按核定的预算转拨给其所属单位 800 000 元，其中经常性经费 700 000 元，专项经费 100 000 元。应作如下会计分录：

借：拨出经费——基本支出	700 000	
——项目支出	100 000	
贷：银行存款		800 000

【例 31】某行政单位收回多拨给其所属单位经常性经费的款项 40 000 元。应作如下会计分录：

借：银行存款	40 000	
贷：拨出经费——基本支出		40 000

【例 32】某行政单位年终将“拨出经费”科目借方余额 760 000 元进行年终转账，其中拨出经常性经费 660 000 元，拨出专项经费 100 000 元。应作如下会计分录：

借：结余——基本结余	660 000	
——项目结余	100 000	
贷：拨出经费——基本支出		660 000
——项目支出		100 000

应说明，在国库集中收付制度下，不需要核算此科目。

三、结转自筹基建的核算

结转自筹基建是指行政单位经批准用拨入经费以外的资金安排基本建设，其所筹集并转存建设银行的资金。行政单位应当严格控制自筹基本建设支出。确需安排支出的，应当按照规定进行申报，按照程序履行报批手续。核批后的自筹基本建设资金，应纳入基本建设资金管理，由基本建设会计组织会计核算。

为了核算结转自筹基建业务，行政单位应设置“结转自筹基建”总账科目。该科目借方登记转存建设银行的资金数。贷方登记基本建设项目完工后，剩余资金收回数。年终转账时，应将本科目的借方余额全数转入“结余”科目，结转后该科目无余额。

【例 33】某行政单位经批准将自筹基本建设资金 1 000 000 元按基建计划转存建设银行。应作如下会计分录：

借：结转自筹基建　　1 000 000

　贷：银行存款　　1 000 000

【例 34】接例 33，某行政单位年终将“结转自筹基建”科目的借方余额 1 000 000元进行年终转账。应作如下会计分录：

借：结余　　1 000 000

　贷：结转自筹基建　　1 000 000

【例 35】该基本建设项目已完工，共耗费 950 000 元，项目已交付使用，多余款从建设银行转回。应作如下会计分录：

借：银行存款　　50 000

　贷：结转自筹基建　　50 000

同时：

借：固定资产　　950 000

　贷：固定基金　　950 000

本章关键词

拨入经费　预算外资金收入　其他收入　经费支出　拨出经费　结转自筹基建　国库收付制度

复习思考题

1. 行政单位的收入有哪些主要渠道？
2. 什么是拨入经费？其管理要求有哪些内容？
3. 什么是预算外资金收入？应如何对预算外资金收入进行管理？
4. 什么是其他收入？它包括哪些内容？
5. 行政单位的支出由哪些内容组成？
6. 什么是经费支出？它是如何进行分类的？
7. 行政单位对经费支出的管理要求是什么？
8. 什么是拨出经费？它是如何形成的？
9. 什么是结转自筹基建？应当如何核算该业务？

习　题

1. 某行政单位收到财政部门的拨入经费 5 500 000 元。

2. 某行政单位向其所属单位转拨财政拨入经费 1 500 000 元。

3. 某行政单位领用材料维修固定资产 50 000 元，以现金支付修理费 800 元。

4. 某行政单位用经常性经费购入文件柜 5 个，单价 800 元。

5. 某行政单位以银行存款 2 500 元支付购买零星办公用品。

6. 某行政单位本月应发工资 1 000 000 元，其中，基本工资 800 000 元，补助工资 180 000元，其他工资 20 000 元。另代扣职工房租费 120 000。以银行转账方式发放职工工资 880 000 元。

7. 在财政授权支付方式下，某行政单位收到代理银行盖章的“授权支付到账通知书”，金额为 80 000 元。并用此额度支付电话电报费 1 500 元，支付水费10 000元，电费 25 000元。

8. 某行政单位从零余额账户提取现金 2000 元备用。

9. 某行政单位职工出差回单位报销，交发票 8 500 元，原借支 8 000 元，差额以现金补付。

10. 在财政直接支付方式下，某行政单位从财政部门申请获得专项拨款 500 000 元，改造某一专项工程。

11. 上述行政单位以专项拨款改造某一专项工程已完工，共花费 470 000 元。分别编制余款上缴和余款转入“结余”的会计分录。

12. 某行政单位将从财政部门取得的专项拨款资金 250 000 元，转拨给其下属单位 200 000元。其下属单位完成此专项工程共花费 220 000 元，补付 20 000 元给下属单位，余额上缴财政部门。(用传统核算方式)

13. 某行政单位出租礼堂，提供咨询等服务取得各项其他收入 5 000 元。

14. 某行政单位结算本季度银行存款利息收入 500 元。

15. 年终某行政单位将“经费支出”科目余额 1 800 000 元、“拨出经费”科目余额 200 000 元和“结转自筹基建”科目余额 400 000 元转入“结余”科目。

16. 年终某行政单位将“拨入经费——项目支出”科目余额 300 000 元和“经费支出——项目支出”科目余额 270 000 元转入“结余”科目。

17. 年终某行政单位将“拨入经费”科目余额 1 500 000 元、“其他收入”科目余额 20 000元和“预算外资金收入”科目余额 350 000 元转入“结余”科目。

18. A 行政单位与甲设备供货商签订政府采购合同，合同金额为 100 万元。合同规定，到货验收后才付款。10 天后，设备运到并验收入库。该行政单位填写财政直接支付申请书，经审核，同意支付给供货商 100 万元。2 天后，收到代理银行转来的“财政直接支付入账通知书”，货款已支付供货商。

19. 接代理银行通知，甲行政单位本月的授权支付额度 40 万元到账，与核定用款计划相符。

20. 某行政单位“结转自筹基建”400 000 元的工程已完工，花费 380 000 元，余款转回。

21. A 行政单位采用财政统发工资形式，本月应付职工工资 840 000 元，其中，基本工资 690 000 元，补助工资 90 000 元，其他工资 60 000 元。

22. A 行政单位收回本年度已列入“经费支出——基本支出（业务费）”中的暂付款 3 000元。

第十二章　行政单位会计报告

会计报告是反映行政单位某一时点的财务状况和一定期间预算执行情况的书面文件。通过阅读和分析行政单位的会计报告，能了解行政单位预算收支执行好坏及其存在的问题和原因，为行政管理当局提供有关财务会计方面的信息。

通过本章的学习，应该掌握以下内容：

（1）行政单位会计报告的构成。

（2）行政单位年终清理、结算和结账的内容及规定。

（3）行政单位主要会计报表的内容及编制。

第一节　会计报告的意义和分类

一、编制会计报告的意义

行政单位会计对经常的、大量的日常收支业务，运用专门的会计核算方法进行了反映和监督。但是，日常的会计记录资料毕竟还是比较分散的，不能直接、全面、综合地反映行政单位一定时期内预算执行情况的全貌。为了进一步发挥会计的职能作用，行政单位会计必须对日常核算的资料进行整理、分类、计算和汇总，编制成相应的会计报表，为有关各方提供总括性的财务信息资料。

利用行政单位编制的会计报告，可以分析、检查行政单位预算计划与实际发生的差额，从而发现行政单位预算执行中存在的问题和潜力；也可以从中了解行政单位的财经纪律、财务制度的遵守情况；有利于总结经验、克服问题，不断提高行政单位的预算管理水平。

利用行政单位编制的会计报告，便于主管部门了解、分析所属单位预算的执行情况，通过对各所属单位的会计报告数据的比较，发现所属单位间预算执行的差距，了解造成差距的原因，可作为本系统领导决策和进行综合平衡的重要依据。

利用行政单位编制的会计报告或主管部门编制的汇总会计报告，便于财政部门检查、了解各行政单位应上缴的财政预算任务是否按时足额完成，预算收支是否按计划实现；可据以分析各行政单位预算资金收支的实际需要量，以便正确地核定预算拨款和调剂预算资金，作为下期部门预算编制和审核预算的重要参考依据。

行政单位会计决算报告的主要内容包括：行政单位决算报表、报表附注和财务分析。其中，决算报表由主表与补充指标表组成。主表包括资产负债表、收入支出总表和经费支出明细表等。补充指标表则是根据有关要求报送的补充性报表。报表附注是用于注明需特别说明的有关报表编制事项，主要包括：报表编制基础、编制依据、编制原则和方法，以及特殊事项的说明和有关重要项目的明细资料等。财务分析是对本单位收入支出、资产负债、净资产等主要财务指标增减变动情况和原因的分析。财务分析往往在报表说明书中展开。

二、会计报表的分类

会计报表是行政单位会计报告的主要组成部分。会计报表按不同的标准有以下不同的分类。

1. 按报表内容分类

行政单位会计报表按其反映的经济内容分类可分为：资产负债表、经费支出明细表、收入支出总表和补充指标表。

资产负债表是反映行政单位在某一特定日期财务状况的报表，也反映某一期间收入与支出的实现。具体来说，就是用资产、负债、净资产、收入和支出共5个会计要素进行反映。

经费支出明细表是反映行政单位在一定时期内预算执行情况的报表。具体来说，就是通过经费支出的目级科目来反映。

收入支出总表是反映行政单位年度收支总规模的报表。它由收入、支出和结余三部分构成。

除此之外，还有一些补充指标表，即根据财政部门或主管部门的要求编制报送的补充性报表。如基本数字表、专项资金支出明细表等。

2. 按编报时间分类

行政单位会计报表按其编制时间可分为：月报、季报和年报。

月报是反映行政单位截止报告月度资金活动情况和经费收支情况的报表。月报要求编报资产负债表、经费支出明细表。

季报是分析、检查行政单位季度资金活动情况和经费收支情况的报表。季报应在月报的基础上较详细地反映单位经费收支的全貌。季报还要求加报基本数字表。

年报，也叫年度决算报表，是全面反映年度资金活动和经费收支预算执行情况的报表。年度决算报表的种类和要求，按财政部门和上级主管部门下达的有关决算编审规定组织执行。

3. 按编制层次分类

行政单位会计报表按编制层次可分为单位会计报表和汇总会计报表。单位会计报表是反映行政单位财务状况和经费收支预算执行情况的会计报表。汇总会计报表是主管会计单位根据本级会计报表和经审查过的所属单位会计报表汇总编制，反映主管单位及所属单位的财务状况和经费收支预算执行情况的会计报表。

三、会计报表的编制要求

1. 数字准确

行政单位会计报表应该是对行政单位预算执行情况真实性、正确性的反映。因此，行政单位在编制会计报表前，所有应入账的预算资金收支业务，都要全部登记入账，切实做到账实相符、账证相符、账账相符、账表相符，并根据核对无误的账簿记录，编制会计报表。数字有根有据，不能估列数字，更不准弄虚作假，要保证会计报表数字准确无误。

2. 内容完整

行政单位会计报表要严格按照财政部门或上级主管部门统一规定的报表种类、格式、内容、计算方法和填制口径编报，以保证逐级分析和汇总的需要。会计报表中每一行次、项目均应一一填明。凡上级规定应加报的补充资料和要求作文字说明的，也要分别报送，以保证会计报表的内容完整。

3. 报送及时

行政单位会计决算报告的统一编制时间为每年的12月31日。会计报表的时间性很强，如果编报不及时，就会失去它应有的作用，且影响各单位报表的及时汇总上报，从而影响会计信息使用者作出正确的决策。

第二节　年终清理、结算和结账

行政单位会计核算工作最繁忙的时间是在年终。年终的工作主要包括年终清理结算和年终结账，并在此基础上进行年终会计报表的编制。

一、年终清理结算内容

年终清理结算，就是对行政单位全年预算资金和其他资金收支活动进行全面清理、核对、整理和结算的工作。年终清理结算是行政单位编制年度决算报表的一个重要环节，是保证单位决算报表数字准确、真实、完整的一项基础工作。行政单位应当要根据财政部门和上级主管部门关于决算编审工作的要求，认真做好此项工作。年终清理结算的主要内容有：

1. 清理核对各项预算收支

行政单位在年度终了前，应当清理、核对各项年度预算收支数字和各项缴拨款，保证上下级之间的年度预算数和领拨经费数相互一致。为了准确反映各项收支数额，凡属本年度的应拨款项，应当在12月31日前汇达对方。主管会计单位对所属各单位的预算拨款和预算外资金拨款，截至12月25日为止，逾期一般不再下拨。

凡属本年的各项收入，应当及时入账。凡属本年的各项支出，应当按规定的支出渠道如实列报。行政单位的年度支出决算，一律以基层用款单位截至12月31日止的本年实际支出数为准，不得将年终前预拨下级单位的下年预算拨款列入本年的支出，也不得以上级会计单位的拨款数代替基层会计单位的实际支出数。

2. 清理结算各项应缴款项

行政单位应当认真清理结算各项应缴国库的预算款项和应缴财政专户的预算外资金，所有应缴预算款和应缴财政专户款应当在年终前全部上缴国库或财政专户。

3. 清理结算各项往来款项

行政单位的暂付款、暂存款等往来款项，年终前应尽量清理完毕。凡是在年终前可以结算清楚的，一定要结算清楚，做到人欠收回，欠人归还。按有关规定应当转作各项收入或各项支出的往来款项，应当及时转入有关收入、支出账户，编入本年决算，不得在往来账上长期挂账，致使收入、支出数字不实。主管会计单位收到的应当转拨所属单位的预算外资金，应及时转拨所属单位，不得作为暂存款挂账。

4. 清查核对各项财产物资

年终前，行政单位应对各项物资财产进行全面的实地清查盘点。对于发生盘盈或盘亏的，应当及时查明原因，并按规定作出相应会计处理，做到账账相符，账实相符。由于年末会计事务较多，而盘点财产物资牵涉面又较广，盘点清查工作应预先做好规划。

5. 清查核对各项货币资金

清理货币资金，即清理银行存款、现金和有价证券。年终时，行政单位首先应当及时清理用于政府采购而设置的零余额账户用款额度，对直接支付和授权支付的业务进行清理；其次与开户银行进行对账。行政单位的银行存款账面余额应当与银行对账单的余额一致。行政单位还应当将现金的账面余额与库存现金进行核对。经过核对，两者应当相符。行政单位还应当将有价证券的账面数与实存的有价证券实际成本数字进行核对。经过核对，两者应当相符。

二、年终结账内容及步骤

行政单位应当在年终清理结算的基础上进行年终结账。年终结账工作，一般分为年终转账、结清旧账和记入新账三个阶段。

1. 年终转账

在这一阶段，首先应计算出各账户借方或贷方的 12 月份合计数和全年累计数，结出 12 月末的余额。然后，根据 12 月末的账户余额，编制结账前资产负债表进行试算，经试算平衡无误后，再将应结转结余的各个收支账户的余额按年终转账办法，填制 12 月 31 日的记账凭证办理年终转账。具体分录见前面结余一节。

2. 结清旧账

在这一阶段，应将转账后无余额的账户结出全年总累计数，然后在下面画双红线，表示该账户已全部结清。对年终有余额的账户，在“全年累计数”下行的“摘要”栏内注明“结转下年”字样，再在下面画双红线，表示该账户的年终余额已转入新账，旧账结束。

3. 记入新账

在这一阶段，应根据本年度有关账户的余额，编制年终决算的资产负债表和有关明细表。然后，将表列各账户的年终余额数（不编制记账凭证），直接记入新年度相应的各有关账户，并在“摘要”栏注明“上年结余”字样，以区别新年度内的发生数。

行政单位的单位决算经财政部门或上级单位审核批复后，需调整上报决算数字时，还应当相应调整旧账，重新办理结账和过入新账的手续。

第三节　会计报表的编制

如前面所述，会计报表按经济内容主要分为资产负债表、经费支出明细表、收入支出总表、有关附表及报表说明书等。下面我们介绍主要报表的编制。

一、资产负债表的内容及编制

资产负债表是反映行政单位在某一特定日期财务状况和经费收支情况的会计报表。行政单位的资产负债表应于每月末、每季末和每年末编报。

1. 资产负债表的平衡原理

由于行政单位会计是以会计年度作为一个完整的结账期，各收入、支出账户在年度中间都保留余额，到年终才把收支账户的余额结平。因此，月报和季报应以“资产 + 支出 = 负债 + 净资产 + 收入”的平衡等式为依据编制，反映行政单位月末或季末的资产、负债和净资产的实有数以及至本月末或本季止的收入和支出的累计数。行政单位的年报则以“资产 = 负债 + 净资产”的平衡等式编制，反映年末资产、负债和净资产的实有数。

行政单位资产负债表的月报和季报的基本格式如表 12 - 1 所示。

表 12－1 资产负债表（月报或季报）

编报单位： 年 月 日 单位：元

编号	资产部类	年初数	期末数	编号	负债部类	年初数	期末数
	一、资产类				二、负债类		
101	现金			201	应缴预算款		
102	银行存款			202	应缴财政专户款		
103	有价证券			203	暂存款		
104	暂付款						
105	库存材料						
106	固定资产				三、净资产		
				301	固定基金		
				303	结余		
	五、支出类				其中：基本结余		
501	经费支出				项目结余		
502	拨出经费						
503	结转自筹基建				四、收入类		
				401	拨入经费		
				404	预算外资金收入		
				407	其他收入		
	资产部类合计				负债部类合计		

年终决算后，所有的收入、支出账户都已结平，此时的资产负债表中收入、支出项目为零，只有资产、负债和净资产三个会计要素。因此，资产负债表年报基本格式如表 12－2 所示。

表 12－2 资产负债表（年报）

编报单位： 年 月 日 单位：元

编号	资产部类	年初数	期末数	编号	负债部类	年初数	期末数
	一、资产类				二、负债类		
101	现金			201	应缴预算款		
102	银行存款			202	应缴财政专户款		
103	有价证券			203	暂存款		
104	暂付款						
105	库存材料				三、净资产类		
106	固定资产			301	固定基金		
				303	结余		
					其中：基本结余		
					项目结余		
	资产部类合计				负债部类合计		

2. 资产负债表的编制方法

资产负债表的编制，应当根据账簿记录和其他有关资料填列。

（1）表首，应填写编报单位的名称、编制日期和货币单位。其中，如果是月报或季报，编制日期应为月末或季末；如果是年报，编制日期则为年末。

（2）“年初数”，是指行政单位年初有关的资产、负债和净资产各项目的数额。此栏目应根据上年决算后结转本年的各账户“期初数”填列。一般来说，年初数全年不变。

（3）“期末数”，是指行政单位月末或季末有关资产、负债、净资产、收入和支出各项目的数字，或年末有关资产、负债和净资产各项目的数字。“期末数”表示报告期末的财务状况，应根据月末、季末或年末有关账户的余额填列。

（4）年末编制资产负债表时，应分别编制结账前资产负债表与结账后资产负债表。其中，结账前资产负债表就是月末或季末的资产负债表；结账后资产负债表就是年末资产负债表。但是，如果存在预拨下年度经费的情况，则年末资产负债表仍可保留“拨入经费”或“拨出经费”的项目。

（5）上级行政单位在编制汇总资产负债表时，应将本级行政单位资产负债表中“拨出经费”的数字与所属单位资产负债表中“拨入经费”的数字进行冲销，其余数字则直接相加汇总。实行财政直接支付和授权支付的现代国库集中收付制度后，上级行政单位在编制汇总资产负债表时，本级的“拨出经费”不和所属单位的“拨入经费”项目相抵冲。

二、经费支出明细表的内容及编制

经费支出明细表是反映行政单位在一定时期内预算执行情况的报表，是考核行政单位经费实际支出情况的依据。经费支出明细表的项目，应按照政府收支分类科目中“支出经济分类科目”的“款”级科目列示。对于用财政拨款和预算外资金收入安排的支出，应按支出的用途分别列示。通过阅读经费支出明细表，可以了解行政单位预算支出执行情况，从而对财政部门或上级主管部门加强预算管理、控制预算拨款数起到重要作用。

经费支出明细表与资产负债表一样，要编制月报、季报和年报。表内各项目的数据应根据经费支出明细账中的数据填列。经费支出明细表的基本格式如表12－3所示。

表12－3

经费支出明细表

编表单位： 年 月 日 单位：元

项目	合计	基本工资	补助工资	其他工资	职工福利费	社会保障费	公务费	设备购置费	修缮费	业务费	其他费用	备注
列次	1	2	3	4	5	6	7	8	9	10	11	12
经费支出												
基本支出 其中： 财政拨款支出 预算外资金支出												
项目支出 其中： 财政拨款支出 预算外资金支出												

编表说明：

1. 财政拨款支出是行政单位用财政拨款安排的支出；预算外资金支出是指行政单位用预算外资金收入安排的支出。

2. 行政单位填列上述两项内容时应根据核定的预算和实际使用情况采用统计方法填列。

在表12－3的经费支出明细表中，财政拨款支出是指行政单位用财政拨款安排的支出，预算外资金支出是指行政单位用预算外资金收入安排的支出。由于行政单位的经费支出是综合使用包括所有收入来源的结果，并且在平时核算中经费支出是不区分财政拨款支出和预算外资金支出的，因此，对于财政拨款和预算外资金支出这两项内容的数字，可采用统计的方法填列。

三、收入支出总表的内容及编制

收入支出总表是反映行政单位年度收支总规模的报表。它由三部分内容组成，即收入、支出和结余。

收入支出报表为年度报表，它总括地反映行政单位全年的收入、支出和结余情况，还可以反映行政单位各项收入和支出的结构、行政单位当年取得的结余以及以前年度的结余。通过分析收入支出总表，有关方面可以及时肯定行政单位在预算执行过程中所取得的成绩。同时也可以及时发现在预算执行中存在的问题，以便采取相应措施，保证行政单位的各项收支按预算顺利完成。收入支出总表的基本格式如表12－4所示。

表12－4　　收入支出总表

编表单位：　　年　月　日　　单位：元

收入			支出			结余
项目	本月数	本年累计	项目	本月数	本年累计	
拨入经费			拨出经费			结转当年结余
其中：项目支出			经费支出			其中：
预算外资金收入			其中：基本支出			项目结余
其中：项目支出			项目支出			以前年度结余
其他收入			结转自筹基建			
收入合计			支出合计			累计结余

收入支出总表采用三栏式，第一栏反映行政单位的各项收入情况；第二栏反映行政单位各项支出情况；第三栏反映行政单位的结余情况。其中，“本月数”是指行政单位本月实际取得的收入数和实际发生的支出数。本月数应根

据有关收入和支出账户的本月发生额填列。有些行政单位也可把收入支出总表作为月报。“本年累计数”是指行政单位年初至报告期末止实际取得的收入合计数和实际发生的支出合计数。累计数应根据收入和支出账户的期末累计发生额填列。

上级行政单位在编制汇总收入支出总表时，应将本行政单位收入支出总表中“拨出经费”的数字与所属单位收入支出总表中相应“拨入经费”的数字进行冲销。但实行财政直接支付和授权支付的现代国库集中收付制度后，上级行政单位在编制汇总收入支出总表时，本级的“拨出经费”不和所属单位的“拨入经费”项目相抵冲。

四、有关补充指标表和报表说明书的内容及编制

补充指标表是指行政单位根据财政部门或主管会计单位的要求编报的补充性报表，如基本数字表、专项资金支出明细表等。报表说明书是对行政单位会计报表进行技术方面和分析方面的说明。行政单位的补充指标表和报表说明书应当按照财政部门和上级主管部门规定的内容和格式编制。

1. 基本数字表

基本数字表是反映行政单位定员定额执行情况的报表补充指标表。行政单位应按照制度规定编制基本数字的季度报表和年度报表。表中数据应根据行政单位人事部门和有关业务部门提供的统计数字填列。基本数字表格式如表12－5所示。

表12－5　　基本数字表

编报单位：　　　　年　月　日

预算科目			国家职工（人）		离退休人员（人）	机动车船数（辆、艘）		房屋建筑物（平方米）		取暖面积（平方米）	应缴财政预算收入（元）
款	项	名称	编制数	实有数		编制数	实有数	合计	其中：办公用房		

2. 专项资金支出明细表

专项资金支出明细表是反映行政单位一定时期内专项资金支出明细情况的报表。它一般可以包括专项会议支出明细表、专项设备购置支出明细表、专项修缮支出明细表和专项业务支出明细表等。

专项资金支出明细表应当根据财政部门或上级主管部门的要求编制。通过专项资金支出明细表，有关方面可以了解和掌握行政单位对专项经费是否做到了专款专用，以及有关项目的开支是否符合要求。

3. 报表说明书

报表说明书是行政单位会计报表的重要组成部分。行政单位在报送月报、季报和年报时，都应当组织专人编写报表说明书。报表说明书包括报表编制技术说明和报表分析说明两个方面的内容。这些内容有助于财政部门和上级主管部门更好地理解行政单位的会计报表。

（1）行政单位编写的报表编制技术说明。这方面的内容包括采用的主要会计处理方法，特殊事项的会计处理方法，会计处理方法的变更情况、变更原因以及对收支情况和结果的影响等。

（2）行政单位编写的报表分析说明。这方面的内容包括基本情况，影响预算执行、资金活动的原因，经费支出、资金活动的趋势，管理中存在的问题和改进措施，以及对主管会计单位工作的意见和建议等。

行政单位的会计报表，虽然反映了行政单位在一定时期预算执行的结果和财务收支的状况，但由于预算收支错综复杂，涉及报告期内全部业务活动，会计报表数字还不能具体地说明核算执行结果的好坏及其形成原因。为了进一步弄清预算在执行中超支或结余的具体情况和原因，以肯定成绩、找出差距、揭露矛盾、改进工作，就需要对会计报表的数字资料、各项指标内在因素的相互关系进行全面分析研究，总结预算管理工作中的经验教训，寻找进一步增收节支，提高资金使用效益的途径，为编制下年预算提供依据，以不断提高预算管理水平。

会计报表分析一般采用比较分析法和构成比率分析法。会计报表分析的具体内容有主要财务指标分析、经费支出分析和资产负债表分析。

① 主要财务指标分析。按照《行政单位财务规则》规定，行政单位财务分析指标主要有：支出增长率、人均开支、专项支出占总支出的比重、人员支出占总支出的比重、人车比例等。

第一，支出增长率，是用来衡量行政单位的支出增长水平的比率。其计算公式为：

$$支出增长率 = \left(\frac{本期支出总额}{上期支出总额} - 1\right) \times 100\%$$

第二，人均开支，是用来衡量行政单位人均年消耗经费水平的比率。其计算公式为：

$$人均开支 = \left(\frac{本期支出总额}{本期在职人员平均数}\right) \times 100\%$$

第三，专项支出占总支出的比重，是用来衡量行政单位的专项支出占总支出的比例结构。其计算公式为：

$$专项支出占总支出的比重 = \left(\frac{本期专项支出数}{本期支出总额}\right) \times 100\%$$

第四，人员支出占总支出的比重，是用来衡量行政单位人员方面的支出占总支出的比例结构。其计算公式为：

$$\begin{matrix}人员支出占\\总支出的比重\end{matrix} = \left(\frac{基本工资 + 补助工资 + 其他工资 + 职工福利费 + 社会保障费}{本期支出总额}\right) \times 100\%$$

第五，人车比例，是用来衡量行政单位小汽车占有情况的比率。其计算公式为：

$$人车比例 = \frac{期末在职人员数}{期末小汽车实有数}$$

② 经费支出分析。

由于行政单位的经费支出是综合使用拨入经费、预算外资金收入和其他收入在内的各项收入来源的结果。因此，应重点对经费支出明细表中预算执行情况进行分析。

利用经费支出明细表提供的资料，可以用构成比率法分析各项费用占总费用的比重，如人员经费占总经费的百分比，公用经费占总费用的百分比。因为这两大费用是行政单位的主要开支。通过分析，可发现问题，促使单位合理调整人员经费和公用经费的比例。

【例 1】某行政单位经费支出分析表如表 12－6 所示。

表 12－6　　经费支出情况分析表

2001 年 12 月 31 日　　单位：元

经费支出明细	全年预算数	全年实际支出数	超支节约金额	超支节约比率
经费合计	900 000	860 000	－40 000	－4.44
人员经费：	略	略	略	略
工资	290 000	285 000	－5 000	－1.72
职工福利费	27 000	25 000	－2 000	－7.4
社会保障费	7 000	7 200	＋200	＋2.86
……				
公用经费：	略	略	略	略
公务费	350 000	340 000	－10 000	－2.86
办公费	3 400	3 160	－240	－7.06
邮电费	6 700	6 560	－140	－2.09
会议费	48 600	40 040	－8 560	－17.61
差旅费	96 000	80 000	－16 000	－16.67
……				

从分析表可以看出，该行政单位经费合计全年实际支出数比预算数节约了 40 000 元，节约了 4.44%，总的预算计划执行得较好。其中，工资预算节约了 5 000 元，节约了 1.72%。这主要是该单位的工作人员未达到编制而使工资节约的结果；公务费开支全年实际比预算节约 10 000 元，节约了 2.86%。公务费中的办公费减少了 240 元，节约 7.06%。这主要是由于工作人员的节约费用意识增强了。会议费减少了 8 560 元，节约了 17.61%；各种差旅费减少了 16 000 元，节约 16.67%。这说明该单位在会议组织方面有所改进，安排得当，杜绝了铺张浪费的现象，差旅费控制有所加强。从以上分析来看，该行政单位本年费用支出控制得较严，取得了较好的成绩。

③ 资产负债表分析。

资产负债表主要是反映行政单位期末财务状况的报表。通过对资产负债表的分析，可以发现行政单位的资产分布是否合理，负债状况是否得当，净资产有多大，进而对总体财务状况进行综合评价，发现问题，提出改进措施，以便充分发挥现有资产的使用效益。在企业会计报表中，资产负债表反映的财务状况主要为债权人所关心。债权人需要通过资产负债表了解企业的偿债能力，而由于行政单位的负债较少，因此资产负债表分析不如经费支出明细表分析重要。

本章关键词

年终清理　年终结算　年终结账　资产负债表　经费支出明细表　收入支出总表

复习思考题

1. 行政单位会计报告的意义是什么？
2. 行政单位会计报告的要求有哪些？
3. 年终清理包括哪些内容？
4. 什么是年终结算？
5. 年终结账包括哪三个环节？
6. 行政单位会计报表如何进行分类？
7. 行政单位资产负债表的月报和年报有何不同？
8. 如何对行政单位的会计报表进行分析？

习　题

1. 资料：某行政单位2002年4月30日的有关资料如下：

（1）有关账户的年初余额如下：现金2 840元；银行存款1 000 000元；有价证券148 000元；暂付款3 320元；库存材料78 000元；固定资产13 600 000元；暂存款4 160元；固定基金13 600 000元；结余328 000元，其中基本结余174 000元，项目结余154 000元；拨入经费1 520 000元；拨出经费620 000元。

（2）有关账户的月末余额如下：现金5 360元；银行存款692 000元；有价证券74 000元；暂付款6 640元；库存材料120 000元；固定资产13 600 000元；暂存款8 000元；固定基金13 600 000元；结余328 000元，其中基本结余174 000元，项目结余154 000元；拨入经费1 882 000元；预算外资金收入120 000元；其他收入60 000元；经费支出680 000元；拨出经费720 000元；结转自筹基建100 000元。

要求：根据以上资料，编制资产负债表。

2. 资料：某行政单位2002年3月31日的有关资料如下：

（1）有关收入和支出账户的本月发生额和月末余额如下（单位：元）

账户名称	本月发生额	月末余额
拨入经费——基本支出	500 000	1 400 000
拨入经费——项目支出	20 000	85 000
预算外资金收入——基本支出	40 000	144 000
预算外资金收入——项目支出	7 000	15 000
其他收入	8 000	28 000
拨出经费	270 000	800 000
经费支出——基本支出	200 000	500 000
经费支出——项目支出	10 000	18 000
结转自筹基建	20 000	70 000

（2）以前年度结余 117 800 元。

要求：根据以上资料，编制收入支出总表。

第十三章　事业单位会计概述

我国事业单位会计由于其会计主体的特殊性，使其会计核算表现出既与企业会计不同，又与行政单位会计不同的特点。本章从事业单位会计的基本概念出发，介绍事业单位会计的组织系统和账户处理要求。

通过本章学习，应该掌握以下内容：

（1）事业单位会计的概念和特点。

（2）国有事业单位会计的组织系统。

（3）事业单位会计的账务处理总体要求。

第一节　事业单位会计的概念和特点

一、事业单位的特征

事业单位是指主要通过生产精神产品和提供各种劳务的形式直接或间接地为上层建筑、生产建设和人民生活服务的接受国家行政机关领导的单位。

事业单位按其具体的业务性质主要包括以下几类：工业、交通等部门的事业单位；农林、水利、气象等部门的事业单位；商业部门的事业单位；文化、科学、出版、教育等部门的事业单位；社会保障、卫生等部门的事业单位；科学研究事业单位和其他事业单位。

事业单位与政府、行政单位和企业相比，具有许多不同的特点：

（1）事业单位以生产精神产品和提供劳务为主，一般不生产物质产品。经济管理体制改革和事业单位业务活动多元化之后，有的单位虽然也在其基本专业业务之外生产某些物质产品，但主要是高科技产品，它通常是作为知识、信息和技术的载体来提供的。

（2）事业单位的主要业务（即其专业业务）不以营利为目的，而是以社会效益为目的。事业单位在其专业业务之外所开展的经营活动，虽然也实行有偿服务或盈利管理，但它必须以不影响其非营利性的专业业务活动为前提。

(3) 出资者不具有明确的经济权益，不要求投入资产的回报，也不准备收回投入资产。

(4) 事业单位没有国家赋予的管理社会公务活动的权力，不具有国家管理职能。

(5) 事业单位通常要接受国家行政机关的领导。大多数事业单位都是由国家出资建立起来的，定期或不定期地接受国家的无偿拨款，并通常为行政单位的下属机构。

二、事业单位会计的概念及其特点

事业单位会计是指核算和监督事业单位资金的增减变化及其结果的专业会计。加强事业单位会计核算有利于会计主体在保证事业单位活动的社会效益的前提下，不断提高资金的微观使用效益。

事业单位业务活动的特点和管理要求，决定了事业单位会计核算与财政总预算会计、行政单位会计和企业会计的核算有以下的不同点：

(1) 不同类型的业务活动采取不同的核算基础。根据《事业单位会计准则》的规定，事业单位会计核算一般采用收付实现制，但经营性收支业务核算可采用权责发生制。事业单位可以根据开展业务活动及其他活动的实际需要，实行内部成本核算办法，对经营性业务活动采用权责发生制原则。在开展非独立核算经营活动中，应当正确归集实际发生的各项费用；不能直接归集的，应当采用一定的方法进行合理分配，正确划分各会计期间的成本费用界限。经营支出应当与经营收入配比。

(2) 可按规定从结余中提取职工福利基金，并将剩余部分作为事业基金留存单位。根据《事业单位财务规则》的规定，国家对事业单位实行核定收支、定额或者定项补助、超支不补、结余留用的预算管理办法。事业单位的结余（不含实行预算外资金结余上缴办法的预算外资金结余），除专项资金按照国家规定结转下一年度继续使用外，可以按照国家有关规定提取职工福利基金，剩余部分作为事业基金用于弥补以后年度单位收支差额（国家另有规定的，从其规定）。

(3) 资金来源多元化。事业单位资金的来源主要有这几个方面：一是表现为财政拨款，二是表现为上级下拨的补助，三是来自于业务活动的收入，四是来自于附属单位的缴款以及其他资金的收入。

(4) 事业单位举办的经济实体可以利用其非财政补助收入对外投资，由此形成对外投资和投资收益的核算业务。

(5) 可根据不同的业务采用不同的事业单位会计制度。由于事业单位的种类广泛，不同单位的业务相差甚远，很难实行统一的会计科目，因此，财政部除了出台通用的事业单位会计制度和科目以外，还根据不同的行业出台不同的会计制度和科目。例如《中小学校会计制度》、《高等院校会计制度》、《医院会计制度》等。

本教材所涉及的事业单位，仅指纳入预算管理的国有事业单位，不包括非国有事业单位和实行企业化管理的事业单位。

第二节 事业单位会计的组织

一、国有事业单位会计的组织系统

与行政单位的会计组织系统一样，它也分为主管会计单位、二级会计单位和基层会计单位三级。其中：

(1) 主管会计单位。它是指向同级财政部门领报经费，并发生预算管理关系，下面有所属会计单位的单位。

(2) 二级会计单位。它是指向主管会计单位或上级单位领报经费，并发生预算管理关系，下面有所属会计单位的单位。

(3) 基层会计单位。它是指向上级单位领报经费，并发生预算管理关系，下面没有所属会计单位的单位。

在社会主义市场经济条件下，事业单位会计的主要目的是向单位的管理者、立法和监督机构、政府主管部门、投资者、社会赞助者和其他有关方面的会计报表使用者提供有用信息，并确保其不被误解。事业单位会计的主要职责是进行会计核算，实行会计监督，并参与经济管理。

二、事业单位会计科目的设置要求

设置会计科目，填制会计凭证，登记会计账簿是事业单位会计核算体系的重要组成内容。

1. 通用会计科目

会计科目是对会计核算对象按其经济内容或经济用途所作的科学分类。每个会计科目都要规定一定的名称、编号和核算内容，它是账户设置和经济业务核算的依据。科学设置和正确使用会计科目，是做好会计核算工作的重要条件。

按《事业单位会计制度》规定，事业单位会计科目按其反映的经济内容和用途的不同可分为资产类、负债类、净资产类、收入类、支出类五大类。

根据现行有关制度的规定，各级各类事业单位应该设置和使用的通用会计科目。如表 13－1 所示。

表 13－1　　事业单位通用会计科目表

序号	编号	科目名称	序号	编号	科目名称
（一）资产类			（二）负债类		
1	101	现金	14	201	借入款项
2	102	银行存款	15	202	应付票据
3		零余额账户用款额度	16	203	应付账款
4	105	应收票据	17	204	预收账款
5	106	应收账款	18	207	其他应付款
6	108	预付账款	19		应付工资(离退休费)
7	110	其他应收款	20		应付地方(部门)津贴补贴
8	115	材料	21		应付其他个人收入
9	116	产成品	22	208	应缴预算款
10	117	对外投资	23	209	应缴财政专户款
11	120	固定资产	24	210	应交税金
12	124	无形资产			
13	125	财政应返还额度			
（五）支出类			（三）净资产类		
38	501	拨出经费	25	301	事业基金
39	502	拨出专款	26	302	固定基金
40	503	专款支出	27	303	专用基金
41	504	事业支出	28	306	事业结余
42	505	经营支出	29	307	经营结余
43	509	成本费用	30	308	结余分配
44	512	销售税金	（四）收入类		
45	516	上缴上级支出	31	401	财政补助收入
46	517	对附属单位补助	32	403	上级补助收入
47	520	结转自筹基建	33	404	拨入专款
			34	405	事业收入
			35	409	经营收入
			36	412	附属单位缴款
			37	423	其他收入

2. 会计科目的设置要求

各级各类事业单位在设置和使用通用会计科目时，应当遵循以下要求：

（1）应当按规定统一设置。首先，应按规定设置总账科目，并按单位实际需要设置有关的明细科目。其次，实行成本核算的事业单位，可以根据实际情况自行增设或减少某些会计科目。

（2）不得擅自更改统一设置的会计科目名称和编号。不需要的会计科目可以不用，但不能随意更改。统一规定的会计科目编号，也不能打乱重编。

三、事业单位会计凭证的规定

会计凭证是记录经济业务、明确经济责任的书面证明。事业单位发生的任何一项经济业务，都必须及时取得或填制会计凭证，也只有根据合法的会计凭证，才能记账。

事业单位的原始凭证主要有以下9种：

（1）收款收据。单位收到各项收入，必须给对方开具收款收据（一式三联，一联为存根，一联为入账依据，一联给交款单位或交款人作为收据）。收据的字迹应该清楚，金额数字不得涂改，并加盖单位财会专用公章和经办人印章。

（2）借款凭证。本单位职工或部门借款时，应由借款人填写一式三联借款单，注明借款人姓名、用途、借款金额等，并由单位负责人或授权人审核签章。

（3）预算拨款凭证。按现行制度规定，上级单位对所属会计单位拨付经费时采用划拨资金方式的，应填写银行印制的“付款委托书”或“信汇委托书”，通知银行转账。

（4）各种税票。

（5）材料出、入库单。材料入库时，应填制“收料单”办理入库手续；材料出库时，应填制“出库单”办理出库手续。

（6）固定资产出、入库单等。

（7）银行结算凭证。事业单位日常业务涉及的银行结算凭证包括向银行送存现金、支票的进账凭证，办理收、入款项的现金支票、转账支票、信汇委托书、电汇委托书、委托收款凭证等。

（8）往来结算凭证。往来结算凭证包括事业单位与其他单位之间发生的暂存款、暂付款、应收款、应付款等往来结算凭证。

（9）其他足以证明会计事项发生经过的凭证和文件等。例如，购买物资材料的发票、差旅费报销单、工资单等支出报销凭证。

事业单位的记账凭证主要包括收款凭证、付款凭证和转账凭证三种。记账凭证的编制方法和要求与一般企业会计的记账凭证相同。

事业单位的会计凭证应按照《会计基础工作规范》的要求填写、传递、登账、装订和保管。在核算过程中，如发现错误，应按规定的更正方法给予更正。

四、事业单位会计账簿的设置

会计账簿是会计核算过程中，以会计凭证为依据，运用账户全面、系统、连续地记录核算事业单位资金运动和结果的簿籍。

事业单位会计可以根据需要设置总分类账、明细分类账和日记账。其中，日记账的设置与行政单位会计完全相同。有外币收支业务的事业单位，应分别按人民币、各种外币设置“现金日记账”和“银行存款日记账”进行明细核算。下面主要介绍分类账的设置：

1. 总分类账簿的设置

总分类账是按照会计科目设置的，用于记录资产、负债、净资产、收入、支出总括情况的账簿。它可以全面、系统、综合地反映事业单位资金运动的总括情况，是编制资产负债表的依据。总账通常采用三栏式账簿。三栏式账簿的格式与行政单位会计总账格式相同，采用借、贷、余三栏式，按照会计科目名称设置账户。具体格式与企业会计基本相同。

2. 明细分类账簿的设置

明细账是用以对总账有关科目进行明细核算的账簿，事业单位可根据实际需要来设置。各种明细账一般采用三栏式和多栏式，具体格式参见第八章。

事业单位通常应该设置下列明细账簿：

(1) 收入明细账。包括财政补助收入明细账、事业收入明细账、经营收入明细账、拨入专款明细账、附属单位缴款明细账和其他收入明细账等。

(2) 支出明细账。包括拨出经费明细账、拨出专款明细账、专款支出明细账、事业支出明细账、经营支出明细账和对所属单位补助明细账等。

(3) 往来款项明细账。包括应收账款明细账、其他应收款明细账、应付账款明细账和其他应付款明细账等。

事业单位的会计账簿也应按照《会计基础工作规范》的要求进行登账、结账和保管，如发现错误，应及时用专门方法进行更正。

本章关键词

事业单位会计　事业单位会计特点　事业单位会计科目　事业单位会计账簿

复习思考题

1. 什么是事业单位会计？
2. 事业单位会计的特点有哪些？
3. 事业单位通用会计科目分为哪几类？应当遵循哪些要求？
4. 事业单位会计与企业会计有何不同？

第十四章　事业单位资产的核算

资产是事业单位占有或使用的能以货币计量的经济资源，包括各种财产、绩权和其他权力。事业单位的资产分为流动资产、对外投资、固定资产和无形资产等。

通过本章学习，应该掌握以下内容：

（1）事业单位资产的内容。

（2）各项资产在核算方面的要求。

（3）各项资产的账务处理。

第一节　流动资产的核算

流动资产是指事业单位可以在一年内变现或者耗用的资产。它包括现金、银行存款及财政授权用款额度、应收及预付款项、存货等。

一、货币资金的核算

（一）现金的核算

现金是指事业单位的库存现金，包括库存的人民币和库存外币。根据国家现金管理制度和结算制度的规定，事业单位应在银行开立账户，以办理有关存款、取款和转账结算。事业单位的各种款项，必须按照国务院颁发的《现金管理暂行条例》的规定办理，在规定的范围内使用现金。

1. 现金管理的有关规定

现金是流动性最强的一种货币资产，它可以立即作为交换媒介，投入流通。事业单位应当按照国家的有关规定，加强对现金的管理。

（1）遵守库存现金限额规定。库存现金限额是指为保证各单位日常零星支出的需要，按规定允许留存的现金的最高数额。它是由开户银行根据开户单位的实际需要和距离银行远近等情况核定的。事业单位应当遵守规定，对于超过限额的现金，应当及时送存银行。

（2）遵守现金的使用范围。根据有关规定，事业单位可以在下列范围使用现金：职工工资、津贴；个人劳务报酬；根据国家规定颁发给个人的科学技术、文化艺术、体育等各种奖金；各种劳保、福利费用以及国家规定的对个人的其他支出；向个人收购农副产品和其他物资的价款；出差人员必须随身携带的差旅费；结算起点以下的零星支出；中国人民银行确定的需要支付现金的其他支出。事业单位应当严格遵守上述规定，不属于现金使用范围的开支必须通过银行转账结算。

（3）严格现金收付手续。事业单位办理任何现金收支，都必须以合法的原始凭证为凭据。出纳人员付出现金时，应当在原始单据上加盖“现金付讫”戳记；收取现金时，应当开给对方收款收据。

（4）建立健全现金内部控制制度。为了保证现金的安全，事业单位应当加强对现金的控制。例如不得坐支现金；会计与出纳分开；严格执行现金盘点制度等。

2. 现金的账务处理

为了核算现金业务，应设置“现金”总账科目。该科目借方登记库存现金的增加，贷方登记库存现金的减少；余额在借方，表示库存现金余额。

事业单位现金收入的主要途径是：从银行提取现金；收取转账起点以下的小额现金；职工交回的预借差旅费剩余款等。收入现金时，应根据审核无误的原始凭证借记“现金”科目，贷记有关科目。

事业单位现金支出的主要途径是：支付零星开支等。支出现金时，应根据审核无误的原始凭证，借记有关科目，贷记“现金”科目。

【例1】某事业单位出纳签发现金支票，到银行提取现金2 000元。应作如下会计分录：

借：现金	2 000	
贷：银行存款		2 000

【例2】经批准，A事业单位张立因公出差，预借差旅费5 000元，用现金支出。应作如下会计分录：

借：其他应收款——张立	5 000	
贷：现金		5 000

【例3】张立出差回校，报销差旅费4 500元，并交回多余款500元。应作

如下会计分录：

借：事业支出　　4 500
　　现金　　500
　贷：其他应收款——张立　　5 000

（二）银行存款的核算

银行存款是指事业单位存入银行或其他金融机构的货币资金，包括人民币存款和外币存款。

1. 银行存款的管理要求

按照国家《支付结算办法》和《人民币银行结算账户管理办法》等法规的要求，事业单位应在银行开立有关结算账户，遵守各项规定，以办理存款、取款和转账等结算。

（1）加强开户管理。事业单位在实行国库集中收付制度后，对银行存款开户的要求更加严格。原则上应由单位财务部门统一开立银行账户，其他非独立核算、不具有法人资格的职能部门不得开立账户；事业单位内部各部门取得的收入，都要纳入单位财务部门的统一监管之下，严禁“小金库”行为；防止和杜绝开立账户过多、过滥的现象。

（2）银行转账结算方式和结算纪律。事业单位根据有关法规的规定和业务需要，可以采用银行汇票、银行本票、支票、汇兑、委托收款、异地托收承付等结算方式。

事业单位除了按规定留存的库存现金以外，所有货币资金都必须存入银行。会计主体单位与其他单位之间的一切收付款项，除制度规定可用现金支付部分外，都必须通过银行办理转账结算，即由银行按照事先规定的结算方式，将款项从付款单位的账户划出，转入收款单位的账户。事业单位不仅要在银行开立账户，而且账户内必须有可供支付的存款。

事业单位通过银行账户办理资金收付时，必须遵守国家有关法律、法规和各项规定，遵守结算纪律。不准出租、出借账户；不准签发空头支票和远期支票；不准套取银行信用。

2. 主要业务的账务处理

为了核算银行存款业务，事业单位应设置“银行存款”总账科目。该科目借方登记收入的存款数额，贷方登记支出的存款数额；余额在借方，表示事业单位银行存款的结余数额。

事业单位还应该按开户银行的名称、存款种类、货币种类分别设置“银行存款日记账”，由出纳员根据审核无误的原始凭证或记账凭证，逐日逐笔顺序登记。

在传统国库支付制度下，银行存款的核算业务如下：

【例4】A事业单位收到财政机关拨入的当年事业预算经费600 000元。应作如下会计分录：

借：银行存款 600 000

　贷：财政补助收入 600 000

【例5】A事业单位收到事业活动业务收入20 000元，存入银行。应作如下会计分录：

借：银行存款 20 000

　贷：事业收入 20 000

【例6】A事业单位开出转账支票一张，拨付所属二级单位事业经费300 000元。应作如下会计分录：

借：拨出经费 300 000

　贷：银行存款 300 000

【例7】A事业单位开出转账支票支付外购材料的货款（含增值税）80 000元，该批材料已验收入库。应作如下会计分录：

借：材料 80 000

　贷：银行存款 80 000

3. 银行存款日记账的核对

为了防止银行存款账目发生差错，准确掌握银行存款实际结余情况，事业单位应定期进行银行存款日记账的对账工作。

对账时，应做以下工作：一是银行存款日记账与银行存款收、付款凭证互相核对，做到账证相符。如果有差错，应立即进行更正。二是银行存款日记账与银行存款总账互相核对，做到账账相符。如果发现差错，应立即进行更正。三是银行存款日记账与银行对账单互相核对，以便准确地掌握事业单位可动用的银行存款实有额。事业单位应按期与银行对账，至少每月核对一次。核对时，如果发现双方余额不一致，要及时查找原因，属于记账差错的，应立即更正。

银行存款日记账余额与银行对账单余额不一致，除记账错误外，还可能是由于未达账项引起的。未达账项是指事业单位与银行之间，由于凭证传递上的时间差，一方已收款入账，而另一方尚未入账的款项。未达账项有下列四种情况：

第一，银行已经收款入账，而事业单位尚未入账的款项。例如：银行将已收妥的委托收款主动存入本单位的账户，但本单位还不知道款项已收到；银行支付给事业单位的存款利息等。

第二，银行已经付款入账，而事业单位尚未入账的款项。例如：银行代事业单位支付的公用事业费用和向事业单位收取的借款利息等。

第三，事业单位已收款入账，而银行未入账的款项。例如：事业单位将收到的其他单位签发的转账支票送存银行，单位立即根据进账单作了账务处理，而银行尚未作账务处理。

第四，事业单位已付款入账，而银行尚未入账的款项。例如：事业单位签发的转账支票而对方尚未到银行办理转账手续的款项等。

在与银行对账中，发现未达账项时，应编制“银行存款余额调节表”进行调节。调节后，双方余额仍不相等时，表明记账有差错，需要进一步查找原因，并予以更正；但是调节后，双方余额相等，一般说明双方记账没有错误。

在这里需要特别指出的是：银行存款余额调节表主要是用来核对事业单位与银行双方的记账是否错误，不能作为记账的依据，应待有关结算凭证到达后方可进行账务处理并登记入账。

【例 8】A 事业单位月终银行存款日记账的账面余额为 264 000 元，银行对账单余额为 258 000 元。经逐笔核对，发现以下未达账项：

(1) 单位委托银行代收某外单位款项 29 200 元，月终银行已收款入账，而单位因尚未收到银行的收账通知，故尚未入账。

(2) 银行已代单位支付水电费，合计为 6 500 元，而单位因未收到付款通知，故尚未入账。

(3) 单位于月末收到某外单位转账支票一张 37 000 元，用于支付本单位向其提供的服务费用，本单位已将该支票存入银行，并已入账，而银行尚未入账。

(4) 单位于月末开出转账支票一张 8 300 元，用于购买办公用品，本单位已根据支票存根和有关原始凭证登记入账，而银行尚未入账。

根据以上资料，该事业单位编制银行存款余额调节表如表 14－1 所示。

表 14－1 **银行存款余额调节表** 单位：元

单位银行存款日记账余额	264 000	银行对账单余额	258 000
加：单位未记银行已收的款项 减：单位未记银行已付的款项	29 200 6 500	加：银行未记单位已收的款项 减：银行未记单位已付的款项	37 000 8 300
调节后存款余额	286 700	调节后存款余额	286 700

（三）国库集中收付制度下的货币资金核算

实行国库集中收付制度的事业单位，对于不纳入工资支出、工程采购支出、物品、服务采购支出管理的购买支出和零星支出，应采用财政授权支付方式。具体来说，包括单件物品或单项服务购买额不足 10 万元人民币的购买支出；年度财政投资不足 50 万元人民币的工程采购支出。此外，特别紧急的支出和经财政部门批准的其他支出也包括在内。

在财政授权支付方式下，事业单位按照批复的部门预算和资金使用计划，申请授权支付的月度用款限额；财政授权支付的月度用款限额申请由上级事业单位汇总，报财政部门国库支付执行机构。具体来说，就是财政部门不再将货币资金拨付到事业单位，而是将用款额度划拨到事业单位的零余额账户，并要求事业单位设置"零余额账户用款额度"科目，支付指令由事业单位下达，并于收到代理银行盖章的"授权支付到账通知书"时，按到账通知书标明的额度确认收入。

"零余额账户用款额度"是资产类科目。收到"授权支付到账通知书"后，根据通知书所列数额，借记"零余额账户用款额度"科目，贷记"拨入经费"科目或"财政补助收入"科目。事业单位购买物品、服务等支用额度时，借记"事业支出"、"材料"等科目，贷记"零余额账户用款额度"科目；属于购入固定资产的，同时，应借记"固定资产"科目，贷记"固定基金"科目。事业单位从零余额账户提取现金时，借记"现金"科目，贷记"零余额账户用款额度"科目。

【例 9】 1 月 2 日，某事业单位 1 月份的授权支付额度 40 万元到账，与核定用款计划相符，并收到代理银行转来的"授权支付到账通知书"。应作如下会计分录：

借：零余额账户用款额度　　400 000

　贷：财政补助收入　　400 000

【例 10】接上例，该事业单位于 1 月 15 日从零余额账户中提取了 4 万元现金，用于购买办公用品。1 月 18 日，实际收到该批办公用品并取得发票。应作如下会计分录：

1 月 15 日：

借：现金　　40 000

　贷：零余额账户用款额度　　40 000

1 月 18 日：

借：材料　　40 000

　贷：现金　　40 000

二、应收及预付款项的核算

应收及预付款项是指事业单位因销售货品或提供劳务等而形成的应收或预付的款项，包括应收票据、应收账款、预付账款和其他应收款等。

（一）应收票据的核算

1. 应收票据的概念

应收票据是指事业单位因从事经营活动销售商品而收到的商业汇票。包括商业承兑汇票和银行承兑汇票。商业汇票是指由作为出票人的公司或企业签发，由承兑人（付款人或付款人的委托银行）承兑，并于到期日向收款人（或被背书人）支付款项的票据。

商业汇票按其票面是否注明利息，可分为带息票据和不带息票据。前者是指到期时根据票据面值和利息率收取本息的票据。后者是指票据到期时根据票据面值收取款项的票据。

应收票据在到期前可以向银行申请贴现。贴现是指票据持有人将未到期的票据在背书后送交银行，银行受理后从票据到期金额中扣除按银行贴现率计算确定的贴现利息，然后将贴现余额付给持票人，作为银行对事业单位的短期贷款的行为。所谓背书，是指持票人在票据背面签字。签字人即为背书人。背书人对票据的到期付款负连带责任。

2. 应收票据的核算

为了核算应收票据业务，事业单位应设置“应收票据”总账科目。该科目借方登记收到的应收票据，贷方登记票据到期时收回的票面金额。将未到期的应收票据向银行贴现时，按实际收到的金额借记“银行存款”科目，按应收票据的票面金额与贴现时实际收到的金额之间的差额借记“经营支出”科目，按应收票据的票面金额贷记“应收票据”科目。余额在借方，表示期末持有应收票据的未到期数额。

事业单位还应设置“应收票据备查簿”，逐笔登记每一笔应收票据的种类、号数、出票日期、交易合同号、付款人、承兑人、背书人、到期日期、利率、贴现日期、贴现率、贴现净额、收款日期、收回金额等资料。应收票据到期结清票款后，应在备查簿内逐笔注销。

事业单位的应收票据核算与企业会计的应收票据核算基本相同。

【例 11】A 事业单位开展经营活动，向某企业销售产品一批，货款共计 80 000元，增值税 13 600 元，收到 3 个月期的不带息商业汇票一张，面值 93 600元。应作如下会计分录：

(1) 销售时：

借：应收票据——某企业 93 600

　贷：经营收入 80 000

　　应交税金——应交增值税（销项税额） 13 600

(2) 到期收回票款时：

借：银行存款 93 600

　贷：应收票据 93 600

【例 12】A 事业单位向 B 单位提供劳务，4 月 15 日收到商业承兑汇票一张，票面额为 58 500 元，年利率为 10%，期限 180 天。应作如下会计分录：

(1) 收到票据时：

借：应收票据——B 单位 58 500

　贷：经营收入 58 500

(2) 票据到期日为 10 月 12 日：

借：银行存款 61 425

　贷：应收票据——B 单位 58 500

　　其他收入 2 925*

*58 500 ×10%/360 ×180 = 2 925（元）

*58 500 +2 925 =61 425（元）

利息计算公式如下：

$$应收票据利息额 = 应收票据票面金额 \times \frac{票据年利息率}{360} \times 票据到期天数$$

其中：票据到期天数是指从出票日至到期日止实际经历的天数。通常出票日和到期日，只能算其中的一天，即“算尾不算头”（或“算头不算尾”）。

（二）应收账款的核算

1. 应收账款的概念

应收账款是指事业单位因提供劳务、开展有偿服务及销售产品等业务应收取的款项，如学校应向学生收取的学杂费、医院应向病人收取的医药费等。应收账款是事业单位在其主要业务活动中形成的应收款项，非主要业务活动中形成的应收款项，例如应收取的保证金、利息等，不属于应收账款核算的范围。

2. 应收账款的账务处理

为了核算应收账款的业务，事业单位应设置“应收账款”总账科目。该科目借方登记发生的应收项款，贷方登记收回款项；将应收账款转作商业汇票结算方式时，应按其账面金额借记“应收票据”科目，贷记“应收账款”科目；余额在借方，表示尚未收回的应收赊销款。事业单位还应按不同的购货单位（或接受劳务的单位）、个人名称设置明细账，进行明细核算。

应收账款应在商品已经交付（或劳务已经提供），合同已经履行，销售手续已经完备时，确认其入账金额并入账。在一般情况下，事业单位销售商品（或提供劳务）时，应按买卖双方在成交时的实际发生额（即确定的总金额）入账。但是，由于折扣等原因，往往使应收账款的发生额与其收回额不一致。因此，在确定应收账款的入账金额时，还应考虑折扣因素。折扣主要包括商业折扣和现金折扣两种。折扣的核算方法与企业会计相同。

【例 13】A 事业单位对 C 单位提供劳务，应向其收取款项 32 000 元。应作如下会计分录：

借：应收账款——C 单位	32 000	
贷：事业收入		32 000

【例 14】接上例，A 事业单位收到 C 单位支付的劳务款项 32 000 元。应作如下会计分录：

借：银行存款	32 000	
贷：应收账款——单位		32 000

（三）预付账款的核算

1. 预付账款的概念

预付账款是指事业单位按照购货、劳务合同规定预先支付给供应单位的款项。预付账款和应收账款都是事业单位的流动资产，两者主要区别是：预付账款是由购货引起的，而应收账款是由销货引起的；预付账款是事业单位主动付出的款项，而应收账款是事业单位等待客户付款。

2. 预付账款的账务处理

为了核算预付货款的业务，事业单位可以设置“预付账款”总账科目。该科目借方登记向供应单位预付货款和补付货款；贷方登记收到所购物品或接受劳务时所转销的金额；余额借方，表示向供应单位已预付但尚未结算的款项。该科目出现贷方余额时，则表示预付款小于收到的货物价值（或接受的劳务价值）即应付账款。

预付账款业务不多的事业单位，可以不设置“预付账款”科目，而将预付的款项记入“应付账款”科目的借方；收到物品或接受劳务时，再将结算额记入“应付账款”科目的贷方予以转销。

【例15】A事业单位向某公司订购材料一批，按照合同的规定，该批材料的款项共计40 000元，A单位先预付货款的30%，待收到材料验收合格后，再补付其余的70%。预付30%货款时，应作如下会计分录：

借：预付账款——某公司	12 000	
贷：银行存款		12 000

【例16】接上例，A单位收到材料并验收合格入库，同时用银行存款补付货款28 000元。应作如下会计分录：

借：材料	40 000	
贷：预付账款——某公司		12 000
银行存款		28 000

【例17】2月10日，B单位向惠福设备厂订购甲材料，按合同约定预付10 000元定金，用转账支票支付，B单位不设预付账款科目。20日，收到惠福设备厂的甲材料和发票账单，含增值税货款为58 500元。22日，开出转账支票，补付货款48 500元。应作如下会计分录：

（1）预付货款时：

借：应付账款	10 000	
贷：银行存款		10 000

（2）收到甲材料时：

借：材料	58 500	
贷：应付账款		58 500

（3）补付货款时：

借：应付账款　　　　　　　　　　　　　　　　48 500

　贷：银行存款　　　　　　　　　　　　　　　　48 500

通过“应付账款”科目核算预付货款业务时，会使应付账款的某些明细科目出现借方余额。在期末编制资产负债表时，“应付账款”所属明细科目的所有借方余额，应列入资产负债表的资产方，即列入“预付账款”项目。

（四）其他应收款的核算

其他应收款是指事业单位除应收票据、应收账款、预收账款以外的应收、暂付款项。包括职工预借的差旅费、预付给内部单位（或个人）的备用金、应收保险公司（或其他单位和个人）的各种赔款、应收的各种罚款、存出保证金、应向职工收取的各种垫支款项、将自筹资金划入政府采购资金专户等。其他应收款一般与事业单位的主要业务活动没有直接的关系，而且其数额也不大。

为了核算其他应收款业务，事业单位应设置“其他应收款”总账科目。该科目借方登记发生的各种其他应收款项；贷方登记收回金额和结转的款项；余额在借方，表示尚未结算的其他应收款项。该科目应按其他应收款的项目和债务人名称设置明细账，进行明细分类核算。

【例 18】 A 单位开始实行定额备用金制度。2 月 8 日，财会部门根据核定的业务周转金 2 000 元，用现金支付给总务处。3 月 15 日，总务处持发票账单到财务部门报销 1 600 元，同时财会部门用现金补足其定额。应作如下会计分录：

（1）支付备用金时：

借：其他应收款——总务处　　　　　　　　2 000

　贷：现金　　　　　　　　　　　　　　　　2 000

（2）三月份报销时：

借：事业支出　　　　　　　　　　　　　　1 600

　贷：现金　　　　　　　　　　　　　　　　1 600

【例 19】 A 单位有一批材料物资因火灾而被毁损，保险公司已确认赔偿 6 000元。几天后，收到保险公司的全部赔款。应作如下会计分录：

（1）保险公司确认赔款时：

借：其他应收款——保险公司　　　　　　　6 000

　贷：材料　　　　　　　　　　　　　　　　6 000

（2）收到保险公司的赔款时：

借：银行存款　　　　　　　　　　　　　　　　　　6 000
　贷：其他应收款——保险公司　　　　　　　　　　　　6 000

三、存货

存货是指事业单位在业务及其他活动过程中为耗用或者为销售而储存的各种资产。事业单位的存货主是材料和产成品。

(一) 材料的管理核算

1. 材料的概念

材料是指事业单位库存的物资材料以及未达到固定资产标准的工具、器具、低值易耗品等。事业单位随买随用的零星办公用品，在购入时直接作为支出处理，不列入材料的管理。

2. 材料的计价

(1) 购入材料的计价。

按照《事业单位会计准则（试行)》规定，事业单位购入的材料，应以购价、运杂费作为材料的入账价格。单位购入的自用材料，按实际支付的含税价格计算。

根据《中华人民共和国增值税暂行条例》规定：凡在中国境内销售货物（销售不动产和无形资产除外）或者提供加工、修理、修配劳务以及进口货物的均为增值税的征税范围。增值税是价外税，其计税价格为不含税价格。事业单位购进的材料属于应纳增值税范围的应税货物，其购价本身不含缴纳的增值税部分。购进材料所负担的增值税是否计入材料的价格中，首先取决于材料的用途：是单位自用，还是对外投资或加工成产品后出售。对于非自用的材料，则又区分为一般纳税人和小规模纳税人两种情况：

第一，事业单位购入的自用材料，按实际支付的含税价格计算。

第二，事业单位购入的非自用材料，因单位属于不同类型的增值税纳税人而不同。事业单位按规定属于小规模纳税人的，其购进材料应按实际支付的含税价格计算。事业单位按规定属于一般纳税人的，其购进的材料非自用部分按不含税价格计算。

(2) 发出材料的计价。

事业单位发出的材料，可根据实际情况选择先进先出法或者加权平均法确定其实际成本。先进先出法，是指假设先购进的材料先发出，并根据这种假设对发出的材料和期末库存材料进行计价的方法。加权平均法，是指用各批购进材料的数量与期初的数量分别进行加权，以计算加权平均单价成本，再据以对发出材料和期末库存材料进行计价的方法。加权平均法的计算公式如下：

$$全月加权平均单价=\frac{月初结存存货成本+本月入库存货成本}{月初结存存货数量+本月入库存货数量}$$

本月发出存货成本＝本月发出存货数量×全月加权平均单位成本

月末结存存货成本＝（月初结存存货成本＋本月入库存货成本）－本月发出存货成本

（3）材料的账务处理。

为了核算材料业务，事业单位应设置“材料”总账科目。该科目的借方登记验收入库材料的成本；贷方登记发出（领用，对外销售，委托外单位加工）、盘亏、毁损等各种原因而减少的材料成本；余额在借方，表示结存材料的成本。该科目应按照材料的保管地点、材料的种类和规格设置明细账，并根据收料凭证和发料凭证逐笔登记，进行明细分类核算。

为了反映和监督在途材料的增减变化及结存情况，事业单位可以增设“材料采购”科目，核算与企业会计相同。

【例20】A事业单位购入自用材料50箱，每箱价格100元，支付增值税850元，运杂费200元，以银行存款支付。应作如下会计分录：

借：材料　　6 050

　贷：银行存款　　6 050

【例21】A事业单位所用甲材料采用政府采购方式，将自筹资金50 000元划到政府采购资金专户。应作如下会计分录：

借：其他应收款——政府采购款　　50 000

　贷：银行存款　　50 000

【例22】接例21，材料运到验收入库，价款及承担的增值税200 000元，根据财政部门开具的拨款通知等相关票据入账。应作如下会计分录：

借：材料——甲材料　　200 000

　贷：其他应收款——政府采购款　　50 000

　　财政补助收入　　150 000

【例23】接例21，发现购入材料不符合单位使用要求，经研究协商，决定退回该批材料。应作如下会计分录：

借：其他应收款——政府采购款　　50 000

财政补助收入　　150 000
贷：材料——甲材料　　200 000

【例 24】C 事业单位收到某单位捐赠的材料一批，增值税专用发票上注明的材料成本为 20 000 元，增值税税额为 3 400 元，已收到的捐赠材料用于经营活动。应作如下会计分录：

借：材料　　20 000
应交税金——应交增值税（进项税额）　　3 400
贷：其他收入　　23 400

按照税法规定，①捐赠方应将无偿赠送他人的货物视同销售，计算和登记增值税的销项税额；②接受捐赠的单位，如果是一般纳税人并用于经营活动，对收到的捐赠货物成本不计入增值税。如果是一般纳税人但用于非经营活动、小规模纳税人或不从事经营活动的事业单位，则都应该将增值税额计入材料成本。

【例 25】C 单位 2 月份“发料凭证汇总表”列明：总务处为开展有关业务活动领用 30 000 元，科技开发中心为开展有偿服务活动领用 20 000 元（不实行内部成本核算），实行内部核算的附属印刷厂领用 10 000 元。应作如下会计分录：

借：事业支出　　30 000
经营支出　　20 000
成本费用　　10 000
贷：材料　　60 000

【例 26】C 单位月末盘点，盘盈事业用乙材料 10 件，单价为 100 元；盘亏经营用丙材料 20 件，单价为 80 元 。应作如下会计分录：

借：材料——乙材料　　1 000
贷：事业支出　　1 000
借：经营支出　　1 600
贷：材料——丙材料　　1 600

事业单位的材料，每年至少盘点一次，发生盘盈、盘亏等情况，属于正常的溢出或损耗，按照实际增加或减少材料处理。其中，属于经营用材料的应同时冲减或增加“经营支出”，属于事业用材料的应冲减或增加“事业支出”。

（二）产成品的管理与核算

产成品是指实行内部成本核算的事业单位已加工完毕并已验收入库合乎标准规格和技术条件，可以作为商品对外销售的产品，它包括事业单位自备材料加工制造的产品、接受外来原材料加工制造的代制品和为外单位加工修理的代修品等。从事劳务活动的事业单位，其劳务成果可视同产品核算。

为了核算产成品业务，事业单位应设置“产成品”总账科目。该科目借方登记验收入库的产成品实际成本；贷方登记发出、盘亏等原因减少库存的产成品实际成本；余额在借方，表示库存产成品的实际成本。该科目应按产成品的种类、品种、规格设置产成品明细账，进行明细分类核算。

事业单位对产成品一般采用实际成本计价核算法。平时，对产成品的收入和发出只记数量，不记金额。月末，通过成本计算，计算和登记完工入库产成品的实际成本。对发出的产成品，可以采用先进先出法、加权平均法等确定并登记其实际成本。

【例 27】C 单位（一般纳税人）印刷厂本月印刷完毕并验收入库甲专著和乙教材。月末，根据“产成品入库单”和产品成本计算单，编制“产成品入库汇总表”如表 14－2 所示。

表 14－2 产成品入库汇总表

产品名称	单　位	数　量	单位成本	总成本
专著 A	本	4 000	10	40 000
教材 B	本	10 000	8	80 000
合　计				120 000

根据上述“产成品入库汇总表”，应作如下会计分录：

借：产成品　　120 000

　贷：成本费用　　120 000

【例 28】C 单位乙部门进行培训领用教材 B 100 本，单位成本 8 元。同时，销售给市新华书店专著 A 500 本，每本售价为 20 元，增值税为 1 700 元，单位成本 10 元，款项收到并存入银行。应作如下会计分录：

借：事业支出　　800

经营支出　　5 000

　贷：产成品　　5 800

借：银行存款　　11 700

　贷：经营收入　　10 000

　　应交税金——应交增值税（销项税额）　　1 700

【例 29】C 单位 3 月从事事业活动，共销售丙产品 350 件，按照加权平均法计算的该 350 件产品的实际成本为 4 900 元。应作如下会计分录：

借：事业支出　　4 900

　贷：产成品——丙产品　　4 900

事业单位凡是购买政府采购目录上规定的物品，需按照规定采用财政直接支付方式进行核算。

【例 30】乙事业单位与 B 供货商签订合同，合同规定该供货商 5 天后提供一批办公用品，合同金额为 110 万元。5 天后，收到办公用品和购货发票，验货后于当日向财政部门提出直接支付申请书。应作如下会计分录：

借：材料　　1 100 000

　贷：应付账款　　1 100 000

【例 31】接例 30，3 天后，收到代理银行转来的“财政直接支付入账通知书”，支付金额为 110 万元。应作如下会计分录：

借：应付账款　　1 100 000

　贷：财政补助收入　　1 100 000

第二节　对外投资的核算

对外投资是指事业单位利用货币资金、实物、无形资产等方式向其他单位的投资。它是事业单位利用正常专业业务活动及辅助活动、经营活动中的闲置资金，用于购买其他企业（或单位）的债券，或直接对其他企业（或单位）出资，以获得经济利益的行为。

一、事业单位对外投资的管理与分类

事业单位主要从事非营利性活动，以社会效益为最高准则。其资金来源主要是财政拨款，对外投资并不构成其经济活动的主要内容。因此，在《事业单位财务规则》中没有对事业单位的对外投资按投资期限划分为短期投资和长期投资。尽管如此，仍应对投资业务进行严格的管理。

（1）对外投资要按照规定的程序报批。事业单位对外投资，应当按照国家有关规定报经主管部门、国有资产管理部门和财政部门批准或者备案。

（2）事业单位以实物、无形资产对外投资的，应按照国务院发布的《国有资产评估管理办法》及国家国有资产管理局颁发的《国有资产评估管理办法实施细则》的有关规定进行资产评估。事业单位利用国有资产对外投资的，资产的国家所有性质不变。

（3）事业单位对外投资所利用的货币资金、实物和无形资产等，总体原则是以投出资产不影响本单位完成正常的事业计划为前提。特别是将非经营性资产转作经营性投资活动的，更须注意不能包括财政补助收入、上级补助收入和维持事业正常发展、保证事业计划完成的各项资产。

（4）事业单位对外投资的对象，包括其他事业单位、企业及兴办的独立核算的生产经营单位等；不包括事业单位依法兴办的附属非独立核算的生产经营单位，也不包括事业单位对外出租、出借有关资产的行为。

事业单位对外投资包括债券投资和经营投资。债券投资，是指事业单位以购入各种债券（包括国库券、国家重点建设债券、金融债券和公司债券等）的形式所进行的对外投资。经营投资，是指事业单位与其他单位共同出资组成合资或者联营实体的对外投资。

二、对外投资的核算

为了核算对外投资业务，事业单位应设置“对外投资”总账科目。该科目借方登记事业单位本期对外投资的增加额，如用货币资金投资时实际支付的价款，用实物和无形资产投资时评估确定或合同、协议确定的价值；贷方登记事业单位本期对外投资的减少额，如售出债券或到期收回债券的实际成本，收回经营投资的实际成本；其余额在借方，表示对外投资的期末结存额。该科目还应按对外投资的种类设置明细账，进行明细分类核算。

（一）债券投资的账务处理

事业单位的债券投资一般采用货币资金投资方式。债券投资成本包括购买债券时发生的买价、经纪人佣金和手续费用等。如果支付的价款中含有自发售日至购买日期间已实现的利息，可以计入债券投资成本内而不予单独核算。

为了简化核算，购入债券时发生的溢价或折价，可以不单独核算和分期摊销；债券投资的应计利息也可以不按月计提。但是，如果应计利息金额较大且期限超过一年，可以按年计提并于年末预计应计利息。

购入债券时，应按实际支付的款项，借记“对外投资——××债券”科目，贷记“银行存款”科目；同时借记“事业基金——一般基金”科目，贷记“事业基金——投资基金”科目。

债券投资持有期内收到的利息，借记“银行存款”科目，贷记“其他收入”科目。

转让债券或到期兑付债券本息时，按实收金额借记“银行存款”科目，按实际成本（账面金额）贷记“对外投资——××债券”科目，按实收金额大于账面金额的差额借记（或贷记）“其他收入”科目；同时，按账面金额借记“事业基金——投资基金”科目，贷记“事业基金——一般基金”科目。

【例32】2000年3月1日，C单位开出转账支票101 500元，购入白云公司发行的债券，债券面额为100 000元，还本期为3年，年利率为9%，每年年末付息一次。2001年4月1日，将持有白云公司的债券全部转让给其他单位，扣除转让手续费等有关费用后实际取得的价款为102 500元，款项存入银行。应作如下会计分录：

（1）购入债券时：

借：对外投资——白云公司债券	101 500	
贷：银行存款		101 500

同时：

借：事业基金——一般基金	101 500	
贷：事业基金——投资基金		101 500

（2）2000年12月31日收到利息时：

借：银行存款	7 500	
贷：其他收入		7 500*

*100 000×（9%/12）×10 = 7 500（元）

（3）2001年4月1日转让时：

借：银行存款	102 500	

贷：对外投资——白云公司债券　　101 500
　　其他收入　　1 000

【例 33】C 单位以前年度购买的国库券到期，收到本金 100 000 元，利息收入 15 000 元。应作如下会计分录：

借：银行存款　　115 000
　贷：对外投资——债券投资　　100 000
　　　其他收入　　15 000

同时：

借：事业基金——投资基金　　100 000
　贷：事业基金——一般基金　　100 000

（二）经营投资的账务处理

事业单位的经营投资（即其他投资）一般采用“成本法”核算，即期末对投资的账面价值按投资时的原始成本反映。投资期内收到分派来的红利和收回投资时实际收回的款项与账面投资成本之间的差额，都应作为其他收入处理。

对外投资时，应区分不同的投资方式进行账务处理：

（1）以货币资金对外投资时，借记“对外投资”科目，贷记“银行存款”科目；同时，借记“事业基金——一般基金”科目，贷记“事业基金——投资基金”科目。

（2）以固定资产对外投资时，应按评估价（或合同、协议确认的价值）借记“对外投资”科目，贷记“事业基金——投资基金”科目；同时，按账面原价，借记“固定基金”科目，贷记“固定资产”科目。

（3）以材料对外投资时，又应区分下列两种情况：

第一，属于一般纳税人的事业单位投出已作进项税额处理的材料，应按合同协议确定的价值（或评估确认的价值）借记“对外投资”科目，按材料账面金额（不含增值税）贷记“材料”科目，按应交增值税的销项税额贷记“应交税金——应交增值税（销项税额）”科目，按合同协议确定的价值（或评估确认的价值）扣除材料账面价值与应交增值税的销项税额之差，借记（或贷记）“事业基金——投资基金”科目；同时，按材料的账面价值借记“事业基金——一般基金”科目，贷记“事业基金——投资基金”科目。

第二，属于小规模纳税人的事业单位对外投出材料（已含增值税），应按合同协议确定的价值（或评估确认的价值）借记“对外投资”科目，按材料账面价值（含税）贷记“材料”科目，按合同协议确定的价值（或评估确认的价值）与材料账面价值之差借记（或贷记）“事业基金——投资基金”科目；同时，按材料账面价值借记“事业基金——一般基金”科目，贷记“事业基金——投资基金”科目。

（4）以无形资产对外投资时，按合同协议确定的价值（或评估确定的价值）借记“对外投资”科目，按账面原价贷记“无形资产”科目，按其差额借记（或贷记）“事业基金——投资基金”科目；同时，按无形资产账面价值借记“事业基金——一般基金”科目，贷记“事业基金——投资基金”科目。

【例34】C单位（一般纳税人）向越秀联营公司投入1台旧设备，账面原价20 000元（未提折旧），经投资各方协议确定的价值为19 000元；投入一批经营用材料，账面成本10 000元，原已入账的增值税额1 700元，协商确定的价值15 000元；并以场地使用权对越秀联营公司进行投资，该土地使用权的账面价值为80 000元，协议确定的价值90 000元，已办理了有关法律手续。应作如下会计分录：

借：对外投资——经营投资（越秀公司）	124 000*
贷：材料	10 000
应交税金——应交增值税（销项税额）	1 700
无形资产	80 000
事业基金——投资基金	32 300*

＊19 000＋15 000＋90 000＝124 000（元）

＊19 000＋33 00＋10 000＝32 300（元）

借：固定基金	20 000
贷：固定资产	20 000
借：事业基金——一般基金	91 700
贷：事业基金——投资基金	91 700*

＊10 000＋80 000＋1 700＝91 700（元）

【例35】C单位收到越秀联营公司分派来的红利50 000元，存入银行。应作如下会计分录：

借：银行存款	50 000
贷：其他收入	50 000

【例36】B单位（小规模纳税人）以乙材料一批对外投资，该批材料按协议确定的价值为50 000元，含增值税的账面价值为42 000元。应作如下会计

分录：

借：对外投资——经营投资	50 000
贷：材料——乙材料	42 000
事业基金——投资基金	8 000

同时：

借：事业基金——一般基金	42 000
贷：事业基金——投资基金	42 000

【例 37】B 单位以一项专利权对外投资，该项专利权经双方确定的价值为 120 000 元，账面价值为 110 000 元。应作如下会计分录：

借：对外投资——经营投资	120 000
贷：无形资产	110 000
事业基金——投资基金	10 000

同时：

借：事业基金——一般基金	110 000
贷：事业基金——投资基金	110 000

第三节 固定资产的核算

固定资产是指使用期限在一年以上，单位价值在规定的标准（一般设备单位价值 500 元，专用设备单位价值 800 元）以上，并在使用过程中基本保持原来物质形态的资产。单位价值虽然不足规定标准，但耐用时间在一年以上的大批同类资产，也应作为固定资产核算。

一、固定资产的分类

为了加强固定资产管理，正确地进行固定资产核算，必须对固定资产进行合理的分类。固定资产按其性质的不同，可分为以下 6 大类：

（1）房屋和建筑物。它是指事业单位拥有占有权、控制权的房屋、建筑物及其附属设施。其中房屋包括办公用房、业务用房、库房、职工宿舍用房、职工食堂、锅炉房等；建筑物包括道路、围墙、水塔等；附属设施包括房屋和建筑物内的电梯、通信线路、输电线路、水气管道等。

（2）专用设备。它是指事业单位根据业务工作的实际需要购置的各种具有专门性能和专门用途的设备，如科研单位的科研仪器、学校的教学仪器、医院的医疗器械等。

（3）一般设备。它是指事业单位用于业务工作的通用性设备，如办公用的家具、交通工具等。

（4）文物和陈列品，它是指博物馆、展览馆、纪念馆等文化事业单位的各种文物和陈列品，如古物、字画、纪念物品等。

（5）图书。它是指专业图书馆、文化馆贮藏的书籍，以及事业单位贮藏的统一管理使用的业务用书，如单位图书馆（室）和阅览室的图书等。

（6）其他固定资产。它是指除上述五类以外的其他各项固定资产。

《事业单位财务规则》规定，事业单位的主管部门可以根据本系统具体情况制定各类固定资产明细目录，作为核算的依据。

二、固定资产的管理

1. 固定资产的计价

事业单位的固定资产应当按照取得时的实际成本计价。实际成本的具体内容应视固定资产取得时的来源渠道不同，而造成其价值构成不同而定。

固定资产的价值构成是指固定资产价值所包括的范围，即固定资产的入账金额。由于固定资产的来源渠道不同，其价值构成的具体内容也有所差异。详细内容参见“行政单位固定资产的计价”。

2. 固定资产的清理与处置

为了保护固定资产的安全和完整，事业单位应定期对固定资产进行清理盘点，年终应全面清理盘点一次。固定资产清理盘点后，如发生盘盈、盘亏的情况，应及时查明原因，作出相应的处理。对于盘盈的固定资产，应当增加固定资产的价值；对于盘亏的固定资产，应当减少固定资产的价值。

事业单位国有资产的处置包括出售、出让、转让、对外捐赠、报废、报损以及货币性资产损失核销等。事业单位占有、使用的房屋建筑物、土地和车辆的处置，货币性资产损失的核销，以及单位价值或者批量价值在规定限额以上的资产的处置，须经主管部门审核后报同级财政部门审批；限额规定以下的资产处置报主管部门审批，主管部门将审批结果报同级财政部门备案。事业单位国有资产处置收入属于国家所有，应当按照政府非税收入管理的规定，实行“收支两条线”管理。

三、固定资产的账务处理

为了核算固定资产业务，事业单位应设置“固定资产”总账科目。该科目借方登记增加的固定资产原价；贷方登记减少的固定资产原价；余额在借方，表示现有固定资产的原价。

(一) 固定资产增加的账务处理

固定资产增加的账务处理，因其取得途径不同而异。事业单位固定资产增加的主要途径有：购入、接受捐赠、租入、自制和盘盈等。

1. 购入固定资产

事业单位购置固定资产时，应按资金来源分别借记“专用基金——修购基金”、“事业支出”、“专款支出”等科目，贷记“银行存款”科目。同时，在固定资产交付使用时借记“固定资产”科目，贷记“固定基金”科目。

【例38】A单位用财政补助收入购入一台不需要安装的仪器，含增值税货款为15 000元，用转账支票支付。仪器已交付使用。应作如下会计分录：

借：事业支出　　15 000
　贷：银行存款　　15 000
同时：
借：固定资产　　15 000
　贷：固定基金　　15 000

【例39】A单位用修购基金购入一台设备，含增值税货款10 000元，安装调试费500元，均用转账支票支付。设备已交付使用。应作如下会计分录：

借：专用基金——修购基金　　10 500
　贷：银行存款　　10 500
同时：
借：固定资产　　10 500
　贷：固定基金　　10 500

【例40】B事业单位用上级拨入的专项资金购置一台设备，金额50 000元。经验收后列报支出。应作如下会计分录：

借：专项支出　　50 000
　贷：银行存款　　50 000

同时：

借：固定资产　　50 000

　贷：固定基金　　50 000

2. 融资租入固定资产

融资租入的固定资产时，借记“固定资产”科目，贷记“其他应付款”科目。支付租金时，借记“专用基金——修购基金”、“事业支出”、“专款支出”等科目，贷记“固定基金”科目；同时，借记“其他应付款”科目，贷记“银行存款”科目。

【例41】A单位以融资方式租入设备一台，按租赁协议规定，该设备的价款600 000元，运输费2 000元，途中保险费用1 000元，安装调试费7 000元。租赁公司安装调试完毕并交付使用。应作如下会计分录：

借：固定资产——融资租入固定资产　　610 000

　贷：其他应付款——租入固定资产租金　　610 000

【例42】A单位开出转账支票一张，金额61 000元，支付本年融资租入固定资产的租金。资金来源是财政事业经费拨款。应作如下会计分录：

借：事业支出——设备购置费　　61 000

　贷：固定基金　　61 000

同时：

借：其他应付款　　61 000

　贷：银行存款　　61 000

3. 接受捐赠固定资产

事业单位收到捐赠的固定资产时，应根据捐赠者提供的有关单据（或按同类固定资产的市场价格）确定入账价值，借“固定资产”科目，贷记“固定基金”科目。接受捐赠时发生的有关费用，应计入固定资产成本。

【例43】A单位接受社会捐赠的全新设备一台，根据捐赠者提供的发票等单据确定其价值为30 000元。同时，开出转账支票支付相关运输费和包装费用1 000元，从财政事业经费拨款中列支。应作如下会计分录：

借：固定资产　　31 000

　贷：固定基金　　31 000

同时：

借：事业支出　　1 000

贷：银行存款　　1 000

4. 自制固定资产

事业单位自行建造固定资产一般采用出包工程方式，实际发生料工费支出时，应借记有关支出科目（如“事业支出”或“专款支出”等），贷记“银行存款”科目。工程完工并交付使用时，按工程总成本借记“固定资产”科目，贷记“固定基金”科目。

【例44】A单位将一幢专项拨款的办公楼工程出包给乙公司承建，按合同规定先向乙公司预付工程价款300 000元。工程完工后，收到乙公司的有关工程结算单据，补付工程款90 000元。工程完工经验收后交付使用。应作如下会计分录：

（1）预付工程价款时：

借：专款支出　　300 000

　贷：银行存款　　300 000

（2）工程完工，补付工程款时：

借：专款支出　　90 000

　贷：银行存款　　90 000

（3）交付使用时：

借：固定资产　　390 000

　贷：固定基金　　390 000

5. 政府采购方式购入

事业单位购置纳入政府采购范围的设备时，一般采用财政直接支付方式，如需要配套资金，则将预算外资金和单位自筹资金划入政府采购资金专户进行核算。

【例45】甲事业单位将自筹资金50 000元划入政府采购资金专户，用于采购某批设备。应作如下会计分录：

借：暂付款——政府采购款　　50 000

　贷：银行存款　　50 000

【例46】甲单位按规定的政府采购程序与A供货商签订购货合同，购买一批设备，合同金额为55万元，其中，财政资金是50万元，自筹资金是5万元。合同约定，所购设备由A供货商于5天内交付，设备款在交付验货后由甲单位向财政申请直接支付。5天后，甲单位收到所购设备和购货发票，验货后，于当日向财政国库支付执行机构提交了“财政直接支付申请书”，并作如下会计分录：

借：固定资产 550 000
　贷：应付账款 550 000

【例 47】甲单位收到代理银行转来的用于支付 A 供货商货款的“财政直接支付入账通知书”，支付金额为 55 万元。应作如下会计分录：

借：事业支出 550 000
　贷：财政补助收入 500 000
　　暂付款 50 000

同时：

借：应付账款 550 000
　贷：固定基金 550 000

（二）固定资产减少的账务处理

事业单位固定资产的减少主要包括固定资产的出售、报废、毁损，向其他单位投资转出和盘亏等。

1. 出售固定资产

事业单位出售固定资产时，应按实际收到的价款借记“银行存款”科目，贷记“专用基金——修购基金”科目。同时，应按账面原价借记“固定基金”科目，贷记“固定资产”科目。

【例 48】A 单位将一台不需用的电脑出售给其他单位，该电脑的账面原值为 12 000 元，双方议定售价为 6 000 元，已通过银行收到价款。应作如下会计分录：

借：银行存款 6 000
　贷：专用基金——修购基金 6 000

同时：

借：固定基金 12 000
　贷：固定资产 12 000

2. 固定资产的报废、毁损和盘亏

事业单位报废、毁损固定资产时，应按账面原值借记“固定基金”科目，贷记“固定资产”科目。在清理报废、毁损固定资产时发生的残值变价收入和发生的清理费用应在“专用基金——修购基金”科目中核算。

【例 49】A 单位的一台设备因磨损不能继续使用，决定予以报废。在清理过程中，通过银行支付清理费用 500 元，同时发生残料变价收入 1 000 元，并已存入银行。该设备账面原价为 15 000 元。应作如下会计分录：

(1) 批准报废时，注销报废固定资产账面原价：

借：固定基金 15 000

　贷：固定资产 15 000

(2) 支付清理费用时：

借：专用基金——修购基金 500

　贷：银行存款 500

(3) 收回残料变价收入时：

借：银行存款 1 000

　贷：专用基金——修购基金 1 000

3. 向其他单位投资转出固定资产

事业单位投资转出固定资产时，应按评估价（或合同、协议确认的价值）借记“对外投资”科目，贷记“事业基金——投资基金”科目；同时，按固定资产账面原价借记“固定基金”科目，贷记“固定资产”科目。其账务处理的方法可参见第二节“对外投资的核算”。

第四节　无形资产的核算

一、无形资产的内容及特点

无形资产是指不具有实物形态而能为事业单位提供某种权利的资产，包括专利权、非专利技术、商标权、版权（著作权）、土地使用权、商誉等。

无形资产具有以下特点：

(1) 没有实物形态。它们可以在较长时期内为单位所使用，与固定资产类似；但是，它们没有实物形态，又与固定资产不同。

(2) 收益的不确定性。它们可以使单位获得高于一般单位的经济收益率，但所提供的经济收益具有很大的不确定性。如果本单位登记的专利权，不能给单位带来较大的经济价值，则不应作为无形资产入账。

(3) 可以在多个会计期间连续为单位提供经济效益和社会效益。无形资产特别是专利权、非专利权等运用在单位的生产和业务活动中，能够提高单位的业务水平和经济能力，给单位带来较高的经济效益和社会效益。

（4）有偿取得。无形资产必须是有偿取得的。否则，不能确认为无形资产，如无偿取得的土地使用权，不能作为无形资产入账；经营中形成的非专利技术，如果没有专门的确定支出，也不能作为无形资产入账。

二、无形资产的计价和摊销

1. 无形资产的入账价值

无形资产按取得的成本入账。但是，取得无形资产的方式不同，入账成本的具体内容也有所不同。

（1）外购的无形资产。外购的无形资产，应以实际支付的买价、手续费及其他资本性支出作为入账价值。

（2）自创并经法律程序申请取得的无形资产。自创并经法律程序申请取得的无形资产，从理论上讲应按开发过程中发生的实际成本包括试验费用、模型制造费用、研制费、制图费、设计费、工资、申请登记费用以及其他费用等全部支出计价入账。但是，在会计实务中，一般按依法取得时发生的注册费、聘请律师费等费用，作为无形资产的实际成本。在研究与开发过程中发生的材料费用、直接参与开发人员的工资及福利费、开发过程中发生的租金、借款费用等，均直接计入当期支出（或当期损益）。

（3）接受捐赠取得的无形资产。接受捐赠取得的无形资产，应按捐赠者提供的有关单据的金额加上应支付的相关税费计价入账；如果无法取得单据，应当按照评估确认的价值（或参照同类无形资产的市价即重置成本），加上应支付的相关税费计价入账。

此外，非专利技术和商誉的计价，应当经法定评估机构确认。除单位合并外，商誉不得作价入账。

2. 无形资产的摊销

无形资产计价入账后，应进行合理的摊销。不实行内部成本核算的事业单位，其购入和自创的无形资产摊销时应一次记入事业支出；实行内部成本核算的事业单位，其无形资产应在受益期间内分期平均摊销，并记入经营支出。无形资产的摊销年限规定基本和企业会计相同。

三、无形资产的账务处理

为了核算无形资产业务，事业单位应该设置“无形资产”总账科目。该科目借方登记按各种方式取得的无形资产成本；贷方登记无形资产摊销额和转出的成本；余额在借方，表示尚未摊销的无形资产价值。该科目还应按无形资产的项目设置明细账，进行明细分类核算。

无形资产的核算业务主要有取得、摊销、出售和投资四类。

1. 无形资产的取得

事业单位无形资产的取得方式主要有购入、自创和接受捐赠等。

【例50】A单位从技术市场购入甲项专利权，支付价款20 000元，开出转账支票支付。应作如下会计分录：

借：无形资产——甲项专利权　　20 000

　贷：银行存款　　20 000

【例51】A单位申请乙项专利成功，开出转账支票支付专利登记费20 000元，律师费10 000元。应作如下会计分录：

借：无形资产——乙项专利权　　30 000

　贷：银行存款　　30 000

【例52】A单位接受捐赠的一项专利权，评估确认的价值50 000元。应作如下会计分录：

借：无形资产——丙项专利权　　50 000

　贷：其他收入　　50 000

2. 无形资产的摊销

对不实行内部成本核算的事业单位，其购入和自创的无形资产摊销时，应分别一次记入事业支出和经营支出；对实行内部成本核算的事业单位，其经营用无形资产应在摊销期内分期摊销，并计入经营支出。

【例53】B单位实行内部成本核算，经营用丁项专利的账面价值为120 000元，应按合同规定的受益期5年摊销，本月摊销额2 000元。应作如下会计分录：

借：经营支出　　2 000

　贷：无形资产——丁项专利　　2 000

【例54】C单位不实行内部成本核算，无形资产月末摊销为3 500元。应作如下会计分录：

借：事业支出　　3 500

贷：无形资产 3 500

3. 无形资产的转让

事业单位所拥有的无形资产，可以依法转让。转让无形资产的方式有两种，即转让所有权和转让使用权。

转让无形资产所有权后，出让方对该项无形资产不再拥有占有、使用、收益、处置等方面的权利。事业单位既要将无形资产的账面价值全部注销，还应将取得的转让收入计入事业收入（国家另有规定者除外）。

转让无形资产使用权时，出让方仍保留对无形资产的所有权，只是将无形资产的部分使用权让渡给了受让方，受让方只能根据合同的规定加以使用。因此，出让方只需将转让收入计入事业收入（国家另有规定者除外），将与转让有关的费用计入事业支出。

【例55】A单位将其拥有的甲项专利权的所有权转让给B单位，协商转让价25 000元，账面价值20 000元（尚未使用和摊销）。款项已收到并存入银行。应作如下会计分录：

借：银行存款 25 000

　贷：事业收入 25 000

同时：

借：事业支出——其他费用 20 000

　贷：无形资产——甲项专利 20 000

【例56】A单位将乙项专利的使用权转让给C单位，合同规定专利使用费为每年5 000元。年末已收到本年的使用费并存入银行。应作如下会计分录：

借：银行存款 5 000

　贷：事业收入 5 000

4. 对外投资转出无形资产

有关的账务处理参见第二节“对外投资的核算”。

本章关键词

现金管理　银行结算账户　应收票据　应收账款　材料计价　固定资产价值　对外投资　无形资产

复习思考题

1. 事业单位现金管理规定的主要内容有哪些？
2. 银行结算方式有哪些？
3. 事业单位应当如何在银行开立银行存款账户？
4. 应收及预付款包括哪些内容？
5. 如何计算票据贴现利息和贴现净额？
6. 应收账款的入账金额如何确定？
7. 预付账款如何核算？
8. 其他应收款包括哪些内容？
9. 收发存货如何计价？如何进行核算？
10. 什么是对外投资？
11. 如何进行债券投资的核算？
12. 如何进行经营投资的核算？
13. 什么是固定资产？它具有哪些特点？
14. 什么是无形资产？它具有哪些特点？

习 题

1. B事业单位用闲置资金购入国库券50 000元。

2. B事业单位用暂时不用的设备对外投资，账面原值80 000元，双方协议价50 000元。

3. 乙科研单位用其所开发的无形资产进行对外投资，该无形资产账面价值30 000元，双方协议价80 000元。

4. B事业单位接收本单位基建部门交来用主管部门基建拨款完工的房屋1栋，价值为1 000 000元。

5. B事业单位用事业经费购置设备1台，价值50 000元，货款以银行存款支付。

6. B事业单位用专用基金购置设备1台，价款80 000元，货款以银行存款支付。

7. B事业单位通过融资租入固定资产1台，价值100 000元。

8. B事业单位用经营费用购置设备1台，价值150 000元，货款以银行存款支付。

9. B事业单位接受w公司捐赠汽车1辆，该汽车重置价200 000元。

10. B事业单位用设备对外投资，该设备账面原值150 000元，双方协议价180 000元。

11. B事业单位有偿转让不需用的设备1台，账面原值为200 000元，出售获收入120 000元，款已收到并存入银行。

12. B事业单位报废已不能继续使用的设备1台，原账面价值70 000元。报废时获残值收入 1 000 元存入银行，同时用现金支付清理费 200 元。

13. 乙科研单位自创无形资产 1 项，开发成本 100 000 元，注册和支付其他费用 20 000元。

14. B 事业单位购入无形资产 1 项，支付银行存款 10 000 元。

15. B 事业单位销售无形资产 1 项，账面价值 30 000 元，出售价 50 000 元，获得价款存入银行。

16. B 事业单位转让无形资产使用权 1 项，获价款 15 000 元存入银行。

17. B 事业单位以无形资产对外投资，账面价值 40 000 元，双方协议价 70 000 元。

18. C 事业单位属于小规模纳税人，购入 A 材料一批，增值税专用发票上注明，价款 10 000 元，支付增值税 1 700 元，材料已验收入库，款项以银行存款支付。

19. B 事业单位属于一般纳税人，本月向甲公司购进 B 材料一批，增值税专用发票上注明，价款 20 000 元，增值税 3 400 元，材料已验收入库，货款已由银行支付。

20. B 事业单位材料发出采用加权平均法，期初“材料”结存量为 5 000 千克，金额 25 000 元。本期购入材料 45 000 千克，金额 270 000 元。本月发出材料 30 000 千克。计算本月发出材料的成本，并编制发出材料的会计分录。

第十五章　事业单位负债的核算

负债是指事业单位所承担的，能以货币计量的，需要以资产或劳务偿付的债务，包括借入款项、应付及预收款项、各种应缴款项和应付工资、应付津贴补贴等。

通过本章学习，应该掌握以下内容：

（1）事业单位负债的内容。

（2）各项负债在核算方面的要求。

（3）各项负债的账务处理。

第一节　借入款项的核算

借入款项是指事业单位向财政部门、上级单位、金融机构借入的有偿使用的各种款项。它主要包括向财政部门借入的事业周转金、向银行和非银行金融机构借入的款项、向其他有关单位借入的款项等。

一、借入款项的管理要求

1. 偿还能力

事业单位在申请借款时，应落实偿还借款的资金来源，不能盲目借款。

2. 有经济效益

由于借入的款项必须偿还，并通常需要支付利息，因此，事业单位在申请借款时，必须考虑借入款项的经济效益，一般应做到收大于支。

3. 必须符合政策

事业单位借入的款项，必须按照国家的有关政策使用，不能盗用其他名义，用于违背国家政策的事项。

4. 必须遵守信用

事业单位借入的款项，必须按照合同的规定及时偿还本息，不得拖欠违约。

二、借入款项的账务处理

为了核算借入款项，事业单位应设置“借入款项”总账科目。该科目贷方登记借入的款项（本金）；借方登记偿还的款项（本金）；余额在贷方，表示事业单位尚未偿还的借入款本金。该科目还应按债权单位设置明细账，进行明细分类核算。

【例1】 A单位从甲银行借入6个月的借款100 000元，年利率为12%，用于对外有偿服务活动。银行借款利息按季结算，季末一次支付当季利息。应作如下会计分录：

（1）借入款项时：

借：银行存款 100 000

　贷：借入款项——甲银行 100 000

（2）支付首期（第一季度）利息时：

借：经营支出 3 000

　贷：银行存款 3 000*

*100 000×12%÷360×90=3 000（元）

（3）归还借入款的本金和第二期利息时：

借：借入款项 100 000

　　经营支出 3 000

　贷：银行存款 103 000

【例2】 A单位在开展事业活动的过程中发生临时性资金周转困难，经研究决定，向上级单位借款50 000元，借款期限为6个月，月利率为0.5%，到期归还本息。应作如下会计分录：

（1）借入时：

借：银行存款 50 000

　贷：借入款项——上级单位 50 000

（2）到期归还本息时：

借：借入款项——上级单位 50 000

　　事业支出 1 500*

　贷：银行存款 51 500

*50 000×0.5%×6=1 500（元）

第二节 应付及预收账款的核算

事业单位在专业业务活动及其辅助活动、经营活动中，必然要同其他单位或个人、同本单位职工等发生经济关系，出现一些应付未付款项、暂存款项和预收款项等。这些款项是事业单位在结算过程中形成的负债。应付及预收款项包括应付票据、应付账款、预收账款和其他应付款等。

一、应付票据的账务处理

应付票据是指事业单位采用商业汇票结算方式，由出票人签发，由承兑人承诺在一定时期内支付一定款项给收款人（或被背书人）的票据。在我国，应付票据是指商业汇票，包括商业承兑汇票和银行承兑汇票。根据有关规定，事业单位签发的商业承兑汇票的承兑期限最长不超过9个月。

为了核算应付票据业务，事业单位应设置“应付票据”总账科目。该科目贷方登记本单位（或本单位申请承兑的银行）承兑的商业汇票的面额；借方登记本单位偿付的票据面额；余额在贷方，表示尚未偿付的票据面额。

为了加强对应付票据的管理，事业单位还应设置“应付票据备查簿”，并指定专人负责详细登记每一应付票据的种类、号数、签发日期、票面金额、合同交易号、收款人姓名或单位名称、付款日期和金额等详细资料。应付票据到期结算时，应在备查簿内逐笔注销。

【例3】C单位（一般纳税人）采用商业承兑汇票结算方式购入一批经营用材料，按合同规定开出一张带息商业汇票，票面金额10 000元，其中材料价款8 547.01元，增值税额1 452.99元，期限为6个月，年利息率为9.6%。材料已经验收入库。6个月后，通过银行按期支付票据款。应作如下会计分录：

（1）签发商业承兑汇票并收到材料时：

借：材料　　8 547.01

　　应交税金——应交增值税（进项税额）　　1 452.99

　贷：应付票据　　10 000

（2）到期支付票据面值和利息时：

借：应付票据　　10 000

经营支出 480*

贷：银行存款 10 480

*10 000×9.6%÷360×180=480（元）

二、应付账款的账务处理

应付账款是指事业单位因购买材料、商品或接受劳务供应等业务而应付给供应单位的款项。应付账款和应付票据都是由于赊购行为而产生的负债，但是应付账款是尚未结清的债务（即采用未清账信用赊购方式的赊购款），而应付票据是以承诺付款的票据为依据的延期付款的证明（也就是采用商业汇票赊购方式的赊购款）。应付账款通常在购入货品的产权转移时或收到发票时，按发票金额入账。

为了核算应付账款业务，事业单位应设置“应付账款”总账科目。该科目贷方登记本单位购买材料物资、接受劳务的应付未付款项；借方登记本单位偿还的应付账款、以商业汇票抵付的应付账款；余额在贷方，表示尚未支付的应付账款。该科目还应该按照供应单位设置明细账，进行明细分类核算。

在事业单位，“应付账款”科目主要适用于实行内部成本核算的单位。

【例4】 A单位向某公司购入甲材料1 000千克，材料已经验收入库。到月末，发票账单尚未到达，货款未付。根据甲材料的计划成本暂估入账，甲材料计划成本为每千克15元。应作如下会计分录：

借：材料——甲材料 15 000

贷：应付账款——暂估价 15 000

【例5】 A单位签发、承兑商业承兑汇票一张，票面金额25 000元，期限为4个月，抵付前欠某公司的应付账款。应作如下会计分录：

借：应付账款 25 000

贷：应付票据 25 000

三、预收账款的账务处理

预收账款是指事业单位按照合同规定，向购货单位或接受劳务单位预收的款项。它是以买卖双方协议或合同为依据的，由购货方预先支付一部分货款给供应方而发生的一项负债，这项负债要在以后用商品、劳务等偿还。如果事业单位到期无法履行合同，不能向购货单位或接受劳务的单位交付货品或提供劳务，预收的款项需如数退还。

为了核算预收账款业务，事业单位应设置“预收账款”总账科目。该科目贷方登记本单位预收的和补收的货款；借方登记本单位向预付款单位销售商品或提供劳务的收入金额、退回的余款；余额在贷方，表示尚未付出商品或尚未提供劳务的预收货款。该科目还应按照购货单位设置明细账，进行明细分类核算。

如果事业单位的预收货款业务不多，也可以不设置“预收账款”科目，而是将预收的货款直接记入“应收账款”科目。

【例6】C单位（一般纳税人）在开展事业活动中，向甲单位预收款项50 000元，并存入银行。1个月后，将甲单位所订购的产品全部交给甲单位，货款100 000元，增值税17 000元，冲回原预收货款50 000元，不足部分由甲单位用支票补付。应作如下会计分录：

（1）预收货款时：

借：银行存款	50 000	
贷：预收账款——甲单位		50 000

（2）交付产品时：

借：预收账款——甲单位	117 000	
贷：经营收入		100 000
应交税金——应交增值税（销项税额）		17 000

（3）甲单位补付货款时：

借：银行存款	67 000	
贷：预收账款——甲单位		67 000

四、其他应付款的核算

其他应付款是指事业单位除了应付票据、应付账款和预收账款等以外的应付、暂收其他单位或个人的款项。包括应付融资租入固定资产的租金，存入保证金，应付统筹退休金、个人缴存的住房公积金等。

为了核算其他应付款业务，事业单位应设置“其他应付款”总账科目。该科目贷方登记本单位发生的各种其他应付款项的应付、暂收额；借方登记本单位各种其他应付款项的付还或转销额；余额在贷方，表示应付未付的其他应付款项结存额。该科目还应按应付、暂收款项的类别和单位或个人设置明细账，进行明细分类核算。

【例7】B单位实行退休金统筹办法，并采用“差额拨补法”进行核算。4月份工资总额200 000元，其中：从事专业业务活动及辅助活动的职工工资总额180 000元，从事经营活动的职工工资总额20 000元。地方政府规定，退休金按工资总额的23%提取，本月应提取退休金46 000元。4月9日，用现金发放退休职工退休金40 000元。月终，根据统筹金管理部门审核同意，按“退休工资结算表”所列差额6 000元，开出转账支票补交给统筹资金管理部门。应作如下会计分录：

（1）发放退休金时：

借：其他应付款——统筹退休金	40 000	
贷：现金		40 000

（2）提取退休金时：

借：事业支出	41 400	
经营支出	4 600	
贷：其他应付款——统筹退休金		46 000

（3）补交统筹金时：

借：其他应付款——统筹退休金	6 000	
贷：银行存款		6 000

如果发放给本单位退休职工的退休金大于按规定提取的退休金，则应当在收到统筹资金管理部门拨付的差额时，借记“银行存款”科目，贷记“其他应付款”科目。

如果本地区实行“全额上缴法”管理和核算，则应根据本期提取的统筹退休金，借记“事业支出”、“经营支出”科目，贷记“其他应付款”科目。全额上缴时，借记“其他应付款”科目，贷记“银行存款”科目。这时，本单位的退休人员应按月到社会保障机构领取退休金。

第三节 应缴款项的核算

应缴款项是指事业单位按照有关规定应当缴纳的各种款项。包括应缴预算的资金、应缴财政专户的预算外资金和应交税金等。这些应缴的收入和税金，国家都有专门的规定，事业单位应该严格按照国家的规定执行，及时并足额上缴，不得无故拖欠、截留和坐支。

一、应缴预算款的核算

应缴预算款是指事业单位按规定应缴入国家财政预算的收入。主要包括：代收的应缴入预算管理的基金、代收的行政性收费收入、罚没收入、赃款和赃物的变价收入、无主财物的变价收入和其他按预算管理规定应上缴预算的款项。应缴预算款属于国家财政性资金，事业单位不能视为自有资金，应及时足额上缴财政，也不得转作预算外资金，更不得截留、坐支、隐匿不报或挪作他用。

根据收支两条线管理的规定，具有执收执罚职能的事业单位，根据国家法律、法规和规章收取的行政事业性收费（含政府性基金）和罚没收入，实行收入与支出两条线管理，其事业性收费和罚没收入按规定应全额上缴国库或预算外资金财政专户；同时，执收执罚单位需要使用资金时，由财政部门根据需要统筹安排核准后，从国库或预算外资金财政专户拨付。

为了核算应缴预算款业务，事业单位应设置“应缴预算款”总账科目。该科目贷方登记本单位取得的各种应上缴国家预算的收入；借方登记本单位实际上缴的数额；余额在贷方，平时的贷方余额表示应缴未缴数。年终本科目应无余额。该科目还应按应缴预算款项类别设置明细账，进行明细分类核算。

【例 8】4 月 8 日，C 单位收到代收的行政性收费收入 1 000 元，存入银行。4 月 30 日，开出转账支票将上述款项上缴上级主管部门。应作如下会计分录：

(1) 收到代收收入时：

借：银行存款	1 000	
贷：应缴预算款		1 000

(2) 上缴时：

借：应缴预算款	1 000	
贷：银行存款		1 000

二、应缴财政专户款的核算

应缴财政专户款是事业单位按规定代收各种应上缴财政专户的预算外资金。事业单位按规定代收的预算外资金必须上缴同级财政专户；支出由同级财政按预算外收支计划和单位财务收支计划统筹安排，从财政专户中拨付，实行收支两条线管理。但是，对其中少数费用开支有特殊需要的预算外资金，经财政部门核定收支计划后，可按确定的比例或按收支结余的数额，定期缴入同级财政专户。

为了核算应缴财政专户款业务，事业单位应设置“应缴财政专户款”总账科目。该科目贷方登记本单位收到的预算外资金（实行预算外资金全部上缴的单位），或定期结算预算外资金结余时应上缴财政专户的资金（实行预算外资金结余上缴财政专户办法的单位），或取得收入时按核定的上缴比例计算的应上缴财政专户的资金（实行预算外资金比例上缴办法的单位）；借方登记本单位实际上缴财政专户的预算外资金；余额平时在贷方，表示应缴未缴的预算外资金。年终本科目应无余额。该科目还应按预算外资金的类别设置明细账，进行明细分类核算。

【例9】A单位的预算外资金采用全额上缴的办法。3月4日，收到应缴财政专户的预算外资金800元，存入银行。月末，将预算外资金上缴财政专户。应作如下会计分录：

（1）收款时：

借：银行存款	800	
贷：应缴财政专户款		800

（2）缴款时：

借：应缴财政专户款	800	
贷：银行存款		800

【例10】B单位的预算外资金采用结余上缴的办法。3月末，计算出应缴财政专户款的预算外资金为8 400元，通过银行上缴。应作如下会计分录：

借：事业收入	8 400	
贷：应缴财政专户款		8 400

同时：

借：应缴财政专户款	8 400	
贷：银行存款		8 400

【例11】C单位的预算外资金采用比例上缴的办法，财政部门核定的预算外资金上缴比例为60%。3月6日，收到预算外资金1 000元，应上缴600元。应作如下会计分录：

（1）收到时：

借：银行存款　　1 000
　贷：事业收入　　400
　　　应缴财政专户款　　600

(2) 月末应上缴：

借：应缴财政专户款　　600
　贷：银行存款　　600

三、应交税金的核算

应交税金是指事业单位按照税法规定应缴纳的各种税金，主要包括应缴增值税、营业税、所得税、城市维护建设税、资源税等。其核算办法与企业会计基本一致。

过去，事业单位是不需要纳税的。为了适应社会主义市场经济发展的需要，现在许多事业单位除了从事事业活动外，还从事以营利为目的的经营活动。因此，需要按照市场经济原则对经营活动计算纳税。

为了核算应交税金的业务，事业单位应设置"应交税金"总账科目。该科目贷方登记增值税一般纳税人的增值税销项税额、出口退税、进项税额转出（或小规模纳税人的应缴增值税的发生额），及其他应交税金的发生额；借方登记增值税的一般纳税人增值税的进项税额，及实际缴纳的各种税金；余额通常在贷方，表示应缴未缴的各种税额，如果是借方余额，则表示本单位多缴的税额。该科目还应按照税种设置明细账。其中属于增值税一般纳税人的事业单位，还应在应交增值税明细账中设置"进项税额"、"已交税额"、"销项税额"、"出口退税"、"进项税额转出"等专栏。

【例 12】A 单位（一般纳税人）开出转账支票向某国有农场收购一批免税农产品，农产品总价款 1 000 000 元，扣除代收代缴的农业特产税 20 000 元后，实际支付 980 000 元。农产品已入库。应作如下会计分录：

借：材料　　900 000*
　　应交税金——应交增值税（进项税额）　　100 000*
　贷：银行存款　　980 000
　　　应交税金——农业特产税　　20 000

*1 000 000 − 100 000 = 900 000（元）

*1 000 000 × 10% = 100 000（元）

【例 13】B 单位进口一批材料，关税完税价格 1 000 000 元，关税 115 000 元，消费税 85 000 元，适用增值税率 17%，全部用支票支付。货物已验收入库。应作如下会计分录：

借：材料	1 200 000
应交税金——应交增值税（进项税额）	204 000*
贷：银行存款	1 404 000

*（1 000 000 + 115 000 + 85 000）×17% = 204 000（元）

事业单位进口货物，应按照海关提供的完税凭证上注明的增值税作为进项税额处理。

【例 14】A 单位销售一批产品，销售收入 35 000 元，增值税 5 950 元，款项已收妥并存入银行。应作如下会计分录：

借：银行存款	40 950	
贷：经营收入		35 000
应交税金——应交增值税（销项税额）		5 950

【例 15】C 单位（小规模纳税人）销售货物一批，货款（含增值税）为 20 000 元，适用增值税征收率 6%，货款已收妥并存入银行。应作如下会计分录：

借：银行存款	20 000	
贷：经营收入		18 867.92*
应交税金——应交增值税（销项税额）		1 132.08*

* 20 000 ÷（1 + 6%）= 18 867.92（元）
* 18 867.92 ×6% = 1 132.08（元）

【例 16】A 单位计算出经营活动应缴纳的所得税为 2 400 元，并通过银行上缴。应作如下会计分录：

借：结余分配——应交所得税	2 400	
贷：应交税金——应交所得税		2 400

同时：

借：应交税金——应交所得税	2 400	
贷：银行存款		2 400

第四节　应付工资和津贴补贴的核算

应付工资和津贴补贴，是指事业单位发给职工的劳务报酬，包括工资（离退休费）、地方（部门）津贴补贴和其他个人收入。其中，工资是指事业单位按国家统一规定发放给在职人员的岗位工资、薪级工资、绩效工资，以及经国务院或人事部、财政部批准设立的津贴补贴。离退休费是指按国家统一规定发放给离退休人员的离休、退休费及经国务院或人事部、财政部批准设立的津贴补贴。地方（部门）津贴补贴是指各地区各部门各单位出台的津贴补贴。其他个人收入是指按国家规定发给个人除上述以外的其他收入，包括误餐费、夜餐费，出差人员伙食补助费、市内交通费，出国人员伙食费、公杂费、个人国外零用费，发放给个人的一次性奖励等。

为了进一步加强和规范事业单位工资和津贴补贴发放的会计管理，全面、准确地核算工资和津贴补贴发放业务，事业单位会计核算应设置应付工资（离退休费）、应付地方（部门）津贴补贴、应付其他个人收入三个总账科目，并在资产负债表中“负债部类”下列示应付工资（离退休费）、应付地方（部门）津贴补贴、应付其他个人收入三个项目。

应付工资（离退休费）科目，核算向职工发放的工资或离退休费。发放工资（离退休费）时，借记相关支出科目，贷记“应付工资（离退休费）”；同时，借记“应付工资（离退休费）”，贷记“银行存款”或“拨入经费”（财政直接支付）等科目。

应付地方（部门）津贴补贴科目，核算向职工发放的各类地方（部门）津贴补贴。发放地方（部门）津贴补贴时，借记相关支出科目，贷记“应付地方（部门）津贴补贴”；同时，借记“应付地方（部门）津贴补贴”，贷记“银行存款”或“拨入经费”（财政直接支付）等科目。

应付其他个人收入科目，核算向职工发放除以上两个科目核算内容以外的其他个人收入。发放其他个人收入时，借记相关支出科目，贷记“应付其他个人收入”科目；同时，借记“应付其他个人收入”科目，贷记“银行存款”、“零余额账户用款额度”等科目。

在以上三个科目下可按“在职人员”、“离休人员”、“退休人员”设二级科目进行明细核算。

【例 17】 B 事业单位本月应付职工工资 620 000 元，其中，基本工资

580 000元，地方津贴40 000 元。工资实行财政统发的办法，B 事业单位凭工资单和财政部门开具的拨款通知书，作如下会计分录：

借：事业支出——基本支出（基本工资） 580 000
　　　　　　——基本支出（补贴工资） 40 000
　贷：应付工资 580 000
　　　应付地方津贴补贴 40 000

同时：

借：应付工资 580 000
　　应付地方津贴补贴 40 000
　贷：财政补助收入——基本支出 620 000

【例 18】B 事业单位本月发放出差人员误餐费 70 000 元，属于财政授权支付业务。应作如下会计分录：

借：事业支出——基本支出（其他工资） 70 000
　贷：应付其他个人收入 70 000

同时：

借：应付其他个人收入 70 000
　贷：零余额账户用款额度 70 000

本章关键词

借入款项　应付账款　应付票据　应缴预算款　应缴财政专户款　应交税金　应付工资

复习思考题

1. 事业单位的负债包括哪些内容？
2. 什么是借入款？在核算方面有哪些具体规定？
3. 事业单位的应缴预算款和应缴财政专户款在核算方面有哪些区别？
4. 事业单位的增值税应如何进行账务处理？
5. 事业单位的应付票据是指哪类票据？应如何核算？
6. 事业单位的应交税金核算包括哪些内容？

习 题

根据以下业务编制会计分录。

1. B事业单位购买材料一批，开出3个月期带息银行承兑汇票一张，面值为10 000元，月利率为0.8%，同时支付银行承兑手续费40元。

2. 上述业务的银行承兑汇票到期，收到银行支付汇票本金10 000元和利息240元的付款通知。

3. C单位（小规模纳税人）向某企业购入材料一批，价款6 000元，增值税1 020元，材料已验收入库，款项尚未支付。

4. C单位开出商业汇票一张7 020元，抵付上述购货的应付账款。

5. B单位预收甲单位款项8 000元，存入银行。

6. 按合同规定，B单位已向该单位提供劳务，应收该单位款项7 500元，以银行存款退还多收的500元款项。

7. B单位的应缴预算款业务在2000年4月发生如下几笔：（1）按规定收取行政性收费收入800元，存入银行；（2）按有关规定收取某项纳入预算管理的基金收入2 000元，存入银行；（3）月末将上述收缴的收入上缴。

8. B单位预算外资金采用全额上缴财政专户的办法，2000年4月发生如下经济业务：（1）收到应缴财政专户的预算外资金5 000元，存入银行；（2）将收到的预算外资金5 000元全额上缴财政专户；（3）收到财政专户核拨的预算外资金2 000元，存入银行。

9. B单位（一般纳税人）2000年5月发生如下经济业务：（1）计算出应缴纳的营业税300元，予以上缴；（2）购入材料一批，价款为8 000元，增值税为1 360元，以银行存款支付；（3）开展经营活动，销售产品一批，价款为10 000元，增值税为1 700元，款项存入银行；（4）计算出应缴纳的增值税340元，予以上缴；（5）计算出经营活动应缴纳的所得税4 500元，予以上缴。

10. D单位（一般纳税人）本月销货销项税额为34 000元，本月购货进项税额为21 000元，计算应纳增值税并以银行存款缴纳。城市维护建设税税率为4%，教育费附加征收率为3%，计算应纳城市维护建设税、教育费附加并编制会计分录。

第十六章　事业单位收入的核算

此项收入是指事业单位为开展业务活动及其他活动依法取得的非偿还性资金，包括财政补助收入、上级补助收入、拨入专款、事业收入、经营收入、附属单位缴款、其他收入等。

通过本章学习，应该掌握以下内容：

（1）事业单位的收入的内容。

（2）事业收入与经营收入的区别。

（3）对各项收入在管理方面的要求。

（4）各项收入的账务处理。

第一节　事业单位收入的含义及管理

一、事业单位收入的含义

事业单位的收入概念具有以下几方面含义：

1. 事业单位的收入是为开展业务活动和其他活动而取得的

事业单位的主要活动不是直接从事物质资料的生产、交通运输和商品流通，而是围绕党和政府确定的事业发展方针，在教育、文化、体育、卫生等领域组织和开展各项业务活动和其他活动。由于这些活动具有非营利性的特点，因此，事业单位开展业务活动的资金耗费一般不能从事业收入中得到完全的补偿，需要从财政部门获得财政补助收入，从主管部门或上级单位获得上级补助收入，从而解决其开展正常业务所需资金。同时，事业单位还可以通过开展有偿服务活动和生产经营活动获得事业收入和经营收入，以补偿业务活动的资金耗费。

2. 事业单位的收入是依法取得的

事业单位取得的任何收入，都必须符合国家的有关法律、法规和规章制度的规定。事业单位开展业务活动的各项收费项目、收费范围和收费标准都必须按照国家的有关规定，经过法定程序报经批准后方可取得。

3. 事业单位的收入是通过多种形式、多种渠道取得的

在社会主义市场经济条件下，事业单位的收入来源、形式和渠道呈多元化趋势。既有财政或上级单位拨入或下级单位上缴的，又有本单位自己组织的；在财政或上级单位的拨款中，既有财政性资金又有非财政性资金，既有经常性补助又有专项拨款；在本单位自己组织的收入中，既有单位开展正常业务活动取得的经营收入，又有对外投资取得的收益、存款的利息收入等其他收入。这是一个大收入概念，是事业单位在某一时期所取得的所有收入。

4. 事业单位的收入是非偿还性的

事业单位取得的各项收入是不需要偿还的，可以用于业务活动和其他活动。事业单位取得的需要偿还的资金，应当作为负债处理，不能作为单位的收入处理。

二、事业单位收入的管理和核算要求

1. 事业单位收入的管理和核算要求

事业单位收入的管理和核算要求主要包括以下5点：

（1）收入统管。事业单位所有的收支活动都必须归口到单位财务部门，实行统一核算、统一管理。事业单位的银行开户要规范。一般的事业单位只开设一个基本账户。事业单位所有资金都要通过银行账户。同时，各部门、单位在组织收入时，属于行政事业性收费的要使用省以上（含省）财政部门统一监制的票据；属于经营性收入的应使用税务发票，并照章纳税。

（2）正确划分各项收入，依法缴纳各种税费。各事业单位根据国家的有关规定和本单位的实际情况，按收入项目提出初步意见，经主管部门审核后报财政部门审批。应做好事业收入与经营收入的划分、事业收入中预算外资金的划分、预算外资金中应当上缴财政专户资金的划分等工作。对按规定应上缴预算的收入和应上缴财政专户的收入要及时上缴，不能直接作为事业收入处理。对经营服务性收入，要依法缴纳各项税费。

（3）充分利用现有条件积极组织收入，提高经费自给率和自我发展能力。有条件的事业单位要按市场经济的要求，充分利用现有人、财、物等资源和设备，拓宽服务领域，扩大财源，增强自我发展能力。

（4）保证收入的合法性与合理性。事业单位要依法办事，各种收费项目和收费标准，必须按规定程序报经国家有关部门批准，对于各种收入要取之得当，用之合理，严禁乱收、滥用。

（5）正确处理社会效益和经济效益的关系。事业单位开展各种组织收入的活动，必须将社会效益放在首位，必须有利于事业的发展，有利于社会主义精神文明建设。同时，事业单位组织各项收入要按照市场经济规律办事，讲求经济效益。事业单位要将社会效益和经济效益有机结合起来，不能片面追求经济效益，要在获得社会效益的前提下取得较好的经济效益。

2. 注意划清各种收入界限

正确理解各项收入的含义还必须从性质上划清各种收入的界限，尤其是以下主要收入的界限：

（1）财政补助收入与上级补助收入的界限。

财政补助收入是指事业单位直接或通过主管部门从财政部门取得的各类事业经费，包括正常经费和专项资金，不包括国家对事业单位的基本建设投资。

上级补助收入是指事业单位从主管部门和上级单位取得的非财政补助收入。即事业单位的主管部门或上级单位用自身组织的收入或集中下级单位的收入后拨给事业单位的资金。

（2）事业收入与经营收入的界限。

事业收入是指事业单位开展专业业务活动及辅助活动所取得的收入和财政专户核拨的预算外资金（不含用于自筹基建部分）或经财政部门核准不上缴财政专户管理的预算外资金。所谓专业业务活动，是指事业单位根据本单位专业特点所从事或开展的主要业务活动，通俗地讲，也可以叫做“主管业务”。例如文化事业单位的演出活动、教育事业单位的教学活动等。辅助活动是指与专业业务活动相关，直接为专业业务活动服务的行政管理活动、后勤服务活动及其他有关活动。例如科研单位的科研收入、技术收入、科普活动收入、试制产品收入等，均作为事业收入处理。

经营收入是指事业单位在专业业务活动及其辅助活动之外开展经营活动取得的收入。例如科研单位的产品（商品）销售收入、经营服务收入等。事业单位的经营收入必须同时具备以下两个特征：一是经营活动取得的收入，而不是专业业务活动及其辅助活动取得的收入。二是非独立核算的经营活动取得的收入，而不是独立核算的经营活动取得的收入。因此，事业单位经营活动规模较大的，应当尽可能进行独立核算，执行企业财务制度，其上缴事业单位的纯收入，作为“附属单位缴款”处理。有些经营活动规模较小，不便或无法独立核算的，可纳入到经营收入中核算。

区分事业收入和经营收入的标准主要是看取得收入的业务活动性质，如果是开展专业业务活动及其辅助活动取得的收入，就是事业收入；如果是在专业活动及其辅助活动以外取得的收入就是经营收入。对少部分事业收入与经营收入的性质和内容相互有交叉，难以准确划分清楚的，由主管部门和财政部门根据实际情况予以认定。

（3）经营收入与附属单位缴款收入的界限。

经营收入是事业单位附属非独立核算单位开展经营活动或者某些经营性项目而获得的经济收入。所谓独立核算是指单位对其经济活动或预算执行过程及其结果，独立地和完整地进行会计核算，如校办企业的情况。学校的非独立核算是指单位从上级单位领取一定数额的物资、款项从事业务活动，不独立计算盈亏，把日常发生的经济业务资料报给上级集中进行会计核算，如学校的车队、食堂等后勤单位。

附属单位缴款收入是指事业单位附属独立核算单位按有关规定上缴的收入，包括附属的事业单位上缴的收入和附属的企业上缴的利润等。附属单位补偿上级单位在事业支出中垫支的各种费用，应当相应冲减支出，不能作为缴款收入处理。

三、事业单位收入的确认

事业单位应当根据业务性质合理确定收入的实现。财政补助收入、上级补助收入、拨入专款、从财政专户核拨的预算外资金、事业收入以及附属单位的缴款收入等，应当在收到款项时予以确认；经营性收入应当在提供劳务或发出商品的同时收讫价款或者取得索取价款的凭证时予以确认。对于长期项目的收入，应当根据年度完成进度予以确认。

当事业单位取得的收入为实物时，应根据有关凭证确认其价值；没有凭证可供确认的，参照其市场价格确定。

第二节 缴拨款收入的核算

缴拨款收入包括拨款收入和缴款收入。拨款收入是指财政部门或上级单位拨给事业单位的各种款项，如财政补助收入、上级补助收入和拨入专款等；缴款收入是指附属单位上缴的各种款项，如附属单位缴款等。

一、财政补助收入的核算

财政补助收入是指事业单位按照核定的预算和经费领报关系收到的由财政

部门拨入的各类事业经费。它来源于政府预算资金，是国家对发展各项事业的投入，是事业单位开展业务活动的经常性资金来源。

为了加强预算资金的核算与管理，主管会计单位应根据审批的部门预算编报季度分月用款计划。在申请当期财政补助时，填写“预算经费请拨单”并进行上报，财政部门或上级单位应结合单位的工作进度、资金和材料的结存情况，按月掌握拨付。事业单位在使用财政补助时，应按计划控制用款，不得随意改变资金用途。资金的用途如果确实需要调整，应填写“科目流用申请书”报同级财政部门批准后使用。财政补助收入应按预算级次领拨，不得垂直拨款、跨级拨款和对没有预算关系的单位拨款。

为了核算财政补助收入业务，事业单位应设置“财政补助收入”总账科目。该科目贷方登记本单位收到的预算拨款额；借方登记缴回或核销数；平时贷方余额表示拨入经费的累计数，年终转账后一般无余额。该科目应按设置“基本支出”和“项目支出”明细科目，并在明细科目下按《政府收支分类科目》中“支出功能分类”的“项”级设置明细账，进行明细分类核算。

在国库集中收付制度下，财政部门对不同类型的支出，按照不同的支付主体，分别实行财政直接支付和财政授权支付方式。因此，事业单位财政补助收入的核算往往结合有关支出进行。

【例1】 A事业单位是主管会计单位，本期发生以下经费领拨业务。应作如下会计分录：

（1）收到银行通知，财政部门拨入的事业经费1 000 000元，已收妥入账。

借：银行存款　　1 000 000

　贷：财政补助收入　　1 000 000

（2）按计划转拨给所属单位事业经费250 000元，已通过银行办妥。

借：拨出经费　　250 000

　贷：银行存款　　250 000

（3）将多拨的事业经费150 000元缴回同级财政部门。

借：财政补助收入　　150 000

　贷：银行存款　　150 000

（4）年终结账时，A单位将“财政补助收入”科目贷方余额850 000元结转到“事业结余”科目。

借：财政补助收入　　850 000

　贷：事业结余　　850 000

【例2】在国库集中收付制度下，A事业单位发生的有关财政补助收入的业务，编制会计分录如下：

（1）根据财政国库支付中心委托代理银行转来的“财政直接支付入账通知书”及有关原始凭证，登记支付文献印刷费的相关收入5 000元。

借：事业支出——基本支出　　5 000
　贷：财政补助收入　　5 000

（2）根据代理银行转来的“财政直接支付入账通知书”及有关原始凭证，登记购入汽车一辆160 000元。

借：事业支出——基本支出　　160 000
　贷：财政补助收入　　160 000
借：固定资产　　160 000
　贷：固定基金　　160 000

（3）根据代理银行转来的“授权支付到账通知单，与分月用款计划核对后，登记住房补贴的授权用款额度180 000元。

借：零余额账户用款额度　　180 000
　贷：财政补助收入——住房补贴　　180 000

（4）从零余额账户支付本月的住房补贴18 000元。

借：事业支出——基本支出（住房补贴）　　180 000
　贷：零余额账户用款额度　　180 000

（5）根据财政国库支付中心委托代理银行转来的“财政直接支付入账通知书”及有关原始凭证，支付住房补贴20万元。

借：事业支出——基本支出（住房补贴）　　200 000
　贷：财政补助收入　　200 000

二、上级补助收入的核算

上级补助收入是指事业单位从上级单位取得的非财政性补助收入。它是上级单位用财政补助收入之外的收入，如自身组织的收入、集中下级单位的收入等非预算资金等拨给事业单位的非财政性资金。这是一种调剂附属单位资金收支余缺的机动财力。财政部门通过事业单位的上级单位转拨的事业经费，应作为财政补助收入处理，不能作为上级补助收入处理。

为了核算上级补助收入业务，事业单位应设置“上级补助收入”总账科目。该科目贷方登记实际收到上级单位的非预算资金；借方登记缴回上级单位数和转销数；平时的贷方余额表示上级补助收入累计数。年终结账后，本科目无余额。该科目与上级单位的“对附属单位补助”科目相对应。

【例3】A事业单位本期发生下列有关上级非财政性补助资金的经济业务。应作如下会计分录：

（1）收到银行通知，上级单位拨入的非财政性补助资金300 000元，已收妥入账。

借：银行存款　　300 000
　贷：上级补助收入　　300 000

（2）将多拨的上级非财政性补助款60 000元缴回上级单位。

借：上级补助收入　　60 000
　贷：银行存款　　60 000

（3）年终结账时，将“上级补助收入”科目余额240 000元结转到“事业结余”科目。

借：上级补助收入　　240 000
　贷：事业结余　　240 000

三、拨入专款的核算

拨入专款是指事业单位收到财政部门、上级单位或其他单位拨入的具有指定用途的需要单独报账的专项资金。

拨入专款的特点是在资金下拨之前就规定了专门的用途，并需要单独报账。因此，对拨入专款的管理要求主要有：

（1）专款专用。事业单位必须遵循专款专用原则，不得将取得的专款挪作他用。

（2）单独核算。事业单位在收到专款时，应当为每项专款分别设置账户，单独组织会计核算，各项专款之间的会计核算不能混淆。

（3）专项结报。事业单位必须遵循专项结报原则，及时报送拨入专款的使用情况和事业成果情况。项目完成后，应当专项办理报账手续，余款按拨款单位的要求处理。

（4）讲求效益。事业单位对于拨入专款的使用应当进行严格的控制和监督，厉行节约，杜绝浪费，提高资金的使用效益。

为了核算拨入专款业务，事业单位应设置“拨入专款”总账科目。该科目贷方登记已收到的拨入专款数；借方登记专款缴回数；平时的贷方余额表示本期拨入专款的累计数。该科目应按资金来源和项目设置明细账，进行明细分类核算。

年终结账时，对于已完工的项目，应将该科目与“拨出专款”、“专款支出”科目对冲；对冲后的余额，按拨款单位的规定处理：如果留归本单位使用则转入“事业基金”科目；如果缴回拨款单位则减少银行存款。经常发生拨入专款的事业单位，为了便于分析与管理，也可以单独设置“专款结余”科目，因此，在年终结账时，对于已完工的项目，应将“拨入专款”科目的余额转入“专款结余”科目（即借记“拨入专款”科目，贷记“专款结余”科目）。

年终结账时，对于未完工的项目，拨入专款累计数仍留在“拨入专款”科目内，待项目完工时再进行结转。

【例 4】A 事业单位本期发生下列有关拨入专款的经济业务，应作如下会计分录：

（1）收到银行通知，财政部门拨入的用于甲项目的专款 400 000 元，已收妥入账。

借：银行存款	400 000	
贷：拨入专款		400 000

（2）将甲项目的拨入专款 80 000 元转拨给下属单位，已通过银行办妥。

借：拨出专款	80 000	
贷：银行存款		80 000

（3）发生甲项目的专款支出共 250 000 元，均通过银行存款支付。

借：专款支出	250 000	
贷：银行存款		250 000

（4）甲项目完工，结转甲项目的拨入专款。其中拨给下属单位的80 000元全部用于甲项目。

借：拨入专款	330 000	
贷：拨出专款		80 000
专款支出		250 000

（5）按规定，甲项目的结余资金 50% 缴回财政部门，已通过银行办妥转账手续，剩余的 50% 留归本单位。

借：拨入专款	70 000	
贷：事业基金——一般基金		35 000
银行存款		35 000

四、附属单位缴款的核算

附属单位缴款是指事业单位的所属独立核算单位按规定标准和比例缴纳的各项款项，包括附属单位上缴的收入和利润。附属单位补偿本单位在支出中垫付的各种费用，应当冲减相应的支出，而不能作为附属单位缴款收入处理。附属单位缴款是事业单位完成事业计划所需资金的必要补充，事业单位应当对其附属单位的业务活动和上缴款项实行计划管理，并加强调控和监督。

为了核算附属单位缴款业务，事业单位应设置“附属单位缴款”总账科目。该科目贷方登记收到实际上缴的款项；借方登记退回数和冲销数；平时的贷方余额表示附属单位本期累计缴款额。年终结账后该科目一般无余额。该科目还应按所属缴款单位设置明细账，进行明细分类核算。

该科目与附属单位的“上缴上级支出”科目相对应。

【例5】 A事业单位本期发生如下附属单位缴款业务。应作如下会计分录：

（1）收到银行通知，附属单位按规定标准上缴收入450 000元，已收妥入账。

借：银行存款　　450 000

　贷：附属单位缴款　　450 000

（2）经核实，附属单位多缴收入80 000元，已通过银行退回。

借：附属单位缴款　　80 000

　贷：银行存款　　80 000

（3）年终结账时，将“附属单位缴款”科目余额370 000元结转到“事业结余”科目。

借：附属单位缴款　　370 000

　贷：事业结余　　370 000

第三节　事业收入的核算

事业收入是指事业单位通过开展专业业务活动及其辅助活动所取得的收入。所谓专业业务活动，是指事业单位根据本单位专业特点所从事或开展的主要业务活动。所谓辅助活动，是指与其专业业务活动相关的、直接为专业业务活动服务的单位行政管理活动、后勤服务活动以及其他有关活动。

一、事业收入的种类

在我国，由于事业单位的种类较多，不同行业的事业单位从事不同的专业业务活动及其辅助活动也有所不同，事业收入在会计上也应划分为不同的类别。下面以学校、文化、医院等事业单位的事业收入分类为例来说明：

1. 中小学校的事业收入

中小学的事业收入是指中小学开展教学及其辅助活动依法取得的收入，包括义务教育阶段学生缴纳的杂费、非义务教育阶段学生缴纳的学费、借读学生缴纳的借读费、住宿学生缴纳的住宿费，以及按照有关规定向学生收取的其他费用等。

2. 高等学校的事业收入

高等学校的事业收入是指高等学校开展教学、科研及其辅助活动所取得的收入，包括：

（1）教学收入。指高等学校开展教学及其辅助活动所取得的收入，包括通过学历和非学历教育向单位或学生个人收取的学费、培养费、住宿费和其他教学收入。

（2）科研收入。指高等学校开展科研及其辅助活动所取得的收入，包括通过承接科技项目、开展科研协作、转让科技成果、进行科技咨询所取得的收入和其他科研收入。

3. 文化事业单位的事业收入

（1）演出收入，即艺术表演团体进行各类文艺演出所取得的收入。

（2）演（映）出分成收入，即艺术表演场所进行各类文艺演出和从事电影、录像放映所取得的分成收入。

（3）技术服务收入，即文化事业单位提供各种技术指导、技术咨询、技术服务所取得的收入。

（4）委托代培收入，即文化事业单位举办各种文化艺术培训班所取得的收入。

（5）复印复制收入，即图书馆、文化馆、群艺馆、展览馆、美术馆、纪念馆等对外提供馆藏资料的复印复制等项目服务所取得的收入。

（6）外借人员劳务收入，即文化事业单位对外提供演职人员、技术人员等所取得的劳务收入。

（7）合作分成收入，即文化事业单位与外单位合作演出及摄制电影、电视剧所取得的收入。

（8）其他事业收入，如无形资产转让收入等。

4. 医院的事业收入

（1）医疗收入，即医院在开展医疗业务活动中所取得的收入，包括挂号收入、床位收入、诊察收入、检查收入、治疗收入、手术收入、化验收入、护理收入和其他收入。

（2）药品收入，即医院在开展医疗业务活动中所取得的中、西药品收入。

（3）其他收入，如培训收入、救护车收入、转让无形资产收入等。

二、事业收入的账务处理

为了核算事业收入业务，事业单位应设置“事业收入”总账科目。该科目贷方登记事项有：① 收到（或取得）的专业业务活动的收入和辅助活动的收入；② 实行预算外资金全额上缴单位，收到财政部门从财政专户中返还给本单位的预算外收入；③ 实行预算外资金按比例上缴单位，取得的预算外收入中按比例留存部分；④ 实行预算外资金结余上缴单位，收到的所有预算外资金收入；⑤ 经财政部门核准不上缴财政专户管理的所有预算外资金收入。对于一般纳税人的单位，取得上述各项收入时，应按实际收到的价款扣除增值税销项税额后的余额计入该科目的贷方。该科目的借方登记事项有：① 收入退还额；② 实行预算外资金结余上缴的单位，定期结出的应上缴财政专户管理的预算外资金结余额；③ 年终结账时，转入“事业结余”科目的余额。平时，“事业收入”科目的贷方余额表示本期收到（或取得）的事业收入累计数；年终结账时，该科目的期末余额应全部转入“事业结余”科目，结转后应无余额。该科目还应根据事业收入的种类或来源设置明细科目，进行明细分类核算。

【例 6】 A 单位收到银行通知，本单位开展专业业务活动的收入 32 000 元已划入本单位账户。应作如下会计分录：

借：银行存款　　32 000

　贷：事业收入　　32 000

【例 7】 B 医院门诊部交来当天门诊收入 25 000 元，其中医疗收入 20 000 元，药品收入 5 000 元。医院财会部门已开出送款单，并将款项全部送存银行。应作如下会计分录：

借：银行存款　　25 000

贷：事业收入——门诊医疗收入 20 000

——药品收入 5 000

【例8】A市勘测设计院完成一项广州移动电话宽带网的建设项目设计任务，取得收入88 000元，已存入银行。应作如下会计分录：

借：银行存款 88 000

贷：事业收入 88 000

【例9】A市邮电科学研究院（一般纳税人）销售新开发的电子产品一批，不含增值税的销售收入80 000元，增值税率为17%。款项已全部收到，并存入银行。应作如下会计分录：

借：银行存款 93 600

贷：事业收入 80 000

应交税金——应交增值税（销项税额） 13 600

【例10】接例9，已销产品中，因部分产品规格不符合要求发生退货，其价款（不含增值税）为4 000元。已将其款项退回购货单位。应作如下会计分录：

借：事业收入 4 000

应交税金——应交增值税（销项税额） 680

贷：银行存款 4 680

【例11】C事业单位取得辅助业务活动收入50 000元，该收入为应纳营业税收入，其适用税率为3%。款项已收到并存入银行。应作如下会计分录：

借：银行存款 50 000

贷：事业收入 50 000

同时：

借：销售税金 1 500

贷：应交税金——应交营业税 1 500

【例12】例9中邮电科学研究院本年度发生的事业收入总额为2 000 000元，年终结账时全部转入“事业结余”科目。应作如下会计分录：

借：事业收入 2 000 000

贷：事业结余 2 000 000

【例 13】C 单位某日开展专业业务活动取得预算外资金收入 40 000 元，该资金按规定应上缴 60% 到财政专户，款项已存入银行。应作如下会计分录：

借：银行存款　　40 000
　贷：应缴财政专户款　　24 000
　　　事业收入　　16 000

【例 14】接银行通知，A 单位收到财政部门通过财政专户核拨的预算外资金 35 000 元。应作如下会计分录：

借：银行存款　　35 000
　贷：事业收入　　35 000

第四节　经营收入的核算

经营收入是指事业单位在专业业务活动及其辅助活动之外开展非独立核算经营活动所取得的收入。

一、经营收入的特征

事业单位的经营收入，一般必须同时具备以下两个特征：

(1) 必须是经营活动所取得的收入，而不是开展专业业务活动及其辅助活动所取得的收入。例如，科研事业单位的社会咨询服务活动所取得的收入，属于经营收入；而科研单位为政府等有关单位提供科研服务取得的规费收入，属于事业收入。又如，教育事业单位（学校）对社会开展服务活动，或利用闲置固定资产开展有偿服务取得的收入，属于经营收入；而向学生收取的学杂费，属于专业业务及其辅助活动取得的收入，应作为事业收入处理。

(2) 必须是非独立核算的经营活动取得的收入，而不是独立核算的经营活动取得的收入。例如，学校非独立核算的车队取得的收入和发生的支出，应由学校财务部门集中进行会计核算，因此，车队对外服务取得的收入和发生的支出，应作为经营收入和经营支出处理。又如，学校的校办企业，单独设置财会机构或单独配备财会人员，单独设置会计账簿，单独计算盈亏，就是独立核算的经营活动。学校收到校办企业上缴（或分配）的纯收入，应作为附属单位上缴收入，而不能作为经营收入处理。

二、经营收入的种类

事业单位经营收入的种类主要有以下几个：

（1）销售收入，即事业单位非独立核算部门销售商品取得的收入。

（2）经营服务收入，即事业单位非独立核算部门对外提供经营服务取得的收入。

（3）租赁收入，即事业单位出租房屋、场地和设备等取得的收入。

（4）其他经营收入，即事业单位在专业业务活动及其辅助活动以外取得的除上述各项收入之外的收入。

三、经营收入的账务处理

为了核算经营收入业务，事业单位应设置“经营收入”总账科目。该科目贷方登记取得的经营收入；借方登记冲销额和期末结转额；平时的贷方余额表示本期经营收入累计额。年终结账后无余额。该科目还应根据经营收入种类设置明细账，进行明细分类核算。

【例 15】华南大学非独立核算的车队向外单位提供服务，取得运输服务收入 10 000 元；非独立核算的学生食堂对外承办宴席，获得劳务收入 6 000 元。款项均收妥并已存入银行。应作如下会计分录：

借：银行存款	16 000	
贷：经营收入		16 000

【例 16】A 单位（一般纳税人）销售新开发产品一批，不含增值税售价为 100 000 元，增值税率为 17%。同时，收到转账支票一张，金额为 60 000 元，其余价款尚未收到。应作如下会计分录：

借：银行存款	60 000	
应收账款	57 000	
贷：经营收入		100 000
应交税金——应交增值税（销项税额）		17 000

【例 17】B 单位（小规模纳税人）出租闲置房屋用于经营活动，取得半年租金 4 800 元，已存入银行。应作如下会计分录：

借：银行存款　　4 800
　贷：经营收入　　4 800

【例 18】年终结账，A 单位本年度共发生经营收入 116 000 元，全额转入“经营结余”科目。应作如下会计分录：

借：经营收入　　116 000
　贷：经营结余　　116 000

第五节　其他收入的核算

其他收入是指事业单位除拨款收入、事业收入、经营收入、附属单位缴款以外的各项收入。例如，对外投资收益、固定资产出租的租金收入、外单位捐赠的未限定用途的财物及其他零星杂项收入。

为了核算其他收入业务，事业单位应设置“其他收入”总账科目。该科目贷方登记取得的其他收入；借方登记其他收入的退回额和期末结转额。平时的贷方余额表示本期其他收入累计额；年终结账后无余额。该科目应按收入种类如“投资收益”、“固定资产出租收入”、“捐赠收入”等设置明细账，进行明细分类核算。

【例 19】A 单位购买的国库券到期，实际收到的本息额 118 000 元，并已存入银行。其债券投资的账面成本为 100 000 元。应作如下会计分录：

借：银行存款　　118 000
　贷：对外投资　　100 000
　　　其他收入——投资收益　　18 000

同时：

借：事业基金——投资基金　　100 000
　贷：事业基金——一般基金　　100 000

【例 20】A 单位出租礼堂使用权，取得租金收入 20 000 元，并已存入银行。应作如下会计分录：

借：银行存款　　20 000
　贷：其他收入——固定资产出租收入　　20 000

【例 21】A 单位转让无形资产一项，转让收入 300 000 元，已存入银行。应作如下会计分录：

借：银行存款　　　　300 000

　贷：其他收入——无形资产转让收入　　　　300 000

【例 22】A 单位以多余资金进行联营投资，年终分得利润 50 000 元。应作如下会计分录：

借：银行存款　　　　50 000

　贷：其他收入——投资收益　　　　50 000

【例 23】B 单位获得某企业未限定用途的捐赠收入 58 000 元。应作如下会计分录：

借：银行存款　　　　58 000

　贷：其他收入——捐赠收入　　　　58 000

【例 24】年末，A 单位将全年其他收入总额 500 000 元转入“事业结余”科目。应作如下会计分录：

借：其他收入　　　　500 000

　贷：事业结余　　　　500 000

本章关键词

财政补助收入　上级补助收入　事业收入　经营收入　附属单位缴款

复习思考题

1. 事业单位的收入包括哪些内容？
2. 什么是财政补助收入？其管理要求是什么？
3. 什么是上级补助收入？它与财政补助收入有什么区别？
4. 什么是拨入专款？其管理要求是什么？
5. 什么是事业收入？试举出 3 ~4 个事业单位事业收入种类的例子。
6. 事业收入与经营收入的区别是什么？

习 题

1. A事业单位按核定的预算和经费领报关系，收到上级单位拨入的本月预算经费6 000元，款项已存入银行。

2. A事业单位收到上级主管部门拨入的补助款项36 000元，款项已存入银行。

3. A事业单位收到财政部门拨入专款66 000元，用于甲项目建设。

4. 甲项目建设完成，价款合计65 000元，以银行存款支付。

5. 按财政部门的要求，对于已建设完成的甲项目的余款1 000元，其中70%留归该事业单位，30%缴回财政部门。

6. A事业单位开展专业业务活动，取得事业收入240 000元，款项已存入银行。

7. A事业单位开展专业业务活动，取得收入10 000元，该项收入属于预算外资金，按规定，其中60%上缴财政专户，40%留归事业单位所有，款项已存入银行。

8. A事业单位收到财政部门通过财政专户核拨的预算外资金5 000元。

9. B事业单位（一般纳税人）开展经营活动，向某企业销售货品一批，取得收入35 100元，其中，应交增值税销项税额5 100元，款项已存入银行。

10. 上述销售货品有质量问题，发生20%的销货退回。

11. A事业单位收到所属甲单位上缴的款项26 000元，并存入银行。

12. A事业单位将所属乙单位多缴的款项1 000元予以退回。

13. A事业单位收到被投资单位分来的利润23 000元，并存入银行。

14. A事业单位收到债券投资的利息收入1 800元，并存入银行。

15. 乙科研单位（一般纳税人）销售自产产品一批，货款为300 000元，销项税额为51 000元。货款及税款采用银行承兑汇票结算，期限6个月。

第十七章　事业单位支出的核算

事业单位的支出是指事业单位为开展业务活动和其他活动所发生的各项资金耗费和损失，包括事业支出、经营支出、拨出经费、拨出专款、专款支出、对附属单位补助和上缴上级支出等。

通过本章学习，应该掌握以下内容：

(1) 事业单位支出的分类及管理。

(2) 各项支出的内容及核算要求。

(3) 各项支出的账务处理。

第一节　事业单位支出的分类及管理

事业单位的支出多种多样，需要加强其分类管理。同时，事业单位的各种支出关系到业务的完成和事业计划的实现，应该加强其核算和监督。

一、事业单位支出的分类

下面结合支出的分类，说明事业单位各项支出的主要内容。

1. 按支出对象的分类

事业单位的支出按其对象的不同，可分为本单位支出和对所属单位的拨款两大类。

(1) 本单位支出。它指的是在本单位各项业务活动过程中发生的各种支出，包括人员经费支出和公用经费支出两类。

人员经费支出，是指为了开展业务活动的需要，用于个人方面的支出，包括基本工资、补助工资、其他工资、职工福利费、社会保障费、助学金等，其金额与相关人员的数量有关。

公用经费支出，是指为了完成有关业务的任务，实现事业活动的目的，用于公共业务方面的支出，包括公务费、设备购置费、修缮费、业务费和其他费用，其金额通常与业务活动的规模有关。

（2）对所属单位的拨款。它指的是事业单位对所属单位转拨财政部门或上级单位拨入的款项，以及用本单位集中的资金补助所属单位的拨款。对此，事业单位应该按照预算管理要求，并根据所属单位的实际需要办理拨款和核销支出。

2. 按支出用途的分类

事业单位的支出按用途分类，就是按照《政府收支分类科目》中的“支出经济分类”的款级科目分类，并设置三级明细科目，进行明细核算。

（1）工资福利支出类。反映单位开支的在职职工和临时聘用人员的各类劳动报酬，以及为上述人员缴纳的各项社会保险费等。该类下设的“款”级内容包括：基本工资、津贴补贴、奖金、社会保障缴费、伙食费、伙食补助费、其他工资福利支出等。

（2）商品和服务支出类。反映单位购买商品和服务的支出，不包括用于购置固定资产的支出、战略性和应急储备支出等。该类下设的“款”级内容包括：办公费、印刷费、咨询费、手续费、水费、电费、邮电费、取暖费、物业管理费、交通费、差旅费、出国费、维修（护）费、租赁费、会议费、培训费、招待费、专用材料费、装备购置费、工程建设费、劳务费、委托业务费、工会经费、福利费、其他商品和服务支出等。

（3）对个人和家庭的补助类。反映政府用于对个人和家庭的补助支出。该类下设的“款”级内容包括：离休费、退休费、退职（役）费、抚恤金、生活补助、救济费、医疗费、助学金、奖励金、生产补贴、住房公积金、提租补贴、其他对个人和家庭的补助支出等。

（4）债务利息支出类。反映政府及预算单位的债务利息支出。该类下设的“款”级内容包括：国库券付息、向国家银行借款付息、其他国内借款付息、向国外政府借款付息、向国际组织借款付息、其他国外借款付息等。

（5）基本建设支出类。反映各级发展与改革部门集中安排的用于购置固定资产、战略性和应急性储备、土地和无形资产，以及购建基础设施、大型修缮所发生的支出。该类下设的“款”级内容包括：房屋建筑物购建、办公设备购置、专用设备购置、交通工具购置、基础设施建设、大型修缮、信息网络购建、物资储备、其他基本建设支出等。

（6）其他资本性支出类。反映非各级发展与改革部门集中安排的用于购置固定资产、战略性和应急性储备、土地和无形资产，以及购建基础设施、大型修缮和财政支持企业更新改造所发生的支出。该类下设的“款”级内容与基本建设支出类相同。

3. 按支出性质的分类

事业单位支出按其性质的不同，可分为以下6项：

（1）事业支出。指事业单位开展各项专业业务活动及其辅助活动发生各种支出。

（2）经营支出。指事业单位在专业业务活动及其辅助活动之外开展非独立核算经营业务发生的支出。

（3）专款支出。指由财政部门、上级单位和其他单位拨入的指定项目或用途，并需要单独报账的专项资金的支出。

（4）对附属单位补助。指事业单位用非财政预算资金对附属单位补助而发生的支出。

（5）上缴上级支出。指事业单位按规定标准或比例上缴给上级单位的支出。

（6）基本建设支出。指事业单位列入基本建设计划，用国家基本建设资金或自筹资金安排的固定资产新建、扩建和改建形成的支出。在事业单位基本业务会计核算中，只核算自筹基建支出对基建单位的转拨。

二、事业单位支出的管理和核算要求

事业单位应该加强其支出的核算，控制不合理的资金耗费和支出，保证会计信息的真实性，提高资金的使用效率，促进各项业务的顺利进行。

1. 严格执行国家财政财务制度和财经纪律

事业单位必须严格执行国家财政财务制度和财经纪律，按照规定的各项事业支出的开支范围和标准，加强支出原始凭证的审核，从源头上进行严格的控制。

2. 对支出实行分类管理，保持合理的支出结构

支出管理的重点是事业支出和经营支出。事业支出应当根据财政补助收入、上级补助收入、事业收入和其他收入等情况统筹安排。上述收入原则上不得用于经营支出。人员经费支出和公用经费支出应保持一个合理的比例。要加强专用资金支出的管理，定期向财政部门或主管部门报送专项资金使用情况。要加强经济核算，采取切实可行的措施控制支出，不断提高资金的使用效益。

3. 划清主要支出的界限，保证支出用途符合规定

按支出管理和资金管理要求，事业单位应该划清以下几方面的支出界限：

（1）划清基建支出与事业经费支出的界限。凡是达到基本建设额度的支出，应该报请计划部门从基建投资中安排，不得挤占事业经费。

（2）划清单位支出与个人支出的界限。应由个人负担的支出，不得由单位负担。如职工居住单位公房，应按规定收取房租；职工宿舍水电费、个人书报杂志订阅费等，应由职工个人负担；职工因私使用公车，应按规定标准收取交通费。

（3）划清事业支出与经营支出的界限。应当列入事业支出的项目，不得列入经营支出；同样，应当列入经营支出的项目，也不得列入事业支出。

（4）划清事业支出与对附属单位补助支出、上缴上级支出的界限。对附属单位的补助支出、上缴上级支出，属于本系统内部的资金调剂性质的支出，不能列入本单位的事业支出，以免虚增事业支出。

第二节　事业支出的核算

事业支出是事业单位开展各项专业业务活动及其辅助活动发生的实际支出。它是事业单位支出的主体。

一、事业支出的列支口径和要求

事业单位基本业务支出的报销，应符合以下规定和要求：

（1）对于发给个人的工资、津贴、补贴和抚恤救济金等，应根据实有人数和实发金额，取得本人签收的凭证列报支出。

（2）购入随买随用的办公用品、业务用品一般按实际购入数额列报支出。但是，购入需要入库保管的物资材料，以及达不到固定资产标准的工具、器具、低值易耗品等，应先列入“材料”科目核算，领用时再列报支出。

（3）社会保障费、职工福利费和管理部门支付的工会经费，按照规定的标准和实有人数每月计算提取，列为事业支出。

（4）固定资产修购基金按核定的比例提取，直接列报支出。

（5）购入固定资产的实际成本，经验收后列报支出，同时计入“固定资产”和“固定基金”科目。

（6）其他各项费用，均以实际报销数列报支出。

二、事业支出的账务处理

为了核算事业支出业务，事业单位应设置“事业支出”总账科目。该科目借方登记实际发生的事业支出额，以及实行内部成本核算的事业单位结转已销业务成果或产品的实际成本；贷方登记当年支出收回数；平时的借方余额反映本期事业支出累计数，但年终结账后无余额。该科目应设置“基本支出”和“项目支出”二级明细科目，并按政府收支分类科目中“支出经济分类”的款级设置明细科目，进行明细分类核算。

【例1】A单位总务部门购买办公用品一批，金额为380元，并持有关发票到财务处报销。财务处按报销数补足总务处定额备用金。应作如下会计分录：

借：事业支出——基本支出
——商品和服务支出类 380
贷：现金 380

【例2】A单位收到银行转来的付款通知，支付上月电话费1 000元。应作如下会计分录：

借：事业支出——基本支出
——商品和服务支出类 1 000
贷：银行存款 1 000

【例3】A单位采用政府采购方式购置办公设备，已和供货商签订合同，金额为800万元。设备到达验收入库，并向财政部门申请直接支付。应作如下会计分录：

借：固定资产 8 000 000
贷：应付账款 8 000 000

【例4】收到代理银行转来的直接支付入账通知书，确认支付金额为800万元。应作如下会计分录：

借：事业支出——基本支出
——基本建设支出类 8 000 000
贷：财政补助收入——基本支出 8 000 000

【例5】A单位开出转账支票一张，通过零余额账户支付办公楼的维修费6 000元。应作如下会计分录：

借：事业支出——基本支出 6 000

贷：零余额账户用款额度　　　　6 000

【例6】C单位按规定标准和实有人数，计提8月份职工福利费3 000元。应作如下会计分录：

借：事业支出——基本支出　　　　3 000
　贷：专用基金——职工福利基金　　　　3 000

【例7】C单位按规定比例从事业收入中提取修购基金20 000元，医疗基金5 000元。应作如下会计分录：

借：事业支出——基本支出　　　　25 000
　贷：专用基金——修购基金　　　　20 000
　　　　　　——医疗基金　　　　5 000

【例8】C单位将一批闲置的库存材料出售，材料的账面价值为1 900元，售价1 700元，尚未收到材料款。应作如下会计分录：

借：应收账款　　　　1 700
　　事业支出　　　　200
　贷：材料　　　　1 900

【例9】将应由经营支出负担的水电费1 800元冲减事业支出。应作如下会计分录：

借：经营支出　　　　1 800
　贷：事业支出　　　　1 800

【例10】年终结账时，A单位将本年度发生的事业支出总额450 000元转入"事业结余"科目的借方。应作如下会计分录：

借：事业结余　　　　450 000
　贷：事业支出　　　　450 000

第三节　经营支出的核算

经营支出是指事业单位在专业业务活动及其辅助活动之外开展非独立核算的经营活动所发生的各项支出。

一、经营支出的内容和分类

事业单位经营支出的内容，比照事业支出，也可分为基本工资、补助工资、其他工资、职工福利费、社会保障费、助学金、公务费、业务费、设备购置费、修缮费和其他费用11类。

事业单位非独立核算的经营活动所发生的一切支出，以及实行内部成本核算单位已销产品的实际成本，都应纳入经营支出范围核算，并且，经营支出应与相关经营收入相配比。对于独立核算的经营活动，应当按企业会计准则和制度的规定单独进行核算，不在"经营支出"科目中反映。

二、经营支出的账务处理

为了核算经营支出业务，事业单位应设置"经营支出"科目。该科目借方登记经营支出的实际发生数；贷方登记经营支出收回数和期末冲转数（实行内部成本核算的事业单位，一般在月末将本月的经营支出余额全数转入"经营结余"科目；而不实行内部成本核算的事业单位，在年末将本年的经营支出余额全数转入"经营结余"科目）。平时的借方余额反映本期经营支出累计数，年终结账后无余额。本科目按事业单位经营业务的主要类别设置明细账，进行明细分类核算。

【例11】C单位以现金支付经营人员的基本工资50 000元，补助工资9 000元。应作如下会计分录：

借：经营支出——基本工资　　50 000
　　　　　　——补助工资　　9 000
　贷：现金　　59 000

【例12】C单位利用礼堂放映电影，用现金支付租影片费用500元。应作如下会计分录：

借：经营支出——业务费　　500
　贷：现金　　500

【例13】C单位结转内部成本核算的已销产品的实际成本为4 000元。应作如下会计分录：

借：经营支出　　4 000

　贷：产成品　　4 000

【例14】C单位结转实行内部成本核算的有偿服务项目的成本费用5 000元。应作如下会计分录：

借：经营支出——××服务项目　　5 000

　贷：成本费用　　5 000

【例15】C单位的经营活动部门领用材料一批，价值为1 700元。应作如下会计分录：

借：经营支出——业务费　　1 700

　贷：材料　　1 700

【例16】C单位按规定比例从经营收入中提取医疗基金4 000元，修购基金20 000元。应作如下会计分录：

借：经营支出——社会保障费　　4 000

　　　　　——设备购置费　　10 000

　　　　　——修缮费　　10 000

　贷：专用基金——医疗基金　　4 000

　　　　　　——修购基金　　20 000

【例17】C单位实行内部成本核算。月末，结转本月经营支出总额75 500元。应作如下会计分录：

借：经营结余　　75 500

　贷：经营支出　　75 500

第四节　专款支出的核算

专款支出是指从财政部门或上级单位或其他单位拨入的指定项目或用途的，并需要单独报账的专项资金支出。如科研课题经费、挖潜改造资金、科技三项费用等指定项目或用途的支出。

为了核算专款支出业务，事业单位应设置“专款支出”总账科目。该科目借方登记指定项目或用途的专项资金的实际支出数；贷方登记项目完工向有关部门单独列报时，冲销拨入专款的金额。平时的借方余额表示已发生但尚未列报的专项资金支出数，项目完工并向有关部门列报后，该科目应无余额。该科目还应按专款项目设置明细账，进行明细分类核算。

【例 18】 A 单位用省财政厅拨入的专项资金开发一项新技术，发生了以下有关经济业务。应作如下会计分录：

（1）该开发项目耗用库存材料 58 000 元。

借：专款支出——××项目　　58 000

　贷：材料　　58 000

（2）用现金支付该开发项目本月应分摊的职工工资费用为 3 000 元。

借：专项支出——××项目　　3 000

　贷：现金　　3 000

（3）用银行存款支付该开发项目的工程管理费用 800 元。

借：专项支出——××项目　　800

　贷：银行存款　　800

（4）开发工程项目完工，结转开发技术总成本 61 800 元，此项目还有余款3 200元，经批准留归单位使用。

借：拨入专款　　61 800

　贷：专项支出——××项目　　61 800

同时：

借：拨入专款　　3 200

　贷：事业基金　　3 200

第五节　缴拨款项支出的核算

缴拨款项是指事业单位对附属单位的拨款和对上级单位的缴款。其中，对附属单位的拨款是指事业单位向其下属单位转拨财政部门或上级单位拨入的款项，以及用本单位集中的资金补助所属单位的拨款，包括拨出经费、拨出专款和对附属单位的补助。对上级单位的缴款是指独立核算的事业单位按规定的标准或比例上缴上级单位的支出。

一、拨出经费的核算

拨出经费是指事业单位按核定的预算拨付给所属单位的预算资金。事业单位对附属单位拨付的补助资金以及需要单独报账的专项资金，不属于拨出经费的核算范围。

为了核算拨出经费业务，事业单位应设置“拨出经费”总账科目。该科目借方登记拨出数；贷方登记拨款收回数；平时余额在借方，表示对附属单位财政预算资金的累计转拨数。年终结账后该科目无余额。该科目还应按附属单位名称设置明细账，进行明细分类核算，实行国库集中收付制度的单位，可不设置此科目。

【例19】A单位按核定的财政预算，通过银行向附属单位转拨事业经费60 000元。应作如下会计分录：

借：拨出经费　　60 000

　贷：银行存款　　60 000

【例20】A单位年终结账时，将“拨出经费”科目借方余额720 000元，全部转入“事业结余”科目。应作如下会计分录：

借：事业结余　　720 000

　贷：拨出经费　　720 000

二、对附属单位补助的核算

对附属单位补助是指事业单位用非财政预算资金对所属单位补助所发生的支出。该项补助资金的性质是非财政预算资金，如果补助资金属于财政预算资金，则应在“拨出经费”或“拨出专款”科目中核算。

对附属单位补助的资金来源，主要有本单位的事业基金、集中所属单位的上缴款项。

为了核算对附属单位补助的业务，事业单位应设置“对附属单位补助”总账科目。该科目借方登记对所属单位的补助数；贷方登记收回补助数；年终结账时，应将本科目的借方余额全部转入“事业结余”科目。年终结账后，该科目无余额。该科目与附属单位的“上级补助收入”科目相对应。

【例 21】A 单位用自有资金拨给附属乙单位一次性补助 50 000 元，并已通过银行支付。应作如下会计分录：

借：对附属单位补助　　50 000
　贷：银行存款　　50 000

【例 22】年终结账时，将“对附属单位补助”科目借方余额 50 000 元转入“事业结余”科目。应作如下会计分录：

借：事业结余　　50 000
　贷：对附属单位补助　　50 000

三、拨出专款的核算

拨出专款是指上级主管单位拨给附属单位的需要单独报账的专项资金。拨出专款和拨出经费都是对所属单位的拨款，区别在于：前者拨出的是专项资金，只能用于指定项目或用于特定场合，并且需要单独结算报账；后者拨出的是正常预算经费，不需要单独报账。

为了核算拨出专款业务，事业单位应设置“拨出专款”总账科目。该科目借方登记对所属单位专项资金的拨出数；贷方登记拨款收回数和完工项目的冲销数。该科目的借方余额，表示所属单位尚未报销的专款数。该科目应按所属单位名称或项目设置明细账，进行明细分类核算。

【例 23】A 单位向所属乙单位拨付专项资金 40 000 元，用于某专项活动。已开出转账支票支付。该项专项资金是上级单位拨入的。应作如下会计分录：

借：拨出专款　　40 000
　贷：银行存款　　40 000

【例 24】附属乙单位完成专项活动，报销金额为 40 000 元。应作如下会计分录：

借：拨入专款　　40 000
　贷：拨出专款　　40 000

四、上缴上级支出的核算

上缴上级支出是指独立核算的事业单位按规定的标准或比例上缴上级单位

的支出。

为了核算上缴上级支出的业务，事业单位应设置“上缴上级支出”总账科目。该科目借方登记上缴上级单位的资金数；年终结账时，应将在本科目的借方余额全部转入“事业结余”科目。结账后本科目无余额。该科目与上级单位的“附属单位缴款”相对应。

【例25】A单位开出转账支票，按规定向上级单位缴款80 000元。应作如下会计分录：

借：上缴上级支出　　80 000
　贷：银行存款　　80 000

【例26】年终，将“上缴上级支出”科目借方余额80 000元，转入“事业结余”科目。应作如下会计分录：

借：事业结余　　80 000
　贷：上缴上级支出　　80 000

第六节　销售税金与结转自筹基建的核算

一、销售税金的核算

销售税金是指事业单位提供劳务或销售产品时应上缴国家的销售税金及附加，包括营业税、城市维护建设税、资源税和教育费附加等。

为了核算销售税金的业务，事业单位应设置“销售税金”总账科目。该科目借方登记按规定计算的应负担的销售税金及附加金额；贷方登记期末结账时转入“经营结余”、“事业结余”科目的金额。期末结账后该科目无余额。该科目应按产品、劳务的类别（或品种）设置明细账，进行明细分类核算。

【例27】A事业单位开展专业业务活动，取得应税（营业税）收入30 000元，适用营业税率为3%。应作如下会计分录：

借：银行存款　　30 000
　贷：事业收入　　30 000

同时：

借：销售税金　　900

贷：应交税金——应交营业税　　900

【例28】年终结账时，A单位将“销售税金”科目的借方余额8 000元（其中事业收入的销售税金为5 000元，经营收入的销售税金为3 000元）转入有关结余科目。应作如下会计分录：

借：事业结余　　5 000

　　经营结余　　3 000

　贷：销售税金　　8 000

二、结转自筹基建的核算

结转自筹基建是指事业单位经批准用财政补助收入以外的资金安排自筹基本建设时，其所筹集并转存建设银行的资金。目前，《事业单位会计制度》只对基建资金来源于单位自筹部分规定了核算办法。

为了核算结转自筹基建资金的业务，事业单位应设置“结转自筹基建”总账科目。该科目借方登记自筹基本建设资金转存建设银行的基建专户数额；年终结账时，应将本科目的余额全部转入“事业结余”科目。年终结转后，该科目无余额。

【例29】A单位经批准，将自筹基本建设资金200 000元，转存建设银行基本建设专户。应作如下会计分录：

借：结转自筹基建　　200 000

　贷：银行存款　　200 000

【例30】年终结账时，A单位将“结转自筹基建”科目借方余额200 000元转入“事业结余”科目。应作如下会计分录：

借：事业结余　　200 000

　贷：结转自筹基建　　200 000

自筹基建资金转存建设银行后，交由基建部门管理和核算，而事业单位暂不对此项资金的使用情况进行核算；待基建完工并交付使用后，事业单位再将交付使用的固定资产入账核算。因此，事业单位向财政部门和主管部门上报会计报表时，应将本单位的会计报表和基建部门的会计报表一同报出，以便完整地反映事业单位的资产负债情况。

第七节 成本费用的核算

一、成本费用的概念

成本费用是指实行内部成本核算的事业单位应列入劳务（产品、商品）成本的各项费用。费用和成本是两个不同的概念。费用是指以货币表现的某一期间内的资产耗费；成本则是为生产一定种类和数量的产品或劳务所发生的耗费。成本是以费用为基础形成的，一定期间发生的费用也一定都是当期的产品或劳务的成本。费用和成本两者既有联系，又有区别。

二、事业单位实行内部成本核算的特点

《事业单位财务规则》规定："事业单位可以根据开展业务活动及其他活动的实际需要，实行内部成本核算办法。"这一规定体现了事业单位成本特点。

(1) 从核算形式来看，事业单位成本核算是内部的成本核算。其目的是为了加强事业单位的内部管理，正确反映事业单位财务状况和事业成果，提高成本意识和资金利用效果。虽然各事业单位情况有所不同，但都可以根据自身业务特点，参照企业成本管理的方式、成本开支范围制定出具体的成本核算办法，计算出开展每项事业或经营活动的成本费用额。如学校可以计算出学生培养成本，电视台可以计算出电视制作成本，医疗单位可计算出每个病人的医疗成本等。事业单位的内部成本核算，不是为了盈利，而是给考核业务成果、制定收费标准、筹划资金来源、进行经济决策等方面，提供真实的会计信息，从而提高业务管理水平。

(2) 从核算内容来看，事业单位成本核算属于不完全成本核算。因为，事业单位成本核算的内容没有企业成本核算的内容那么完整，有些费用项目可能没有发生，有些费用项目发生了但又无法进行准确的成本核算。

(3) 从核算方法来看，事业单位成本核算不是严格的成本核算。因为，事业单位一般不具备真正意义上的成本核算条件，各种成本费用的界限不像企业那样容易划分，计算分配方法也难以严格分开使用。

对于不同的事业单位来说，是否实行内部成本核算，如何实行内部成本核算，主要由主管部门与财政部门共同商定。例如，医院、科学事业单位、文化

事业单位、体育事业单位的财务制度，都规定了实行内部成本核算的范围和办法。

三、事业单位进行内部成本核算的方法

事业单位实行内部成本核算，其成本项目的确定、费用归集和计算分配成本的方法，必须做到在一定时期内统一和完整，成本费用开支项目必须与事业支出衔接，以满足加强内部管理的需要。

（1）可单设成本费用账户。指将有关成本支出经分配直接或间接计入成本账户，然后，再将成本费用账户按要求的支出种类归集到事业支出和经营支出的相应科目中去。具体来说，成本费用的一级明细科目可参照企业财务制度的规定，按成本对象开设，并设计直接费用（直接材料、直接工资、其他直接支出）、制造费用等成本项目，也可以根据实际情况进行简化合并。成本费用的二级明细科目可按照事业支出的“目”级科目设计。这样，既满足了内部成本核算的需要，又能与国家统一规定的事业支出、经营支出科目相衔接。在编制财务报告时，有关成本费用应当能够还原到国家统一规定的支出科目当中去。

（2）不单设成本费用账户。指有关支出直接计入事业支出和经营支出科目，而另设成本计算表进行计算有关产品的成本。

（3）成本费用的归集方法。事业单位从事多项业务所发生的支出，应正确予以归集。对于不能直接归集的费用，应参照企业会计的分配方法，采用生产工时、消耗定额、生产人员工资等分配标准，将其分配到事业支出和经营支出科目上去。

四、事业单位成本费用的账务处理

为了核算成本费用的业务，事业单位应设置“成本费用”科目。该科目借方登记应列入劳务（产品、商品）成本的各项费用；贷方登记完工并验收入库的产品成本；余额在借方，反映未完工产品的成本。该科目应按经营类别或产品品种设置明细账，进行明细分类核算。

【例31】 A事业单位生产甲产品领用材料80 000元，发生工资费用3 000元，发生其他直接费用2 000元。应作如下会计分录：

借：成本费用——甲产品(直接材料)　　　　80 000

（直接工资） 3 000
（制造费用） 2 000
贷：材料 80 000
现金 5 000

【例 32】甲产品全部完工，结转完工产品成本 85 000 元。应作如下会计分录：

借：产成品 85 000
贷：成本费用——甲产品 85 000

【例 33】产品向市场销售，取得销售收入 6 000 元，销售成本 3 000 元。应作如下会计分录：

借：银行存款 6 000
贷：经营收入 6 000

同时：

借：经营支出 3 000
贷：产成品 3 000

【例 34】B 事业单位承担甲、乙两项目的研究课题。在研究课题过程中，发生以下业务，应作如下会计分录：

（1）领用材料，分别用于甲项目 1 200 元和乙项目 3 000 元。

借：成本费用——甲项目（直接材料） 1 200
——乙项目（直接材料） 3 000
贷：材料 4 200

（2）以银行存款支付甲项目的计算机测试费 500 元、咨询费 300 元。

借：成本费用——甲项目（其他直接费用） 800
贷：银行存款 800

（3）开出转账支票一张计 2 400 元，为乙项目购置专用设备一台。

借：成本费用——乙项目（其他直接费用） 2 400
贷：银行存款 2 400

同时：

借：固定资产 2 400
贷：固定基金 2 400

（4）甲、乙两项目共支付工资 3 000 元，办公费用 2 100 元，现按规定标准进行分配：甲项目应承担工资1 000元，办公费用700元；乙项目应承担工资2 000元，办公费用1 400元。

平时支付工资及办公费用时：

借：成本费用——间接费用　　5 100

　贷：银行存款　　5 100

费用分配时：

借：成本费用——甲项目　　1 700

　　　　　　——乙项目　　3 400

　贷：成本费用——间接费用　　5 100

（5）完成甲、乙两项目课题研究，结转研究成本12 500元。

借：事业支出——甲项目　　3 700

　　　　　　——乙项目　　8 800

　贷：成本费用——甲项目　　3 700

　　　　　　　——乙项目　　8 800

本章关键词

事业支出　经营支出　专款支出　上缴上级支出　结转自筹基建　缴拨款支出　销售税金　成本费用

复习思考题

1. 事业单位的支出包括哪些内容？
2. 事业支出的管理要求有哪些？
3. 事业单位支出是如何分类的？
4. 如何区分事业支出与经营支出？
5. 什么是专款支出？它与拨出经费、拨出专款有何区别？
6. 事业单位的成本核算有何特点？

习　题

1. B事业单位购买事业办公用品600元，以现金支付。
2. B事业单位以银行存款支付电话、电报费1 000元，电费2 500元，水费800元。
3. B事业单位某职工出差回单位报销，交来发票1 200元，现金800元。

4. B 事业单位从银行提取现金 150 000 元备发工资。

5. B 事业单位应付工资 160 000 元，各种代扣款 10 000 元。其中：事业人员工资 140 000 元，经营人员工资 20 000 元。

6. 按工资总额的 14% 提取职工福利费，按 2% 提取工会经费。

7. B 事业单位发生经营支出 4 000 元，以银行存款支付。

8. B 事业单位开出转账支票 25 000 元购买办公设备 1 台。

9. B 事业单位以 1 000 元现金购入事业办公用品，800 元购买经营办公用品。

10. B 事业单位进行事业活动领用材料 1 200 元，经营活动领用材料 500 元。

11. B 事业单位从事业收入提取修购基金 20 000 元，从经营收入提取修购基金 10 000元。

12. B 事业单位结转经营业务销售产品成本 225 000 元。

13. B 事业单位结转事业业务销售产品成本 80 000 元。

14. B 事业单位以银行存款购进专项拨款工程所需材料 5 000 元，所需设备 10 000 元。

15. B 事业单位转拨专项拨款给其下属单位 200 000 元。

16. B 事业单位用非预算资金拨付 150 000 元给其下属单位补助。

17. B 事业单位通过银行上缴上级单位款 100 000 元。

18. B 事业单位将自筹基本建设资金 150 000 元转存建行。

19. 某事业单位实行内部成本核算领用材料 50 000 元，支付各种费用 30 000 元。

20. 实行内部成本核算的事业单位结转完工产品成本 60 000 元。

第十八章 事业单位净资产的核算

事业单位的净资产是指资产减去负债的差额，包括事业基金、固定基金、专用基金和结余等。事业单位的出资者不要求取得投资回报，也不要求收回投资，因而事业单位不存在权益（产权）问题。从这一点来看，事业单位的净资产与企业的所有者权益不一样。

通过本章学习，应该掌握以下内容：

(1) 事业单位净资产的形成和分类。

(2) 各项净资产的内容及核算要求。

(3) 各项净资产的账务处理。

第一节 事业单位净资产的形成和分类

事业单位净资产的形成来源，主要有国家拨款、非国家出资者出资、按规定从事业收入和经营收入中提取和结余分配等。同时，可以按不同的标准对其进行分类，以加强管理。

一、事业单位净资产的形成来源

1. 国家拨款

按照《事业单位财务规则》的规定，国家对事业单位实行“核定收支、定额或定项补助、超支不补、结余留用”的预算管理办法。因此，国家财政部门和主管部门对事业单位的事业性补助拨款的收支结余，按规定留存于事业单位，就成为事业单位净资产的一部分。

2. 非国家出资者出资

改革开放以来，许多单位或个人出资创立事业单位。因此，在资金所有权不变的前提下，出资者以货币资金、实物或无形资产对事业单位的出资，就形成一部分净资产。

3. 按规定从事业收入和经营收入中提取

按照《事业单位财务规则》的规定，事业单位可以按事业收入和经营收入的一定比例提取，直接转为净资产。这部分净资产对于保证事业单位的业务活动是非常必要的。

4. 结余分配

除实行预算外资金结余上缴办法的预算外资金结余外，事业单位的各种结余按规定分配后，还留有的当年未分配结余，也形成事业单位的净资产。

二、事业单位净资产的分类

为了便于加强事业单位净资产的管理，应该对其进行科学的分类。

1. 按是否限定用途的分类

事业单位的净资产按其是否指定用途，可分为限定用途的净资产和非限定用途的净资产。

限定用途的净资产是指由国家法律、法规和制度，或拨款单位、出资者指定专门用途的净资产，例如，专用基金就是按有关规定提取的，具有专门用途的资金。对这部分净资产，事业单位必须按规定形成和使用，并单独进行核算和列报。

非限定用途的净资产是指国家法律、法规和制度，或拨款单位、出资者未指定专门用途的净资产，例如，事业基金就是非限定用途的净资产。对这部分净资产，事业单位可以按需要自主加以使用，在会计上也无需单独核算与列报。

2. 按形成来源的分类

事业单位的净资产按其形成来源的不同，可分为外部注入的净资产和单位内部形成的净资产。

外部注入的净资产是指由国家财政部门、主管部门、其他单位或个人等出资形成的净资产。例如，拨入专款扣除拨出专款和专款支出后的专款结余，按拨款者规定的留归本单位的结余额，就属于外部注入的净资产。

内部形成的净资产是指事业单位按规定从有关收入中提成、从收支结余中分配而形成的净资产，如专用基金就是内部形成的净资产。

第二节 事业单位结余及其分配的核算

结余是事业单位在一定期间内各项收入与各项支出相抵后的余额。事业单位的结余，实际上是事业单位在年终结余分配之前，收支相抵后的未分配余额。在结余分配后，结余应按规定转入事业基金。因此，除未完工项目的专款结余外，年终分配决算后的资产负债表中一般没有“结余”项目。

事业单位的结余由事业结余、经营结余两部分构成。

一、事业结余的核算

事业结余，是指事业单位为开展专业业务活动及其辅助活动所取得的收入扣除相关支出后的余额，也就是事业单位一定期间内除经营收支、专款收支以外的各项收支相抵后的余额。其中，“一定期间”对于实行内部成本核算的单位，是指1个月；而对于不实行内部成本核算的单位，则是指1年。

为了核算事业结余的业务，事业单位应设置“事业结余”总账科目。该科目贷方登记从有关收入科目的转入数；借方登记从有关支出科目的转入数；余额一般在贷方，反映事业单位当年收入大于支出的结余数。如果余额在借方，则表示当年支出大于收入的亏损数。年终，应将当年实现的事业结余或亏损全部转入“结余分配”科目。结账后，该科目无余额。

【例1】 A事业单位年末有关事业收支账户余额如下：

账户	借方余额	账户	贷方余额
拨出经费	1 000 000	财政补助收入	500 000
事业支出	800 000	上级补助收入	200 000
上缴上级支出	300 000	附属单位缴款	150 000
销售税金	10 000	事业收入	2 000 000
对附属单位补助	50 000	其他收入	400 000
结转自筹基建	700 000		
合计	2 860 000	合计	3 250 000

根据以上资料，应作如下会计分录：

（1）结转各收入账户：

借：财政补助收入　　500 000
　上级补助收入　　200 000
　附属单位缴款　　150 000
　事业收入　　2 000 000
　其他收入　　400 000
　贷：事业结余　　3 250 000

(2) 结转各支出账户：

借：事业结余　　2 860 000
　贷：拨出经费　　1 000 000
　　事业支出　　800 000
　　上缴上级支出　　300 000
　　销售税金　　10 000
　　对附属单位补助　　50 000
　　结转自筹基建　　700 000

(3) 将其差额转入结余分配：

借：事业结余　　390 000
　贷：结余分配　　390 000

二、经营结余的核算

经营结余，是指事业单位在专业业务活动及其辅助活动之外，开展非独立核算的经营活动所实现的结余，也就是事业单位一定期间内各项经营收支相抵后的余额。

为了核算经营结余的业务，事业单位应设置“经营结余”总账科目。该科目贷方登记从“经营收入”科目转入的本期实现的经营收入总额；借方登记从“经营支出”科目转入的本期发生的经营支出额，以及从“销售税金”科目转入的本期经营业务而发生的销售税金支出；余额在贷方，表示本期实现的经营结余。如为借方余额，则表示经营亏损。年终时，应将该科目的余额全数转入“结余分配”科目。结转后，本科目无余额。如果为亏损，则不结转，等待以后年度用经营盈余弥补。

【例2】 A事业单位年末“经营收入”科目贷方累计发生额为2 200 000元，“经营支出”科目借方累计发生额为1 800 000元，“销售税金”科目借方累计发生额为60 000元。在进行年终转账时，应作如下会计分录：

（1）结转经营收入：

借：经营收入　　2 200 000

　贷：经营结余　　2 200 000

（2）结转经营支出：

借：经营结余　　1 860 000

　贷：经营支出　　1 800 000

　　　销售税金　　60 000

（3）结转经营结余：

借：经营结余　　340 000

　贷：结余分配　　340 000

三、结余分配的核算

结余分配是指事业单位当年结余资金进行分配的情况和结果。事业单位的结余分配必须按照《事业单位财务规则》、《关于加强预算外资金管理的决定》等规定进行。

事业单位的结余分配需做两项扣除：一是实行预算外资金结余上缴办法的事业单位形成的预算外资金结余，应上缴同级财政专户，不参与结余分配；二是专项资金结余不参与结余分配。专项资金结余是指事业单位从财政部门和主管部门取得，并需结转下年度继续使用的资金。进行了上述扣除后，事业单位的结余可以按照有关比例提取职工福利基金，剩余部分作为事业基金，用于弥补以后年度单位预算收支差额。国家另有规定的，从其规定。

事业单位结余分配的分配程序是：有所得税缴纳业务的单位先计算应缴纳的所得税，然后按规定比例计算出应提取的“专用基金——职工福利基金”。其剩余部分为事业单位当年未分配结余，全数转入“事业基金——一般基金”科目。

为了核算结余分配的业务，事业单位应设置“结余分配”总账科目。该科目贷方登记从“经营结余”、“事业结余”科目转入的当年实现的结余数；借方登记结余分配的分配数；年终分配后，将贷方余额全数转入“事业基金——一般基金”科目。结转后，该科目无余额。

单位年终结账后发生以前年度会计事项的调整或变更，涉及以前年度结余的，凡国家有规定的，从其规定；没有规定的，应直接通过“事业基金”科目核算，并在会计报表上加以注明。

【例3】年末，A事业单位结转经营结余350 000元，事业结余390 000元。应作如下会计分录：

借：经营结余　　350 000
　　事业结余　　390 000
　贷：结余分配　　740 000

【例4】A事业单位按规定计算应交所得税63 000元（350 000×18%）。应作如下会计分录：

借：结余分配　　63 000
　贷：应交税金——应交所得税　　63 000

【例5】A事业单位按规定应提取职工福利基金180 000元。应作如下会计分录：

借：结余分配　　180 000
　贷：专用基金——职工福利基金　　180 000

【例6】A单位将未分配结余497 000元转入事业基金。应作如下会计分录：

借：结余分配　　497 000
　贷：事业基金——一般基金　　497 000

【例7】A事业单位发现某职工有上年一项事业支出50 000元尚未报销，调整本年的事业基金。应作如下会计分录：

借：事业基金——一般基金　　50 000
　贷：其他应收款——××　　50 000

第三节　基金的管理与核算

一、事业基金的管理与核算

1. 事业基金的概念

事业基金是事业单位拥有的非限定用途的净资产，主要包括滚存结余和投资产权等。滚存结余资金是指事业单位历年的未分配的结余和损失，以及历年留归单位使用的专项资金结余。投资产权是指事业单位以固定资产投资而形成的产权，以及无形资产、材料等投资的评估确认价高于或低于原账面价值而增加或减少的净资产。

事业基金作为净资产或基金结余，不再直接安排各项支出，而是用于弥补以后年度收支差额。在事业单位的资金运动过程中，事业基金发挥“蓄水池”的作用，用来调节年度之间的收支平衡。也就是说，以后年度如果收入大于支出，则继续转入增加事业基金；如果支出大于收入，则用以前年度的事业基金弥补其差额。在确定年初预算时，如果支出安排出现缺口，也可以直接安排一部分事业基金用于弥补差额。

2. 事业基金的内容

事业单位的事业基金主要有一般基金和投资基金两类。一般基金是指事业单位滚存的结余资金。一般基金主要有四个来源：一是从本单位当期未分配结余转入；二是从项目已经完成的拨入专款结余中按规定留归本单使用的金额转入；三是从投资基金中转入；四是从单位当期事业结余（住房补贴结余）中转入。投资基金是指事业单位对外投资所形成的基金。投资基金主要有两个来源：一是用固定资产对外投资时从固定基金中转入。二是用货币、存货和无形资产对外投资时从事业基金中的一般基金转入。

3. 事业基金的账务处理

为了核算事业基金的业务，事业单位应设置“事业基金”总账科目。该科目的贷方登记转入的基金数；借方登记事业单位自行支配资金结余的减少数；余额在贷方，反映事业单位可自行支配的净结余资金。

该科目应按核算的业务内容设置“一般基金”和“投资基金”两个明细科目。“一般基金”明细科目主要核算历年滚存结余资金等。“投资基金”明细科目主要核算对外投资部分的基金。

【例8】年末，A事业单位将“结余分配”科目未分配部分结余额100 000元全数转入“事业基金”科目。应作如下会计分录：

借：结余分配	100 000	
贷：事业基金——一般基金		100 000

【例9】A事业单位获得专项拨款一项，该项目已完成，其结余款30 000元经财政部门批准全数留给事业单位。应作如下会计分录：

借：拨入专款	30 000	
贷：事业基金——一般基金		30 000

【例 10】A 事业单位接受 W 公司捐款 500 000 元存入银行。应作如下会计分录：

借：银行存款　　500 000
　贷：事业基金——一般基金　　500 000

【例 11】A 事业单位用固定资产对外投资，该项固定资产的评估价值为 800 000 元，其账面价值为 1 000 000 元。应作如下会计分录：

借：对外投资　　800 000
　贷：事业基金——投资基金　　800 000
借：固定基金　　1 000 000
　贷：固定资产　　1 000 000

【例 12】A 事业单位以银行存款 700 000 元对外进行投资。应作如下会计分录：

借：对外投资　　700 000
　贷：银行存款　　700 000
借：事业基金——一般基金　　700 000
　贷：事业基金——投资基金　　700 000

【例 13】B 事业单位（小规模纳税人）以材料对外投资，材料价格为 250 000元账面含税价，评估价为 300 000 元。应作如下会计分录：

借：对外投资　　300 000
　贷：材料　　250 000
　　事业基金——投资基金　　50 000
借：事业基金——一般基金　　250 000
　贷：事业基金——投资基金　　250 000

【例 14】A 事业单位用事业基金弥补本年事业收支不足部分 180 000 元。应作如下会计分录：

借：事业基金——一般基金　　180 000
　贷：结余分配　　180 000

二、固定基金的核算

固定基金是指事业单位固定资产占用的基金。固定基金是事业单位固定资产的资金来源，一般都是由财政或上级主管部门投入，也可能是其他单位投入、融资租入或单位自筹资金购建。

为了核算固定基金的业务，事业单位应设置“固定基金”总账科目。该科目贷方登记以各种方式获得固定资产所形成的固定基金的增加数；借方登记因出售、对外投资、盘亏、毁损及报废固定资产所引起固定基金的减少数；余额在贷方，反映事业单位固定资产占用的累计基金数。由于事业单位固定资产不计提折旧，因而“固定基金”余额反映的不是固定资产的净值，而是固定资产的原始价值。

【例 15】A 事业单位以事业经费购入一台设备，货款、运杂费、安装费共计 220 000 元。应作如下会计分录：

借：事业支出　　220 000
　贷：银行存款　　220 000
同时：
借：固定资产　　220 000
　贷：固定基金　　220 000

【例 16】A 事业单位接受外单位捐赠汽车一辆，其重置价值为 300 000 元。应作如下会计分录：

借：固定资产　　300 000
　贷：固定基金　　300 000

三、专用基金的管理与核算

1. 专用基金的概念及特点

专用基金是指事业单位按规定提取、设置的有专门用途的资金，主要包括职工福利基金、医疗基金、修购基金、住房基金等。

专用基金按规定一般不直接参加业务经营活动，其运动过程具有相对独立的特点：一是专用基金的取得，均有专门的规定。如修购基金、医疗基金、职工福利基金都是根据一定的比例提取的；职工福利基金还可以根据结余的一定比例提取转入。二是各项专用基金都规定有专门的用途和使用范围，除财务制度规定可以允许合并使用以外，专用基金一般不得互相占用、挪用。三是专用基金的使用，均属一次性消耗，没有循环周转，不可能通过专用基金支出直接取得补偿。

2. 专用基金的管理要求

专用基金的管理应遵循"先提后用、专设账户、专款专用"的原则。

（1）先提后用，是指各项专用基金必须根据规定的来源渠道，在取得资金以后，才能安排使用。在提取各项专用基金时，应严格按照《事业单位财务规则》的规定，不得随意提高标准，支出不能超过基金规模。

（2）专设账户，是指对各项专用基金应单独设置会计账户进行管理与核算，不能将不同性质的专用基金混合核算。在使用中，要注意划清各项专用基金的界限。

（3）专款专用，是指各项专用基金都应当按照规定的用途使用，不得挪作他用。要通过保证各项专用基金使用的合理合法，起到促进单位持续健康发展的作用。

3. 专用基金的提取及账务处理

为了核算专用基金的业务，事业单位应设置"专用基金"总账科目。该科目贷方登记按照规定提取的医疗基金、职工福利基金、修购基金及收到的各项住房基金（不包括个人缴纳的住房公积金）；借方登记医疗基金、职工福利基金、修购基金及住房基金的使用情况；余额在贷方，反映专用基金的结存数。该科目应按专用基金的种类分别设置"医疗基金"、"职工福利基金"、"修购基金"和"住房基金"等明细科目，进行明细分类核算。

（1）修购基金的提取及账务处理。

目前，事业单位不进行固定资产折旧的核算。为保证事业单位固定资产更新和维护有一个相对稳定的来源，制度规定了事业单位应按事业收入和经营收入的一定比例提取和按其他规定转入修购基金，统一用于事业单位的设备购置和房屋修缮。修购基金的来源主要有两种情况：一是按照事业收入和经营收入的一定比例，在事业支出和经营支出的修缮费和设备购置费中各列50%；二是固定资产的变价收入，按出售价款转入修购基金。

【例17】A事业单位年度事业收入为120 000元，经营收入为60 000元，提取比例都是5%。年终根据提取比例增设修购基金。应作如下会计分录：

借：事业支出——修缮费 6 000

　　经营支出——修缮费 3 000

贷：专用基金——修购基金　　9 000

【例 18】A 单位将一台设备有偿调出，账面原值为 6 000 元，收到变价款 5 800 元。应作如下会计分录：

借：固定基金　　6 000
　贷：固定资产　　6 000
同时：
借：银行存款　　5 800
　贷：专用基金——修购基金　　5 800

（2）职工福利基金的提取及账务处理。

职工福利基金是指事业单位按照非限定用途结余的一定比例提取以及按照其他规定提取转入的，用于改善职工福利方面所需的资金。事业单位职工福利基金的来源有两个：一是按工资总额比例提取的职工福利费，用于单位职工基本福利支出；二是按结余的一定比例提取的职工福利基金，主要满足不同单位的特殊福利支出的需要。

【例 19】A 事业单位按规定从“事业支出”和“经营支出”中分别提取职工福利基金 150 000 元和 80 000 元；按规定从结余分配中提取职工福利基金 200 000 元。应作如下会计分录：

借：结余分配——提取专用基金　　200 000
　　经营支出——职工福利费　　80 000
　　事业支出——职工福利费　　150 000
　贷：专用基金——职工福利基金　　430 000

【例 20】A 事业单位以银行存款发放职工福利补贴 40 000 元。应作如下会计分录：

借：专用基金——职工福利基金　　40 000
　贷：银行存款　　40 000

（3）医疗基金的提取及账务处理。

医疗基金是指未纳入公费医疗经费开支范围的事业单位，按当地财政部门规定的公费医疗经费开支标准从收入中提取的，并参照公费医疗制度有关规定用于职工公费医疗开支的资金。在实际工作中，医疗基金应按从事专业业务及其辅助活动的人员和从事生产经营活动的人员数提取，并分别列入事业支出和经营支出的社会保障费中。

【例 21】A 事业单位有从事其辅助活动的人员 120 人，从事生产经营活动的人员 60 人，按财政部门确定的公费医疗经费人均年度预算定额标准 400 元提取医疗基金。应作如下会计分录：

事业支出中应提医疗基金额 = 120 × 400 = 48 000（元）

经营支出中应提医疗基金额 = 60 × 400 = 24 000（元）

借：事业支出——社会保障费　　48 000

　　经营支出——社会保障费　　24 000

　贷：专用基金——医疗基金　　72 000

【例 22】A 事业单位按当地公费医疗经费开支项目和支出标准，以现金报销职工报销医药费 5 000 元。应作如下会计分录：

借：专用基金——医疗基金　　5 000

　贷：现金　　5 000

（4）住房基金的提取及账务处理。

住房基金是指除财政预算拨付和财政专户拨付的住房补贴（包括住房公积金、提租补贴、购房补贴等）外，事业单位收到其他住房方面的资金，但不包括职工个人缴纳的住房公积金。如自管住房出租收入、留归单位使用的售房收入、提取的住房公积金、住房资金利息收入、发放的购房补贴支出、自管住房维修管理和改造支出等，均在住房基金中核算。提取住房公积金时可按照单位职工工资总额的 5% 提取。

对于个人住房公积金缴存情况，事业单位应设置辅助账进行登记并核算其缴纳、使用及结余情况。

【例 23】A 事业单位职工工资为 120 000 元，按 5% 提取住房公积金。应作如下会计分录：

提取额 = 120 000 × 5% = 6 000（元）

借：事业支出——住房公积金　　6 000

　贷：专用基金——住房基金　　6 000

【例 24】A 事业单位随工资发放职工的购房补贴 2 000 元。应作如下会计分录：

借：专用基金——住房基金　　2 000

　贷：银行存款　　2 000

本章关键词

结余分配　专用基金　事业基金　修购基金　医疗基金　住房基金

复习思考题

1. 事业单位的净资产有哪些内容？
2. 什么是事业单位的结余？它包括哪些内容？
3. 事业单位的结余应如何进行分配？
4. 事业单位的专用基金有哪些？它主要包括哪些种类？
5. 什么是事业基金？它在事业单位中起什么作用？应当如何提取与核算？
6. 什么是固定基金？应当如何核算？
7. 什么是医疗基金？应当如何提取与核算？

习　题

1. B事业单位基建拨款完成职工住房1栋，价值1 000 000元，交付使用。

2. B事业单位用专项拨款购入该科研项目所需电脑1台，价值10 000元，货款以银行存款支付。

3. B事业单位接受捐赠学生宿舍1栋，价值1 500 000元。

4. B事业单位以拨入经费支付融资租入固定资产租赁费20 000元。

5. B事业单位盘盈办公设备1台，重估价12 000元。

6. B事业单位用专用基金购入设备1台，价款50 000元，货款以银行存款支付。

7. B事业单位盘亏设备1台，账面价值80 000元。

8. B事业单位有偿转让设备1台，账面价值80 000元，转让收入50 000元；同时，报废旧房1栋，账面价值500 000元。报废获残值收入2 000元，支付清理费500元，款项通过银行收支。

9. 按规定从“事业支出”和“经营支出”中分别提取固定资产修购基金10 000元和20 000元，提取医疗基金15 000元和6 000元，提取职工福利基金8 000元和4 000元。

10. B事业单位年终有关收入、支出账户余额如下：

会计科目	借方余额	贷方余额
财政补助收入		2 200 000元
上级补助收入		1 200 000元
附属单位缴款		560 000元
事业收入		3 500 000元

经营收入		4 500 000 元
其他收入		100 000 元
事业支出	5 500 000 元	
上缴上级支出	350 000 元	
销售税金——事业	60 000 元	
结转自筹基建	80 000 元	
拨出经费	1 000 000 元	
对附属单位补助	200 000 元	
经营支出	3 400 000 元	
销售税金——经营	250 000 元	

根据以上资料编制会计分录：

（1）结转事业结余和经营结余；

（2）将“经营结余”和“事业结余”科目的余额转入结余分配；

（3）经营结余按18%的所得税率计算应纳所得税，按经营结余和事业结余的15%提取职工福利基金；

（4）将“结余分配”科目余额转入“事业基金”科目。

第十九章　事业单位会计报告

事业单位编制会计报告的工作主要集中在年末，并在完成年终清理结算和结账工作的基础上进行。本章主要从年终的核算工作开始，具体介绍会计报告的编制和分析等内容。

通过本章学习，应该掌握以下内容：

（1）年终清理结算和结账工作。

（2）事业单位会计报告的构成及分类。

（3）事业单位资产负债表的内容及编制。

（4）收入支出表的内容及编制。

（5）事业单位会计报表的分析。

第一节　年终清理结算与结账

事业单位在年度终了前，应根据财政部门或主管部门的决算编审工作要求，对各项收支账目、往来款项、货币资金和财产物资等进行全面的年终清理结算，并在此基础上办理年度结账，编报结算。

一、年终清理结算的主要事项

（1）清理核对年度各项缴拨款项、上缴下拨款项数字。年终前，对财政部门、上级单位和所属各单位之间的全年预算数（包括追加、追减和上、下划数字）以及应上缴、拨补的款项等，都应按规定逐笔进行清理结算，保证上下级之间的年度预算数和领拨经费数与上缴下拨数一致。为了准确反映各项收支数额，凡属本年度的应拨和应交款项，均应在12月31日前汇达对方。主管会计单位对所属各单位的拨款应截至12月25日为止，逾期一般不再下拨。

（2）清理核对各项预算收支和应缴款项。凡属本年的各项收入，都应及时入账。属于本年的各项支出，应按规定的支出用途如实列报。本年的各项应缴预算款、应缴财政专户的预算外资金款和应交税金，应在年终前全部上缴。

（3）清理核对年度其他款项的数字。主要包括：事业单位的往来款项应尽量清理完毕，银行存款的账面余额应与银行对账单的余额核对相符，现金的账面余额应与库存现金的实有数额核对相符，有价证券的账面数字应与有价证券的实有数额核对相符。

（4）财产物资的清理盘点。年终前，应对各项财产物资进行清理盘点。发生盘盈或盘亏的，应及时查明原因，按规定作出处理，调整账务，做到账实相符、账账相符。

（5）清理上下级调剂收支。这部分收支是事业单位除了财政补助收入的拨、缴款以外，部门系统内部上下级之间集中、调剂的资金，是不同于预算经费的资金。在年终清理时，首先要与预算缴拨款收支区别开来，避免相互混淆；然后在上下级各单位之间清理核对全年集中与补助资金收支的数字。

二、年终结账的程序

事业单位应在年终清理结算的基础上进行结账。年终结账包括年终转账、结清旧账和记入新账三个阶段。

1. 年终转账

账目核对无误后，首先计算出各账户借方、贷方的 12 月份合计数和全年累计数，结出 12 月末的余额。然后，编制结账前的资产负债表，进行试算平衡后，再将各收支账户的余额按年终转账办法，填制 12 月 31 日的记账凭证办理转账。有关转账分录见结余的核算。

2. 结清旧账

将转账后无余额的账户结出全年总累计数，然后在下面画双红线，表示本账户全部结清。对年终有余额的账户，在“全年累计数”下行的“摘要”栏内注明“结转下年”字样，再在下面画双红线，表示年终与结账余额转入新账，旧账结束。

3. 记入新账

根据本年度各账户的余额，编制年终决算的资产负债表和有关明细表。然后，将表列各账户的年终余额数（不编制记账凭证），直接记入新年度相应的各有关账户，并在“摘要”栏注明“上年结转”字样，以区别新年度的发生数。

事业单位的决算经财政部门或上级单位审批后，需要调整决算数字时，应作相应的调整。

第二节　事业单位会计报告概述

事业单位会计报告是反映事业单位财务状况和收支情况的书面文件，是财政部门、上级主管单位、事业单位内部及其他报告使用者了解事业单位的事业发展情况、制定政策和指导单位预算执行情况的重要会计信息，也是编制下年度财务收支计划的基础。

一、事业单位会计报告的构成

事业单位会计报告是反映事业单位一定时期财务状况和经营成果的总结性书面文件。它由会计报表、补充指标表、报表附注和收支情况说明书构成。

事业单位会计决算报告的主要内容包括：事业单位决算报表、报表附注和财务分析。其中，决算报表由主表与补充指标表组成。主表包括资产负债表、收入支出表和有关支出明细表等。补充指标表则是根据有关要求报送的补充性报表。报表附注是用于注明需特别说明的有关报表编制事项，主要包括：报表编制基础、编制依据、编制原则和方法，以及特殊事项的说明和有关重要项目的明细资料等。财务分析是对本单位收入支出、资产负债、净资产等主要财务指标增减变动情况和原因的分析。财务分析往往在收支情况说明书中展开。

根据《事业单位国有资产管理暂行办法》的规定，事业单位应当在会计报告中充分披露用于对外投资、出租、出借固定资产的相关信息。

二、事业单位会计报告的作用

事业单位会计报告对其使用者来说具有重要的作用：①事业单位自身利用会计报告及其他有关业务资料，可以分析、检查单位预算的执行情况，评价单位增收节支的效果，找出存在的问题和差距，吸收好的管理经验，借以改进其财务管理工作，并为编制下期财务规划提供科学的依据。②财政部门利用各单位上报的会计报告，可以掌握各事业单位预算执行的进度，核算总预算支出，便于核拨预算资金，安排好财政收支计划；还可以监督事业单位财经法规、政策的遵守情况，有效地行使宏观调控的职能。③事业单位的出资者和债权人利用事业单位会计报告，可以分析单位资金的利用情况，监督事业单位执行国家财经法规、政策和信贷、结算纪律，并据以作出出资、贷款、提供信用的决策。④主管单位利用会计报表可以了解和掌握本单位的事业发展、各项收支情况，以便汇总上报本单位的收支情况，作为财政部门核拨经费的依据。

三、会计报告的编制要求

事业单位的会计报告是主管部门和财政部门以及其他报表使用者，了解事业单位财务状况和经营业绩的主要信息来源，也是事业单位加强内部管理、进行管理决策的重要依据。因此，事业单位必须全面、真实、及时地编制会计报告，并提供给有关部门和其他报表使用者。编制会计报告的最主要工作是编制会计报表，在正式编制会计报表之前，要做好年终清理结算和结账工作。

会计报表要层层汇总，上级单位要在编制本级会计报表的基础上，根据本级会计报表和经审查过的所属单位会计报表，编制汇总会计报表，并在上下级之间的对应科目数字冲销后，逐级汇总上报。上报上级单位和同级财政部门的会计报表必须经会计主管人员和单位负责人审阅签章并加盖公章。

国有事业单位应按《事业单位会计制度》规定的格式、内容和期限向财政部门或主管单位报送会计报表，中央各部门、省、自治区、直辖市财政厅（局）可根据工作需要增设会计报表。事业单位内部管理需要的特殊会计报表，由单位自行规定。

会计报表分为月报、季报和年报（决算）3 种。月份会计报表应于月份终了后 6 日内报出；季度报表应于季度终了后 5 日内报出；年度会计报表应按财政部决算通知规定及主管部门要求的格式和期限报出。年报应抄送同级国有资产管理部门。

总之，会计报告必须做到内容完整，数字真实，统一连贯，报送及时。

第三节 事业单位会计报表的编制

一、资产负债表的编制

资产负债表是反映事业单位在某一特定日期财务状况的报表。它能够反映事业单位资产、负债、净资产及其相互关系，以及事业单位的偿债能力和财务前景。

资产负债表向有关方面提供的信息资料包括：①事业单位掌管的资产分布结构和状况；②事业单位的负债状况；③事业单位的基金情况；④通过对资产

负债表分析，可以提供事业单位财务实力、短期偿债能力和支付能力信息以及资产负债变化情况及财务状况的发展趋势。

1. 资产负债表的格式

资产负债表是根据“资产 + 支出 = 负债 + 净资产 + 收入”的平衡原理设置的，为账户式资产负债表。左方为资产及支出，右方为负债、净资产和收入，左右两方总额平衡。资产负债表的基本格式如表 19 – 1 所示。

表 19 – 1 资产负债表

编制单位： 200 × 年 7 月 31 日 单位：元

科目编号	资产部类	年初数	年末数	科目编号	负债部类	年初数	年末数
	一、资产类				二、负债类		
	流动资产			201	借入款项		200 000
101	现金		1 000	202	应付票据		
102	银行存款		2 200 000	203	应付账款		300 000
105	应收票据		50 000	204	预收账款		
106	应收账款		80 000	207	其他应付款		100 000
408	预付账款		20 000	208	应缴预算款		106 000
110	其他应收款		10 000	209	应缴财政专户款		250 000
115	材料		150 000	210	应交税金		15 000
116	产成品		300 000		负债合计		971 000
117	对外投资		1 250 000		三、净资产类		
120	固定资产		5 000 000	301	事业基金		2 000 000
124	无形资产		250 000		其中：一般基金		1 750 000
	资产合计		9 311 000		投资基金		250 000
				302	固定基金		5 000 000
				303	专用基金		800 000
	五、支出类			306	事业结余		

（续上表）

科目编号	资产部类	年初数	年末数	科目编号	负债部类	年初数	年末数
501	拨出经费		7 000 000	307	经营结余		
502	拨出专款		100 000		净资产合计		7 800 000
503	专款支出		150 000		四、收入类		
504	事业支出		2 700 000	401	财政补助收入		7 500 000
505	经营支出		600 000	403	上级补助收入		2 000 000
509	成本费用		700 000	404	拨入专款		300 000
512	销售税金		20 000	405	事业收入		1 000 000
516	上缴上级支出		40 000	409	经营收入		800 000
517	对附属单位补助		500 000	412	附属单位缴款		600 000
520	结转自筹基建		100 000	413	其他收入		250 000
	支出合计		11 910 000		收入合计		12 450 000
	资产部类合计		21 221 000		负债部类总计		21 221 000

2. 资产负债表的编制方法

一张完整的资产负债表，应当包括表首、正表与附列资料。表首应当填写编表单位的名称、编表日期和计量单位等。在正表中，“年初数”应根据事业单位上年末资产负债表的期末数字填列。“年末数”应根据截至报告月份的各总账科目和明细科目的期末余额填列。附列资料应根据备查登记簿的记录等填列，如融资产租入固定资产等，可根据有关备忘录加以说明。

二、收入支出表及附表的编制

1. 收入支出表的编制

收入支出表是反映不实行成本费用核算的事业单位一定时期财务收支结余及其分配情况的报表。它由收入、支出、结余三部分内容组成，并表现出“收入－支出＝结余”的关系。收入支出表是事业单位的主要会计报表之一，并按照报送时间划分为月报和年报两种。

事业单位收入支出表的作用，表现在它可以综合地反映事业单位在一定期间内收入的来源、支出的用途以及结余的形成与分配情况等多方面的信息。这些信息，对于财政部门、上级主管部门和其他有关方面了解情况、掌握政策、指导单位预算执行等具有重要的作用。事业单位本身还可以通过收入支出表判断经营成果、评价业绩、加强财务管理和预测未来发展趋势。

2. 收入支出表的格式与编制方法

事业单位的收入支出表的项目，应当按"收入－支出＝结余"的构成及结余分配情况列示。收入支出表的基本格式如表19－2所示。

收入支出表中的"累计数"，反映各项目自年初至编报月份止的累计实际发生额。它应该根据总分类账和有关明细分类账户的期末余额填列。收入支出表的月报，其收入部分和支出部分，原则上应和资产负债表中的收入类、支出类相一致。尽管事业单位不实行月度结账，但收入支出表的月报也应当反映收入减去支出后的当期结余，以便有关方面及时了解事业单位的财力情况。

收入支出表的年报，反映事业单位整个预算年度中获得的各项收入、支出、结余及其分配情况，有关项目应根据总分类账户和有关明细分类账户的年末余额填列。经分配后的结余转入事业基金，有关数字应根据计算结果填列。对"事业支出"项目中的"财政补助支出"和"预算外资金支出"，可以利用统计方法填列。

主管会计单位编制汇总收入支出表时，在核对的基础上，应将本级"拨出经费"、"拨出专款"与所属单位"财政补助收入"和"拨入专款"科目汇总数对冲；将"对附属单位补助"、"附属单位缴款"与所属单位"上级补助收入"、"上缴上级支出"科目汇总数对冲。

3. 事业支出明细表的编制

事业单位会计报表的附表主要是收入支出表的附表，包括事业支出明细表和经营支出明细表，其他附表还包括基本数字表、事业收入明细表、预算外资金收入明细表、固定资产分类表、往来款项明细表等。

事业单位的事业支出是指用财政补助收入、上级补助收入、事业收入、附属单位缴款、其他收入等统筹安排所形成的支出。因此，事业支出明细表是为了帮助使用者深入了解收入支出表中支出部分的事业支出项目，而以表格的形式所作的补充说明和详细解释。事业支出明细表的基本格式如表19－3所示。

表 19－2 **收入支出表**

编制单位： 200×年7月 单位：元

收入		支出		结余	
项目	本年累计	项目	本年累计	项目	累计数
财政补助收入	7 500 000	拨出经费	7 000 000		1 010 000
上级补助收入	2 000 000	上缴上级支出	40 000		
附属单位缴款	600 000	对附属单位补助	500 000	事业结余	
		事业支出	2 700 000	1. 正常收支结余	
事业收入	1 000 000	其中：		2. 收回以前年度的事业支出	
其中：		财政补助支出			
预算外资金收入		预算外资金支出			
其他收入	250 000	销售税金			
		结转自筹基建	100 000		
小计	11 350 000	小计	10 340 000		
经营收入	800 000	经营支出	600 000		－520 000
		成本费用	700 000	经营结余	
		销售税金	20 000	以前年度经营亏损（一）	
小计	800 000	小计	1 320 000		
拨入专款	300 000	拨出专款	100 000		
		专款支出	150 000	结余分配	
				1. 应交所得税	
				2. 提取专用基金	
				3. 转入事业基金	
小计	300 000	小计	250 000	4. 其他	
总计	12 450 000	总计	11 910 000		

表 19－3 **事业支出明细表**

编制单位： 年 月 日 单位：元

项 目	合计	基本工资	补助工资	其他工资	职工福利费	社会保障费	助学金	公务费	设备购置费	修缮费	业务费	其他费用	备注
列次	1	2	3	4	5	6	7	8	9	10	11	12	13
事业支出													
其中：													
财政拨款支出													
预算外资金支出													
合计													

该表的项目应按“政府收支分类科目”中“支出经济分类科目”的款级科目列示，也就是按照事业支出明细账项目列示。因此，应根据事业支出明细账的数据填列。对于用财政拨款和预算外资金收入安排的支出，事业单位可根据核定预算和实际使用情况，采用统计方法填列。

4. 经营支出明细表的编制

经营支出明细表是为了帮助使用者深入了解收入支出表中支出部分的经营支出项目，而以表格的形式所作的补充说明和详细解释。经营支出明细表的基本格式如表 19－4 所示。

表 19－4 **经营支出明细表**

编制单位： 年 月 日 单位：元

项 目	合计	基本工资	补助工资	其他工资	职工福利费	社会保障费	助学金	公务费	设备购置费	修缮费	业务费	其他费用	备注
列次	1	2	3	4	5	6	7	8	9	10	11	12	13
经营支出													
1													
2													
合计													

在经营支出明细表中，经营支出的有关栏目，应当根据经营支出明细账填列。在该表经营支出栏下，可按经营业务的种类分类填列。

对于实行内部成本核算的事业单位，其经营支出明细表还可以参照企业会计的格式设计。

三、会计报表附注的编制

会计报表附注是为了帮助理解会计报表的内容而对报表有关项目等所作的补充说明和详细解释。它是事业单位会计报表的有机组成部分。

事业单位会计报表附注的内容主要包括：

（1）特殊事项的说明。这是指事业单位偶发的事项，它与事业单位正常的业务相比，在性质上具有特殊性。例如，水灾、火灾等自然灾害给事业单位的财产带来的额外损失。

（2）会计报表中有关重要项目的明细资料。会计报表中的一些重要项目只能用数字列出，无法详细说明其内容。对于这些项目，有必要通过会计报表附注加以说明。例如，某些事业单位的事业收入占整个收入总额的比重较大，这就必须通过附注说明各项事业收入的来源渠道、政策依据、业务运转等情况。

（3）其他有助于理解和分析会计报表而需要说明的事项。例如，事业单位的会计方法发生变更，从而造成一定的影响。当这些影响达到一定程度时，就有必要在会计报表附注中予以说明。

四、收支情况说明书的编制

收支情况说明书是事业单位在对一定期间（通常为一个会计年度）内收入和支出、结余及其分配情况进行分析总结的基础上所作的数字和文字的说明。它也是事业单位会计报表的一个有机组成部分。

收支情况说明书的内容一般包括以下几个方面内容：

（1）预算或财务收支计划的完成情况，以及预算或财务收支计划执行过程中存在的问题。

（2）对收支增减变化的情况和原因进行财务分析。通过财务分析，可以客观地总结事业单位财务管理的经验，揭示财务管理工作中存在的问题，逐步认识和掌握财务活动的规律，改进财务工作和提高事业单位资金利用效率和经济效益。

按照《事业单位财务规则》规定，事业单位的财务分析主要有经费自给率、人员支出与公用支出分别占事业支出的比率、资产负债率等指标。

①经费自给率。这是用来衡量事业单位组织收入的能力和收入满足经常性支出程度的指标，是综合反映事业单位财务收支状况的重要的分析评价指标之一。它既是国家有关部门对事业单位制定相关政策的重要指标，也是财政部门确定财政补助数额的依据；同时也是财政部门和主管部门确定事业单位收支结余，提取职工福利基金比例的依据。其计算公式为：

$$\text{经费自给率}=\frac{\text{事业收入}+\text{经营收入}+\text{附属单位上缴收入}+\text{其他收入}}{\text{事业支出}+\text{经营支出}}\times100\%$$

需要注意的是该公式收入不包括财政补助收入和上级补助收入，支出是事业单位的经常性支出。支出中因特殊原因需要扣除的项目，如临时性、一次性专项资金安排的设备购置支出，应报财政部门批准。

【例 1】A 事业单位全年财政补助收入 2 000 000 元，上级补助收入 500 000 元，事业收入 1 500 000 元，经营收入 1 000 000 元，附属单位缴款 400 000 元，其他收入 100 000 元；事业支出 3 000 000 元（其中专项支出 300 000 元），经营支出 600 000 元。

$$\text{经费自给率}=\frac{1\ 500\ 000+1\ 000\ 000+400\ 000+100\ 000}{3\ 000\ 000-300\ 000+600\ 000}\times100\%=90.91\%$$

②人员支出、公用支出占事业支出比率。人员支出比率是指事业支出中用于人员开支的部分，包括基本工资、补助工资、职工福利费、社会保障费和助学金等占整个事业支出的比重；公用支出比率是指事业支出中用于公用开支的部分，包括公务费、业务费、设备购置费、修缮费和其他费用等占整个事业支出的比重。其计算公式为：

$$\text{人员支出比率}=\frac{\text{人员支出}}{\text{事业支出}}\times100\%$$

$$\text{公用支出比率}=\frac{\text{公用支出}}{\text{事业支出}}\times100\%$$

分析人员支出与公用支出占事业支出的比率，可以了解事业支出结构是否合理。例如学校的人员支出比率相对于科研单位来说要高些。事业单位虽各有不同的特点，但单位可以根据自己的业务特点和人员状况，通过与本单位过去、以前年度的指标比较，分析本单位支出结构的变化及发展趋势是否合理；也可以与同行业进行横向比较分析，了解别人，发现自己存在的差距。从总体上看，人员支出率不宜过高，否则，事业单位有限的资金会被大部分人员支出花费。也就是通俗的说法，被“人头”吃掉了，可用于开展业务的资金就难以保证，最终不利于事业的发展。

③资产负债率。这是衡量事业单位利用债权人提供的资金开展业务活动的能力，以及反映债权人提供资金的安全保障程度。资产负债率是事业单位财务分析评价的一个重要指标。其计算公式为：

$$资产负债率=\frac{负债总额}{资产总额}\times 100\%$$

从债权人的角度，资产负债率反映贷给事业单位款项的安全程度，从债务人角度来看，资产负债率说明事业单位利用债权人提供的资金进行业务经营活动的能力。从事业单位的性质来看，资产负债率保持一个较低的比例较为合适。

（3）总结经验，作出评价。指对在改善业务活动的管理、增收节支方面所作的努力和取得的成绩进行客观的评价，并肯定成绩，指出问题。

（4）提出建议和措施。通过分析，应针对单位工作中存在的主要问题，提出切实可行的改进建议和措施。

（5）说明结余及其分配情况。

收支情况说明书能够利用文字和数字的形式，明确而具体地揭示事业单位财务收支活动的过程以及所取得的成绩和存在的问题，从而能够比较全面地揭示事业单位业务活动的全过程和目前所处的状况。因此，它是会计报表使用者了解和评价事业单位财务收支情况，进行有关决策的重要参考资料。

本章关键词

年终清理结算　年终结账　事业单位资产负债表　事业单位收入支出表　事业单位收支情况说明书

复习思考题

1. 事业单位年终清理结算的内容包括哪些？

2. 事业单位应当如何编制年终转账分录?

3. 事业单位会计报表有哪些种类?

4. 事业单位资产负债表的基本格式如何?

5. 什么是收入支出表?它应当如何编制?

6. 什么是会计报表附注?事业单位会计报表附注的内容主要有哪些?

7. 什么是收支情况说明书?事业单位的收支情况说明书需要分析哪些财务指标?

习 题

某事业单位200×年9月30日的有关资料如下:

有关账户的年初余额为:

资产类账户的借方余额为:现金500元,银行存款1 700元,应收票据1 400元,应收账款1 500元,材料400元,产成品500元,对外投资1 100元,固定资产48 000元,无形资产1 300元。

负债类账户的贷方余额为:应付票据1 200元,应付账款600元,预收账款500元。

净资产类账户的贷方余额为:事业基金5 200元,其中,一般基金4 100元,投资基金1 100元。固定基金48 000元,专用基金900元。

有关账户的月末余额如下:

资产类账户的借方余额为:现金600元,银行存款1 800元,应收票据1 200元,应收账款1 100元,预付账款700元,其他应收款200元,材料1 400元,产成品1 300元,对外投资1 200元,固定资产52 000元,无形资产1 000元。

负债类账户的贷方余额为:借入款项400元,应付票据1 400元,应付账款200元,预收账款500元,其他应付款100元。

净资产类账户的贷方余额为:事业基金5 400元,其中,一般基金4 200元,投资基金1 200元。固定基金52 000元,专用基金1 000元。

收入类账户的贷方余额为:财政补助收入2 500元,上级补助收入400元,拨入专款800元,事业收入1 200元,经营收入800元,附属单位缴款1 100元,其他收入100元。

支出类账户的借方余额为:拨出经费1 200元,拨出专款300元,专款支出200元,事业支出2 100元,经营支出200元,成本费用100元,销售税金100元,上缴上级支出300元,对附属单位补助400元,结转自筹基建500元。

要求:

(1)根据以上资料,编制本月资产负债表。

(2)销售税金全部是在经营活动中产生的。在事业收入中,预算外资金收入为100元。在事业支出中,财政补助支出为1 350元,预算外资金支出为50元。在结余分配中,应交所得税为150元,提取专用基金为100元。根据以上资料,编制收入支出表。

第二十章　美国政府会计及非营利组织会计

政府会计是核算政府及其机构在资金运作方面的专业会计，并成为会计体系中的一个重要分支。本章的第一、二节先介绍美国政府会计的一些基本概念和基本理论及美国政府会计的会计处理，其后的第三、四节介绍非营利组织会计的会计准则及会计处理。

通过本章学习，应该掌握以下内容：

（1）美国政府及其机构在经济社会中的重要作用。

（2）美国政府会计的构成体系及理论基础。

（3）美国政府会计中基金的类型及核算。

（4）美国非营利组织的特征与类型。

（5）美国非营利组织会计应遵循的会计准则。

（6）美国非营利组织会计的账务处理。

第一节　政府会计概述

政府会计的设置和执行必须和一个国家的政府管理层次和机构性质结合起来。要进行政府会计的核算，首先要了解政府的管理层次和政府机构的设立，从而了解政府会计的组成；然后要掌握政府会计需遵循的会计原则，为学习政府会计的处理打下基础。

一、政府机构的性质与目标

一个国家必须建立治理国家的机构，这就是政府机构。每个国家都必须根据本国的政治体制建立政府机构，才能充分发挥各类政府机构管理国家的职能。

从履行国家职能的需要出发，美国已建立了联邦、州、市、镇、县、村的政府机构。其中，联邦政府主要有三个组成部分：立法机构、行政机构和司法机构。作为行政机构的财政部负责预算、税收（主要是所得税）、发行债券、拨付资金以及核算联邦政府的基金，主要负责州与州之间的商务、国防、社会保障和其他一些活动。州政府主要负责环保、道路养护和建设、大专院校管理以及其他责任。州以下的政府机构则负责与公民最接近的事务，如大部分的公众教育、地方交通、公共安全、消防及大部分娱乐场所的管理等。

尽管不同国家的政府机构设置有不同的层次，但其目标是基本相同的，就是在财政和资源允许的范围内，向社会公众提供尽可能多的产品和服务。政府机构的建立和运作目的不在于营利。随着社会经济的发展，政府及其机构的作用变得越来越重要。

二、美国政府会计的组成体系

美国的政府会计是建立在政府机构层次和会计准则基础上的主体。政府会计的组成体系主要是由联邦、州以及地方的各级政府会计构成。

联邦政府会计是在中央和机构层面上作为基金和拨款控制的重要工具。整个会计和财务报告系统的参与者表现为三个层次，并承担相应的经管责任。第一个层次表明，财政部是联邦政府的主会计师，肩负着重要的职能，管理和预算办公室作为总统行政办公室内的一个机构也拥有广泛的财务管理权，会计总署的主要责任是协助国会对行政部门进行总体监督，并作为联邦政府的独立的法定审计师；第二个层次表明，联邦会计准则咨询委员会（Federal Accounting Standard Advisory Board，简称 FASAB）是由前面三者签订联合协议组成的，它专门颁布联邦机构需要遵守的会计原则和准则；第三个层次表明，联邦机构是具体执行联邦会计准则的子系统。其结构如图 20－1 所示。

州和地方政府会计担负着大量的核算业务，发挥着有效的指导和控制有限资源使用的作用，承担相应的经营管理责任，并向社会公众提供信息。1984年成立的政府会计准则委员会（Governmental Accounting Standard Board，简称 GASB）取代了原政府会计全国理事会，成为州和地方政府会计准则制定的权威机构。政府会计准则委员会负责为州和地方政府的业务及交易制定会计准则。政府会计准则委员会和财务会计准则委员会（Financial Accounting Standard Board，简称 FASB）一样，由财务会计基金会提供资金并进行监督。其结构如图 20－2 所示。

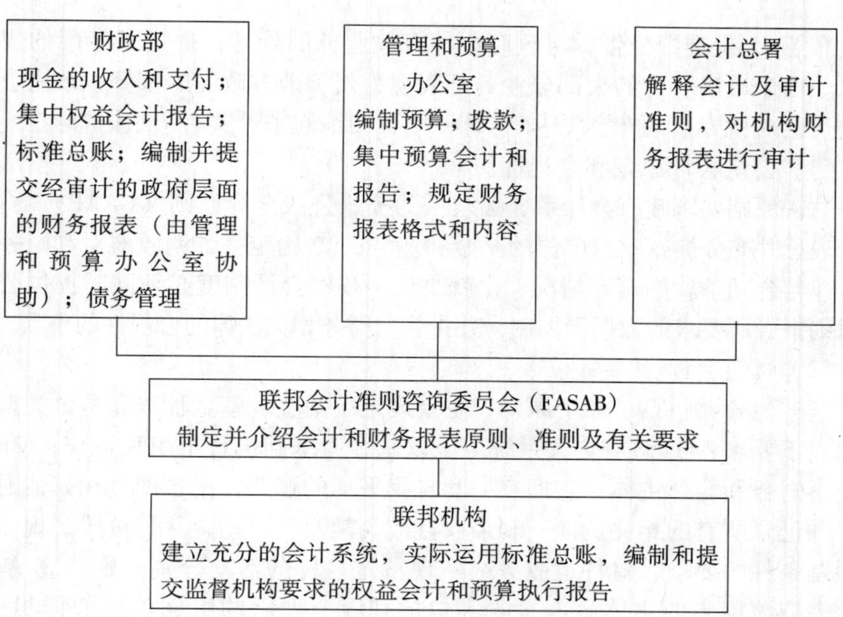

图 20－1 联邦会计和财务报告参与者的职能及层次

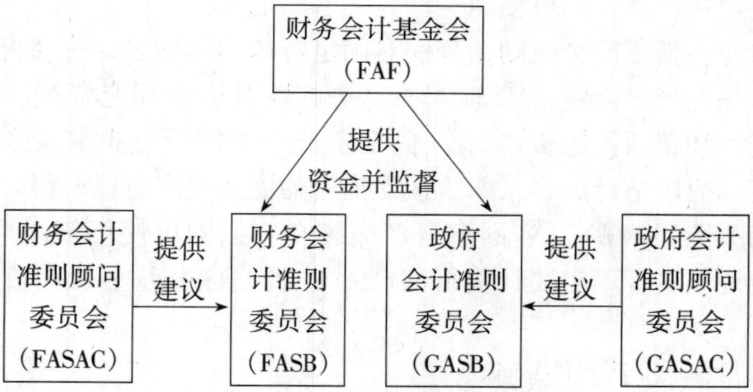

图 20－2 美国财务报告准则制定机构

三、政府会计所遵循的理论基础

要进行会计核算必须先确定会计前提和会计核算原则，以下是美国政府会计准则体现的会计前提和会计核算原则。

1. 美国政府会计准则委员会颁布的会计原则

与财务会计相适应，美国政府会计也是以会计准则的形式来规范政府会计所应遵循的理论原则及规定。政府会计准则委员会在 1984 年至 2004 年之间，共发布了45份准则公告，对政府会计有关业务的处理，提供了专门的规定和方法。由于政府会计的大部分业务都表现为州和地方政府的核算，政府会计准则委员会对此专门颁布了13条会计原则，归纳起来，共有7组内容：

（1）公认会计原则和合规性。

这一原则要求政府会计系统必须：①按照公认会计原则（GAAP）的要求，公允表达并充分披露政府单位的基金和业务；② 确定并证明政府对和财务相关的法律与合同条款的遵守情况。也就是说，政府会计制度必须同时提供公认会计原则报告所要求的数据和控制，并报告与财务相关法律的合规性的事项。

（2）基金会计。

这一内容共包括了三个原则，主要规定了基金、基金种类和基金类型，并提出以下要求：① 政府会计系统应该以基金为基础进行组织和运作；② 基金是一个财务和会计主体，它拥有一套自我平衡的账户，记录现金和其他财务资源，并记录所有的相关负债、剩余权益或余额及其变动，并且按照法规、限定或限制条件的要求，对特定业务或实现特定目标的活动分别建账；③ 基金财务报表应该用来向主体政府报告，包括其混合列示的组成单位的详尽信息；④ 政府基金和权益基金财务报告的焦点应该是主要基金。

（3）固定资产和长期负债。

这一内容包括了四个原则，分别对固定资产的类型、计价和折旧以及长期负债的核算等进行了规定：① 应严格区分权益基金的固定资产、信托代理基金的固定资产和普通固定资产。② 固定资产应采用历史成本入账，如成本不能实际确定，应以估计成本入账。接受捐赠的固定资产应以取得时的估计公允价值加上相关费用入账。③ 固定资产应该在它们的可使用年限内计提折旧，但土地和土地改良，不需要计提折旧。④ 应严格区分基金长期负债和普通长期负债。

（4）计量焦点与会计基础。

这一原则主要是对政府会计的计量焦点和会计基础进行规定，主要包括以下内容：① 对于政府的净资产报表和业务表，应该采用经济资源计量焦点和权责发生制编制；② 对于基金财务报表，应该使用本期财务资源的计量焦点和修正的权责发生制编制。[①]

（5）预算、预算控制和预算报告。

这一原则主要是强调了预算、预算控制和预算受托责任的重要性。主要内容有：① 每个政府单位都应该采用年度预算；② 会计系统应该提供适当的预

---

① 修正的权责发生制是指以权责发生制为主，在某些特定项目中采用收付实现制。

算控制基础；③ 采用收付实现制编制的政府预算与采用权责发生制的政府会计发生较大差异时，必须给予调整。

（6）分类和术语。

这一内容包括了两个原则，主要是对各类账户进行分类的规定。主要内容有：①各类会计数据应以不同的方式分类，以满足不同的信息需求；② 把内部的资源转移和长期借款同收入、支出和费用区别开来；③ 提供一致的分类和术语。

（7）年度财务报告。

这一原则强调了年度对外财务报告的重要性。主要内容有：① 应该提交适当的有关财务状况、运营成果以及其他有关信息的中期财务报表和报告，以便于财务管理和立法监督，在必要时或需要时可以对外报告。② 编制并公布综合年度财务报告。该报告应该涵盖主体政府的一切活动，同时应提供报告主体所有分开列示的组成单位的总体情况信息。③ 财务报告主体的核心通常是主体政府，但还应包括有关的政府组织。

第二节 美国政府会计的核算

由于美国的政治体制分为两个重要层次——联邦政府以及州和地方政府，政府会计也相应地分为联邦政府会计以及州和地方政府会计。联邦政府会计主要是围绕国防、社会保障等宏观方面进行汇总核算，并编制有关的合并资产负债表，而大量的政务活动和商务活动构成了州和地方政府的核算内容。因此，我们主要从州和地方政府会计的核算进行介绍。

一、基金的含义及种类

1. 基金的含义

作为政府以及政府的各个部门，在一般政务活动[①]和商务活动中要根据不同的用途来分配资源。因此，需要一个系统来进行会计处理，这一系统要满足一个政府单位中多个会计主体的要求。这些会计主体被称为基金，并且满足商务活动的基金和一般政务活动的基金的会计模式也不同。政府会计所用的基金

① 一般政务活动是指政府使用税收免费提供的服务，包括日常行政管理、公共安全、教育、司法系统等。

可分为两大类型：一是可支用（政府）基金，其核算非商业活动（如消防、公安）中可支用的流动资产、相关负债、净资产的变动及余额。二是不可支用（权益）基金，其核算商业活动（如公用事业、自助食堂或公交系统）中的收入、费用、资产、负债和权益。

政府会计准则委员会将基金定义为："……所谓基金是指一个财务及会计主体，其本身有一套自我平衡的会计账户用以记录现金和其他财务资源（如果是权益基金或信托基金，还包括非财务资源），以及所有相关的负债、剩余权益或余额及其间的变动。基金是为完成特定的活动或为符合特殊的规定、范围或限制的目的而分开设立的。"①

政府会计所运用的基金是一种复合会计主体，如图 20－3 所示。每项基金都拥有：自己的会计等式；自己的日记账、分类账和用以处理交易对基金中核算的净资产或活动影响的其他会计记录；报告基金自身的财务报表。

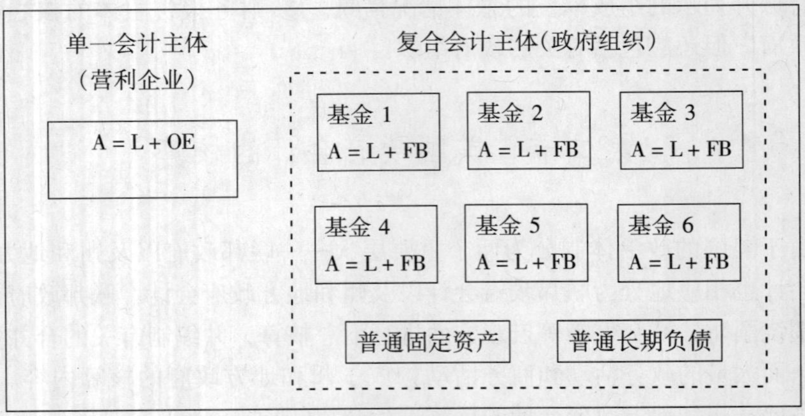

图 20－3　单一会计主体和复合会计主体

说明：

A：资产，对大多数可支用（政府）基金仅指流动资产；对不可支用（权益）基金指流动和非流动资产。

L：负债，对大多数可支用（政府）基金仅指流动负债；对不可支用（权益）基金指流动和非流动负债。

OE：所有者权益（企业）。

FB：基金余额（可支用或政府基金），或者净资产或基金权益（不可支用或权益基金）。

虚线部分：政府整体。

① 美国政府会计准则委员会准则汇编（GASB cod. sec.）1100. 102 节。

2. 基金的种类

由于政府会计要根据不同的财务资源进行核算，因此，需要设立三种类型的基金：政府基金、权益基金及信托和代理基金。三种基金具有不同的核算内容，但在会计处理上基本相同，并且还要相互联系，如图 20－4 所示。为了全面核算州和地方政府的业务，还要设立非基金账户。

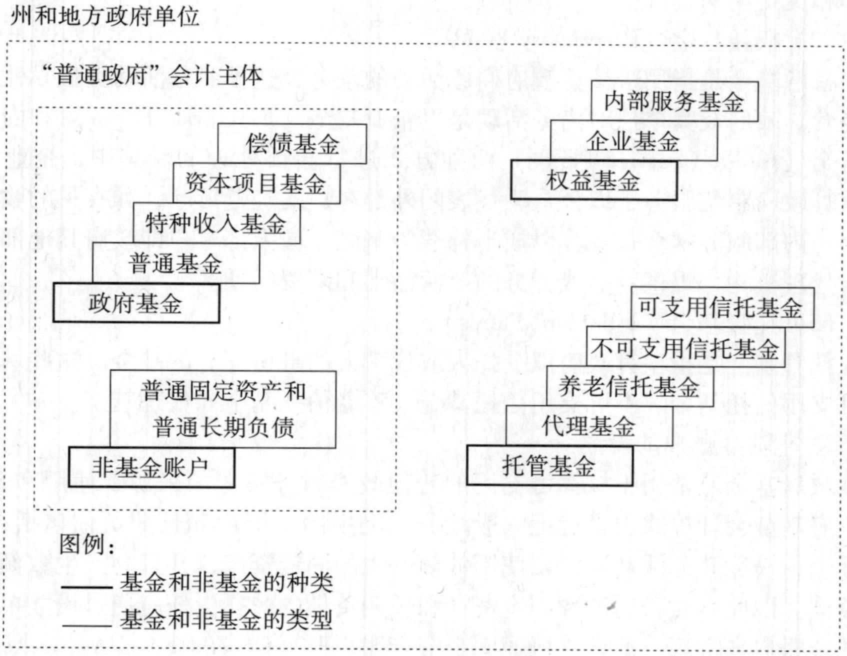

说明：

1. 每一基金会计主体都是单独拥有一套自我平衡账户的独立会计主体（不存在州或地方政府的统一集中核算的主体）。

2. 财务报表要分层次编制：为每一个基金编制个别基金报表，为每一种类的所有非主要基金或某一类型的所有基金编制联合报表；为政府报告主体编制主要基金财务报表和政府层面的财务报表。

图 20－4　州和地方政府会计主体的种类

（1）政府基金（Governmental Funds）。

政府基金是指用于核算普通政府财务资源的来源、使用和余额的基金。处理一般政务活动需要不同的政府基金，每类政府基金均为一营运资金主体。具体来说有四种政府基金：普通基金（General Fund）、特种收入基金（Special Revenue Funds）、资本项目基金（Capital Projects Funds）和偿债基金（Debt

Service Funds)。其中，普通基金是用来核算不归属其他基金处理的所有财务资源；特种收入基金是用来核算法定限制于某特定目的的一般政府财务资源（不包括可支用信托或主要资本项目）；资本项目基金是核算用以处理购置或建造主要的一般政府固定资产的资源和相关流动负债（不包括那些由权益基金及信托基金所取得的财务资源）；偿债基金是核算用以支付普通长期负债本息和相关费用的资源。

（2）权益基金（Proprietary Funds）。

权益基金是指用于核算政府商务活动的基金，这种商务活动类似私营企业的经营。政府及其单位对商务活动是以企业基金（Enterprise Funds）和内部服务基金（Internal Service Funds）两种方式进行会计处理的。其中，企业基金是核算政府单位服务于以公众为代表的外部客户的经营活动，如有关的收入和费用；内部服务基金是核算以成本补偿为基础，向内部客户即政府其他部门或政府代理机构，提供商品或劳务的经营活动和筹资活动。

（3）托管基金（Fiduciary Funds）。

托管基金是指核算政府以受托人或代理人的身份拥有的基金。这些基金包括可支用信托基金、不可支用信托基金、养老信托基金和代理基金。

3. 非基金账户的设立

政府基金通常用于核算可支用的普通政府财务资源的来源、使用和余额，但政府基金会计等式中没有把一般政务活动中固定资产和长期负债包括在内。实际上，一般政务活动通常要使用数额巨大的固定资产，并且会产生数额巨大的负债。因此，对普通政府固定资产和长期负债的受托责任应通过设立单独的非基金账户来实现，即设立普通固定资产账户群（General Fixed Assets Account Group，简称 GFAAG）和普通长期负债账户群（General Long-Term Debt Account Group，简称 GLTDAG）。

从图 20－4 中可知，政府基金和非基金账户是普通政府的会计主体，这是政府会计最独特的性质。具体来说，除了与权益基金和信托代理基金有明确关系的资产、负债、交易和事项才在这两个基金内记录，其他资产、负债、交易和事项都记录在普通政府会计主体中。

在政府基金会计等式中，政府基金的经营成果是通过核算可支用的净财务资源的来源、使用和余额来计量的，而不是通过核算净利润来计量的。由于非基金账户并不核算可支用的净财务资源的来源、使用和余额，而是核算普通政府固定资产和未到期的长期负债，因此，非基金账户的变动并不会直接影响政府基金的经营成果。

二、政府基金会计

从以上政府基金类型可知，四种基金都分别核算不同的内容，形成相应的账户，组成总分类账户和明细分类账户进行核算，并按照规定的会计基础、会计等式和会计报告的内容提供有用的信息。

1. 基本问题的规定

进行政府基金会计的核算，首先要明确有关会计基础、会计等式等基本问题。我们将这些基本问题列示在以下的表格（表 20－1）中：

表 20－1　　　　政府基金的会计等式和报表

项　目	基本规定
1. 会计基础	修正的权责发生制或权责发生制
2. 会计等式	资产＝负债＋基金余额 或　流动资产－流动负债＝基金余额
3. 财务报表	一是按修正的权责发生制编制的资产负债表；二是收入、支出和基金余额变动表；三是收入、支出和基金余额变动表——预算和实际（按收付实现制编制）。

政府基金会计的核算首先要确定会计基础。政府会计准则委员会指出了该类基金应使用的会计基础：

"……修正的权责发生制或权责发生制被认为适用于计量财务状况和经营成果。政府基金收入和支出应按修正的权责发生制确认。收入应在可获得和可计量的会计期间内确认。除了普通长期债务未到期利息应在到期时予以确认外，支出应在发生基金负债，并且可计量支出的会计期间予以确认。"①

修正的权责发生制主要强调收入是可计量并可获得的，并且，费用一词往往为支出所代替。支出不仅包括已经发生的某种类型的费用，而且还应包括债务偿还和资本支出。

政府基金会计也像企业会计那样，需要确定会计等式。表 20－1 中的"流动"通常是指在当前的财政年度可以转换成现金的财务资源或应在当期偿还的负债。

① 美国政府会计准则委员会准则汇编 1100. 108 节。

理解表 20－1 中财务报表的前两张表的基本性质和内容的最简单方法是把它们同会计等式联系起来。资产负债表本质上是对会计等式的详细描述；收入、支出和基金余额变动表中基金余额增加数划分为：收入、其他财务来源和剩余权益转入，减少数则划分为：支出、其他财务运用和剩余权益转出。

2. 政府基金具体业务的分析

以下列示政府基金一组业务的分析，如表 20－2 所示。这一组业务涉及政府基金的四个基金类型的内容：

（1）发行普通债券，面值 5 000 美元，并以面值的 101% 溢价发行，取得融资用以建造一座政府办公大楼；

（2）债券溢价转账给处理债券本金和利息支付的基金；

（3）发生并支付大楼建造成本 5 300 美元；

（4）额定征收用途限制于经济发展的销售税金 750 美元；

（5）支付一般政府雇员工资 480 美元，另外应计工资 30 美元尚未支付；

（6）以票据借入 6 个月期借款 600 美元，用以支付政府一般营运成本。

表 20－2　　运用具体基金进行一般政府业务分析　　单位：美元

政府基金					GFAAG		GLTDAG		
№	基金	会计等式			会计等式		会计等式		
		CA	CL	FB	FA	普通固定资产投资	提供的金额	可用金额	长期负债
1	CPF	+5 050		+5 050			+5 000		+5 000
2a	CPF	－50		－50					
2b	DSF	+50		+50			－50	+50	
3	CPF	－5 300		－5 300	+5 300	+5 300			
4	SRF	+750		+750					
5	GF	－480	+30	－510					
6	GF	+600		+600					

说明：CA——流动资产；CL——流动负债；CPF——资本项目基金；DSF——偿债基金；FA——固定资产；FB——基金余额；GF——普通基金；SRF——特种收入基金；GFAAG——普通固定资产账户群；GLTDAG——普通长期负债账户群。

从以上业务可知，政府基金的核算不仅涉及四种基金的会计等式中的变化，还会涉及普通固定资产账户群和普通长期负债账户群的会计等式中的变化。

3. 政府基金的会计处理

政府基金包括了普通基金、特种收入基金、资本项目基金和偿债基金。具体来讲，普通基金是核算政府日常运作事务的主体，包括收取收入以及向市民提供公共商品和服务发生的支出。如果一个普通政府单位只有一个基金主体，这就是普通基金。但一个政府单位有可能有多项特种收入基金或者没有，因为特种收入基金是用来处理特定来源收入的，如特定来源指定用于教育，则应使用一项特种收入教育基金来处理指定用途的资源。同样，如果一个城市接受州或联邦基金，指定用于高速公路的建设或保养，则应设置一项特种收入基金来处理此类基金资源。因此，普通基金和特种收入基金的会计处理要求是相同的，使用正式的预算会计事务。

资本项目基金则不采用正式预算会计，它是在合法授权时产生的，并存在于项目建设期内，也就是一项资本项目基金用于核算一个主要资本项目。偿债基金应和普通长期负债账户群的核算相协调，当长期负债到期，在偿债基金中记录支出，而在普通长期负债账户群中记录负债的减少。

【例 1】 下面我们来看一组业务的会计处理。

（1）B 镇 20×1 年 7 月 1 日至 20×2 年 6 月 30 日年度核准的预算收入合计是 500 000 美元，核定的经费支出合计是 495 000 美元，预算基金余额增加数是 5 000 美元：

借：预计收入	$500 000	
贷：核定经费		$495 000
未保留基金余额		5 000

（2）B 镇的财务员开具缴付 300 000 美元财产税的税单，并预计有 1% 的财产税不能收回，剩余税款将在本年度或年后不超过 60 天内收到：

借：应收税款——本年度	$300 000	
贷：备抵应收税款——本年度		$3 000
收入		297 000

（3）当开具并送出垃圾收集费 70 200 美元的收费单据时，确认收入。设 200 美元预计不可收回，其余部分预期在年底前（或年后 60 天内）收回：

借：应收账款	$70 200	
贷：坏账准备		$200
收入		70 000

（4）收到发出企业执照等收入共 30 000 美元：

借：现金　　　　　　　　　　　　　　　　　　　　$30 000
　贷：收入　　　　　　　　　　　　　　　　　　　　　$30 000

(5) 当开具薪金 40 000 美元的支付凭据时，形成了支出：

借：支出　　　　　　　　　　　　　　　　　　　　$40 000
　贷：应付账款　　　　　　　　　　　　　　　　　　　$40 000

(6) 由普通基金转账 150 000 美元给资本项目基金，这需要在两种基金中分别编制分录：

<u>普通基金：</u>

借：其他财务运用——对市政厅资本项目基金的运营转账
　　　　　　　　　　　　　　　　　　　　　　　　$150 000
　贷：现金　　　　　　　　　　　　　　　　　　　　　$150 000

<u>资本项目基金：</u>

借：现金　　　　　　　　　　　　　　　　　　　　$150 000
　贷：其他财务来源——来自普通基金的运营转账　　　　$150 000

(7) 支付规划费和建筑师薪金 60 000 美元：

<u>资本项目基金：</u>

借：支出　　　　　　　　　　　　　　　　　　　　$60 000
　贷：现金　　　　　　　　　　　　　　　　　　　　　$60 000

(8) 发行债券收入 602 000 美元，溢价 2 000 美元，用于资本项目：

<u>资本项目基金：</u>

借：现金　　　　　　　　　　　　　　　　　　　　$602 000
　贷：其他财务来源——发行债券收入　　　　　　　　　$602 000
借：其他财务运用——对偿债基金的运营转账　　　　　$2 000
　贷：现金　　　　　　　　　　　　　　　　　　　　　$2 000

注：债券收入只作为其他财务来源，而非收入；债券负债将由偿债基金清偿，因此，溢价应转账给偿债基金。

(9) 偿债基金收到市政厅资本项目基金的溢价 2 000 美元：

<u>偿债基金：</u>

借：现金　　　　　　　　　　　　　　　　　　　　$2 000
　贷：其他财务来源——市政厅资本项目基金的运营转账　$2 000

(10) 按规定，每年偿还 60 000 美元及每半年偿还利息，并由普通基金提供现金转账来偿还债务。设年利率为 6.5% 的条件下，偿债资金收到第一次的本金和利息：

<u>偿债基金：</u>

借：现金　　$79 500

　贷：其他财务来源——普通基金的运营转账　　$79 500

其中：（$600 000 ×0.065 ×0.5 年） = $19 500

借：支出　　$79 500

　贷：现金　　$79 500

三、权益基金会计

政府及其单位对其商务活动是以两类权益基金——企业基金和内部服务基金分别进行会计处理的。这两类权益基金的最主要区别是：企业基金是用来处理政府单位服务于以公众为代表的外部客户的经营活动，其核算活动通常包括公用（政府拥有）煤气和电力事业单位、供水和排水部门、政府垃圾废物处理、停车场、市中心、收费公路、公共交通系统和高尔夫球场等；内部服务基金则是用来处理向内部客户提供商品或劳务的经营活动和筹资活动，其核算活动通常包括中心数据处理服务、中心车队与车库、集中风险融资活动和中央仓储等。

1. 基本问题的规定

不同的基金会计，其基本问题的规定是有差异的，我们可从以下表格（表 20 – 3）中进行对比：

表 20 – 3　　权益基金的会计等式和报表

项　目	基本规定
1. 会计基础	权益基金收入和费用应按权责发生制确认，收入应在获得并可计量的会计期间内确认，费用应在发生并可计量的期间内确认。
2. 会计等式	流动资产 + 固定资产 + 非流动资产 = 流动负债 + 长期负债 + 净资产 或者： 流动资产 + 非流动资产 – 流动负债 – 长期负债 = 投入资本 + 留存利润
3. 财务报表	一是资产负债表或者净资产报表；二是收入、费用及留存利润变动（或基金权益变动）表；三是现金流量表。

从上表可知，权益基金和政府基金使用不同的会计基础和会计等式。

权益基金的固定资产是基金固定资产而非普通固定资产。由权益基金产生并由其收入清偿的长期负债是基金负债而非普通长期负债。它们都是和权益性活动相关的，以权益基金来核算的，同时还要核算折旧和摊销。

权益基金尤其是企业基金所采用的会计原则和准则通常就是相似类型和规模的私营企业所采用的会计原则和准则，尽管在许多交易和事项上存在着差异，如将坏账作为收入的减项、债务再筹资等会计处理；最主要的差异则是在权益基金财务报表所体现的不同实质，如对净资产和现金流量有不同的分类要求。

2. 企业基金及其会计处理

企业基金（EF）是用于核算类似私营企业的筹资活动和经营活动。企业基金的目的是资本保全或营利，并适用权责发生制。因此，企业基金的商品和劳务将持续地提供给一般大众，其成本主要通过向使用者收费来补偿。

企业基金取得的固定资产及发生的长期负债是基金固定资产及基金长期负债。因此，它们记录于企业基金账户中，而不是普通固定资产账户群及长期负债账户群中。一方面，长期债务通常是以企业基金经营收益担保的收益债券。另一方面，此类债券又由政府单位的“完全保证及信用”作担保，所以负债一般仍记录于基金中，如有或有负债应在普通长期负债账户群相关的附注中进行披露。

【例2】以下列示一组企业基金的业务及会计处理。

（1）政府于20×1年末买进一家私人电力发电站和配电厂的净资产。政府除了用有关应收账款、债券、债务等抵付后仍要支付295 000美元，这一金额等于取得资产的公允价值减去承担的负债的公允价值。应作如下会计分录：

借：土地	$60 000	
建筑物	95 000	
建筑物以外改良	480 000	
机器和设备	110 000	
应收账款	62 000	
材料物资	10 000	
贷：坏账准备		$12 000
应付债券		400 000
带薪休假长期负债		100 000
应付账款		10 000
应付ABC电力公司款		295 000

（2）支付应付ABC公司款时，应作如下会计分录：

借：应付ABC电力公司款	$295 000	

贷：现金 $295 000

（3）收到成本为 76 000 美元的原材料，应作如下会计分录：

借：材料物资 $76 000

贷：应付账款 $76 000

（4）年度内总额为 630 000 美元的开单收入，应作如下会计分录：

借：应收账款 $630 000

贷：营业收入 $630 000

（5）由于设备租给州公共事务部而得到的 8 000 美元租金，应作如下会计分录：

借：应收州公共事务部款 $8 000

贷：非营业收入 $8 000

（6）接受服务而收到内部服务基金的账单，金额为 15 800 美元，应作如下会计分录：

借：营业费用 $15 800

贷：应付内部服务基金款 $15 800

（7）支付债券本金 55 000 美元和利息 20 000 美元，应作如下会计分录：

借：应付债券 $55 000

非营业费用——利息 20 000

贷：现金 $75 000

3. 内部服务基金及会计处理

内部服务基金（ISF）是用于核算政府单位中某一个部门或代理机构依成本补偿基础向其他部门、代理机构，或其他政府单位提供商品和劳务的融资。它与企业基金主要区别在于商品和劳务的使用群体不同。企业基金提供商品和劳务的对象是一般公众，而内部服务基金提供商品和劳务的对象则是同一政府单位的其他部门或代理机构，也可以是提供少量商品或劳务的其他政府单位。尽管如此，两者的会计处理仍然是相同的，有关财务报表的要求也是相同的。

内部服务基金通常要经过取得初始资源，进行设备、设施方面的建设，然后再通过提供商品和劳务不断取得收入。取得初始资源的渠道有几方面：普通基金及其他基金的转入、政府单位的捐赠、发行普通义务债券、政府单位的贷款等。政府集中采购、车队、印刷厂和自我保险是内部服务基金运作的典型例子，每一项活动都可通过实现规模经济、改善服务和加强控制提高潜在的效率。

【例 3】下面列示一组内部服务基金的业务及会计处理。

(1) 假设C市设置中心车队基金，由普通基金拨款资助现金350 000美元，并捐入公允价值为160 000美元的机动车。现金投入按规定应作为普通基金初始基金余额的一项直接减项。捐入的设备则从普通固定资产账户群按初始成本转出。应作如下会计分录：

借：现金	$350 000	
机动车	160 000	
贷：普通基金剩余权益转入		$350 000
市政府投入资本		160 000

(2) 在市政府拥有的土地上以成本145 000美元建造一栋建筑物，购买设备的费用为58 000美元，经营用品的费用为25 000美元。应作如下会计分录：

借：建筑物	$145 000	
设备	58 000	
库存用品	25 000	
贷：现金		$228 000

(3) 中心车队提供交通车给市政府部门，并按预定的分摊比率，向这些部门开单收费。所设定的比率应能补偿经营中心车队的所有成本。记录收入时应作如下会计分录：

借：应收普通基金款	$60 000	
应收特种收入基金款	50 000	
应收企业基金款	40 000	
贷：服务收入		$150 000

在企业基金的会计记录里，应记为：

借：营业费用	$40 000	
贷：应付内部服务基金款		$40 000

收回有关款项时，应作如下会计分录：

借：现金	$100 000	
贷：应收普通基金款		$60 000
应收企业基金款		40 000

(4) 中心车队支付薪酬和工资19 800美元，并分配如下：

技工工资	$9 200
间接人工	3 600
管理者薪金	3 500
办公室职员薪金	3 500
	$19 800

借：费用——技工工资 $9 200
——间接人工 3 600
——管理者薪金 3 500
——办公室职员薪金 3 500
贷：现金 $19 800

对于明细分类核算、期末调整、结账分录以及财务报表的编制，内部服务基金和企业基金的核算过程相似，与一般会计也都相似，这里就不再介绍了。

四、托管基金会计

托管基金是指用于核算政府为他人利益而以受托人或代理人身份收到或持有的资源的基金，包括可支用信托基金（Expendable Trust Funds）、不可支用信托基金（Nonexpendable Trust Funds）、养老信托基金（Pension Trust Funds）和代理基金（Agency Funds）。这些资源往往金额巨大，需设立专门基金进行核算。托管基金的基本问题如表 20－4 所示。

表 20－4 托管基金的会计等式和报表

项　目	基本规定
1. 会计基础	可支用信托基金：修正的权责发生制 不可支用信托基金：权责发生制 养老信托基金：权责发生制
2. 会计等式	代理基金：资产＝负债 可支用信托基金：资产＝负债＋基金余额 不可支用信托基金：流动资产＋固定资产＋非流动资产＝流动负债＋长期负债＋净资产
3. 财务报表	代理基金：资产负债变动表 可支用信托基金：资产负债表，收入、支出及基金变动表，预算比较报表 不可支用信托基金：资产负债表，收入、费用及基金权益变动表，现金流量表 养老信托基金：养老计划净资产表，基金资产变动表

托管基金的会计基础仍遵循基金的性质和计量目标。其中，代理基金没有收入、支出或费用，因为它们的运营具有保管性质，并且代理基金也不存在基

金余额或权益。代理基金的资产负债表通过披露资产、负债的期初、期末余额，本期增加和减少数额，对每项基金资产和负债的变动进行简单的报告，而不是报告“运营成果”；可支用信托基金的会计基础及核算与政府基金相同；不可支用信托基金具有资本保全或营利目标，其会计基础及核算则与权益基金相同；养老信托基金适用的指南则有特殊之处。

从本质上来说，用托管基金核算的资产并不是政府的资产，而是政府为其他各方利益团体所持有的资产。因此，托管基金核算以及财务报告的会计责任焦点，在于政府在某个特定期间对信托代理责任的履行情况，以及在期末还未完成的信托代理责任上。政府只要在信托代理基金财务报表中报告其信托代理责任，就满足了这方面的会计责任，而不用在政府层面财务报表中报告。

1. 信托基金及会计处理

信托基金（TF）分为可支用信托基金和不可支用信托基金。其中，可支用信托基金是信托基金资产必要时可支用以达到信托目的的基金。此类信托基金会计处理的重点是揭示在履行政府单位作为受托人的托管责任中收受资源的来源和运用。政府会计准则委员会规定，如果政府单位对某计划负有托管责任，则将此计划作为一项可支用信托基金来核算，并在财务报表中报告此类递延酬劳计划。

不可支用信托基金是指本金必须保持的信托基金。收益可能可支用，也可能是不可支用的。本金不可支用，但收益可支用于信托契约中规定用途的信托基金称为留本信托基金，如对出售墓地的部分收入进行托管的公墓基金，为提供对公墓的永久看护，信托本金要求保持不变，但收益可支用于公墓的维护。另外，许多贷款基金无论是收益还是本金都是不可支用的。在此类信托基金中，所有贷款的金额都要偿还，包括利息，并且所有信托基金资产都是不可支用的。当然，坏账损失会减少信托基金资产。

【例4】下面举例说明不可支用信托基金的会计处理。

20×1年1月2日，市民 A. C. Olds 逝世，Plenty 市成为其公寓的托管人。信托契约上规定260 000美元的信托基金本金要保持不动，收益转账到普通基金中，以支付市公园、游戏场及休闲娱乐中心的娱乐设施和用品费用。20×1年 Olds 信托基金的交易和事项如下：

（1）信托基金本金包括公允价值为290 000美元的公寓和公允价值为70 000美元的土地，减去应付抵押款100 000美元，此应付抵押款将由信托资产清偿。本金应作如下会计分录：

借：土地　　　　　　　　　　　　　　　　$ 70 000

建筑物——公寓 290 000

贷：应付抵押款 $100 000

信托基金本金 260 000

（2）20×1 年来自公寓的租金收入，包括收到的现金 48 000 美元及 20×1 年 12 月 31 日到期的应收租金 6 000 美元：

借：现金 $48 000

应收租金 6 000

贷：租金收入 $54 000

（3）建筑物一年的维护成本为 16 500 美元，其中 2 000 美元年末尚未支付：

借：维护费用 $16 500

贷：应付账款 $2 000

现金 14 500

（4）20×1 年间，支付了 3 500 美元抵押款利息，且年末应计 3 500 美元：

借：利息费用 $7 000

贷：应付利息 $3 500

现金 3 500

（5）20×1 年，公寓折旧费用为 18 125 美元（290 000/16 年）：

借：折旧费用 $18 125

贷：累计折旧 $18 125

（6）本年信托收益共 9 500 美元，转账给普通基金，用于购买娱乐设施：

借：其他财务运用——普通基金的运营转账 $9 500

贷：现金 $9 500

（7）本年度结账分录：

借：租金收入 $51 125

贷：维护费用 $16 500

折旧费用 18 125

利息费用 7 000

其他财务运用——普通基金的运营转账 9 500

2. 养老信托基金及会计处理

养老信托基金（PTF）是许多州和地方政府的最大的信托基金。州和地方政府都可以有自己的多种退休制度，其中，通过养老信托基金进行核算与管理的是公务员退休制度（Public Employee Retirement Systems，简称 PERS）。公务员退休制度不受《联邦政府雇员退休收入保障法》（ERISA）的约束。养老信托基金的会计处理和财务报告的要求体现在政府会计准则委员会第25号公告的规定中，并且在政府会计准则委员会第27号公告中以“州和地方政府雇主养老金会计”为题，提供了州和地方政府雇主养老金费用、支出、资产和负债的会计处理和财务报告指南。政府单位不采用财务会计准则委员会的养老金会计指南。

【例5】下面列示一组养老信托基金业务的会计处理。

（1）普通基金应计雇主缴款额50 000美元，雇员缴款额125 000美元：

借：应收普通基金款	$175 000	
贷：增加——雇员缴款		$125 000
增加——雇主缴款		50 000

（2）从普通基金收到175 000美元支票一张：

借：现金	$175 000	
贷：应收普通基金款		$175 000

（3）有三个员工辞职，一个员工在退休前死亡。他们的累计缴款额分别为三人合计16 000美元及9 000美元：

借：减少——支付给已故员工家属	$ 9 000	
减少——支付给辞职员工	16 000	
贷：应付已故员工家属款		$ 9 000
应付辞职员工款		16 000

（4）计提应付养老金款24 000美元：

借：减少——支付养老金	$24 000	
贷：应付养老金		$24 000

（5）将支票寄给其中两个已辞职员工13 000美元和已故员工家属9 000美元：

借：应付已故员工家属款	$ 9 000	
应付辞职员工款	13 000	
贷：现金		$22 000

以上处理在期末进行结账分录以后，按规定编制有关财务报表，并在报表附注中披露有关信息。

3. 代理基金及会计处理

代理基金（AF）用于核算政府单位作为保管人或代理人持有的资源。代理基金作为一种主要的结算方式，即为其他各方代收现金，短期持有后再支付给授权的收款人。

在政府的一般政务活动和商务活动中，有很多的代理关系产生，但多数的代理关系允许在政府基金或权益基金中进行核算，如地方政府从雇员工资中扣缴所得税及社会安全税时，它就充当了联邦政府的代理人。《政府会计准则委员会准则汇编》内对有限的几种情况要求使用代理基金会计。例如当一县政府充当县内所有城镇和城市的税款代理机构时，则应设置税收代理基金进行核算，以表明该县对其他政府单位征收税款的责任以及该责任的履行。

【例6】下面说明代理基金的会计处理。

设W县为本县和A市、B市及C市征收财产税，20×1年所有财产税征收如表20-5所示。

表20-5 税款征收表

单　位	20×1年	
	征收金额	占总额的百分比
W县	$ 100 000	50%
A市	50 000	25%
B市	20 000	10%
C市	30 000	15%
合　计	$ 200 000	100%

(1) W县根据以上数据记录应征收税款时：

借：应收地方政府单位税款　　$200 000

　贷：对W县负债　　$100 000

　　对A市负债　　50 000

　　对B市负债　　20 000

　　对C市负债　　30 000

(2) 当W县收到180 000美元税款时：

借：现金　　$180 000

　贷：应收地方政府单位税款　　$180 000

(3) W县向以上三市就其所收到的税款收取1%的手续费900美元（180 000×50%×1%）：

借：对A市负债　　$450*

　对B市负债　　180*

对 C 市负债　　270*

贷：应付普通基金（W 县）款　　$900

*180 000×25%×1%=450（美元）

*180 000×10%×1%=180（美元）

*180 000×15%×1%=270（美元）

（4）将 160 000 美元移交给 W 县和三个城市的政府单位，并按征收比例 1%收取手续费：

借：应付普通基金（W 县）款　　$800

对 W 县负债　　80 000*

对 A 市负债　　39 600*

对 B 市负债　　15 840*

对 C 市负债　　23 760*

贷：现金　　$160 000

*160 000×50%=80 000（美元）

*160 000×25%－400=39 600（美元）

*160 000×10%－160=15 840（美元）

*160 000×15%－240=23 760（美元）

以上各类基金账户在作了会计处理后，需要记入账簿。在期末，首先编制财务报表，然后，还应编制联合财务报表，用于综合反映各类基金账户的信息。

五、非基金账户的会计处理

以上我们学习和讨论了政府基金、权益基金和托管基金的会计处理。实际上，在政府会计日常业务中，不仅有三大类基金的核算还有非基金即普通固定资产账户群和普通长期负债账户群的核算，并且基金和非基金之间也有业务联系。下面，我们来看这方面的业务处理。

1. 普通固定资产的会计处理

政府单位的普通固定资产是指由普通基金、特种收入基金或资本项目基金购置的固定资产，以及通过捐赠、资本租赁等取得的固定资产，这些固定资产不列入权益基金或信托基金。经购置取得的固定资产应按成本入账，对于捐赠取得的固定资产在收到时应按公允价值入账。普通固定资产折旧不记入政府基金账户中，因为它不是一种财务资源或运营资金的变动。普通固定资产可分五类：土地、建筑物、非建筑物改良工程、机器和设备、在建工程。当普通固定资产出售、报废时，收到的款项不应在普通固定资产账上记录，而要记在普通基金中。对普通固定资产计提折旧是可以选择的，并且在会计处理中不作为折旧费用反映。期末编制的财务报表包括普通固定资产变动表和普通固定资产表，前者反映固定资产变动情况，后者为政府编制联合资产负债表提供更为详细的内容。

【例7】下面列示一组业务来说明普通固定资产的会计处理。

（1）用30 000美元的资本支出购置一辆公务车，应分别在普通基金和普通固定资产账户记录：

<u>普通基金：</u>

借：支出——资本支出 $30 000

　贷：应付账款 $30 000

<u>普通固定资产账户群：</u>

借：机器和设备 $30 000

　贷：普通固定资产投资——普通收入 $30 000

（2）用联邦政府补助款500 000美元购置一建筑物：

<u>资本项目基金：</u>

借：支出——资本支出 $500 000

　贷：应付账款 $500 000

<u>普通固定资产账户群：</u>

借：建筑物 $500 000

　贷：普通固定资产投资 $500 000

（3）接受捐赠而取得一块土地，接受时估计的公允价值为5 000美元：

借：土地 $5 000

　贷：普通固定资产投资 $5 000

由于政府接受捐赠而取得的普通固定资产没有耗费政府基金的任何资产，该笔分录可直接在普通固定资产账户中记录。

（4）出售一台账面价值为100 000美元（成本800 000美元，累计折旧700 000美元）的消防车，并以20 000美元的价格成交。出售后产生的80 000美元损失应在政府层面的业务报表中报告。

<u>普通基金：</u>

借：现金 $20 000

　贷：其他财务来源 $20 000

<u>普通固定资产账户群：</u>

借：普通固定资产投资 $100 000

　　累计折旧 700 000

贷：机器和设备 $800 000

2. 普通长期负债的会计处理

普通长期负债是指除权益基金和信托基金的负债以外的，政府所有未到期的长期负债，包括债券、认股权证、票据及其他政府承担的负债。当政府发生长期负债时，并不在政府基金账户中记录，而是在普通长期负债账户群内记录。当发行普通长期负债中的分期还本债券时，所收到的款项记录于政府基金。最常见的是，通过发行普通政府债券来对固定资产的建造或购置融资，往往会与资本项目基金、偿债基金有业务上的联系。

【例 8】下面列示一组业务来说明普通长期负债的会计处理。

(1) 20×1 年 7 月 1 日，为建造市政厅而发行了分期还本债券，面值500 000美元，溢价 2 000 美元，年利率 6.5%。这一笔分录应涉及三部分的记录。

资本项目基金：

借：现金 $502 000

贷：其他财务来源 $502 000

借：其他财务运用——对偿债基金的运营转账 $2 000

贷：现金 $2 000

注：债券收入只作为其他财务来源，而非收入；债券负债将由偿债基金清偿，因此，溢价应转账给偿债基金。

偿债基金：

借：现金 $2 000

贷：其他财务来源——市政厅资本项目基金的运营转账 $2 000

普通长期负债账户群：

借：需用于偿还分期还本债券数 $500 000

贷：应付分期还本债券 $500 000

(2) 按规定，分期偿还还本债券应由偿债基金清偿。设每年偿还本金50 000美元，每半年付息一次，并由普通基金提供现金转账偿还债务。

偿债基金：

20×1 年 12 月，收到普通基金转来的应还利息：

借：现金 $14 250

贷：其他财务来源——普通基金的运营转账 $14 250*

* (500 000×0.065×0.5 年) −2 000 = 14 250 (美元)

20×2 年 1 月 1 日，支付半年利息：

借：支出 $16 250

贷：现金　　$16 250

收到普通基金转来的应还本金，并在20×2年7月1日付出：

借：现金　　$66 250

贷：其他财务来源——普通基金的运营转账　　$66 250

借：支出　　$66 250

贷：现金　　$66 250

普通长期负债账户群：

借：分期还本债券　　$50 000

贷：用于偿还分期还本债券数　　$50 000

普通基金：

借：其他财务运用——对偿债基金的运营转账　　$14 250

贷：现金　　$14 250

借：其他财务运用——对偿债基金的运营转账　　$66 250

贷：现金　　$66 250

政府会计是核算政府预算资金执行情况的专业会计，它所遵循的会计准则和会计原则与企业会计有很大的不同，在具体会计处理上，也有自己独特的地方。总体来讲，与企业会计的核算相比它较为简单。

以美国为代表的政府会计包括了联邦、州和地方政府以及政府部门的核算内容，并在会计原则和会计处理上都联为一体。在具体核算内容是以基金为主体的形式，包括政府基金、权益基金、托管基金和非基金账户的各项业务的会计处理，较好地体现了政府以及政府部门在运作时的全过程。

中国的政府会计是以财政总预算会计和行政单位会计构成的，财政总预算会计是以中央及各级政府为主体，反映了集中预算收入和分配预算资金的会计处理，对相当部分预算外资金和国家固定资产投资的核算是另外进行。因此，在财政总预算会计里没有全面反映政府资金的情况。行政单位会计则是以政府各部门为主体，反映了资金领拨、使用和结余的会计处理，并且在资金收入核算方面，区分预算资金和预算外资金。

第三节　非营利组织会计概述

非营利组织会计是核算、反映和监督非营利组织经济活动的专业会计，它体现了正确的会计核算和有意义的财务报告，并根据非营利组织的特征与类型设置了相应的基本准则和核算规定。第三、四节主要以医院、高校和互助基金为例介绍非营利组织会计的核算。

一、非营利组织的特征与类型

近年来，世界上的非营利组织有了很大的发展，无论从个体还是整体而言，都已经成为当今社会经济、政治和社会生活中的一支重要力量。非营利组织之所以存在，是因为社会需要它们向广大公众提供特定的产品和服务，而这些产品和服务是不考虑成本是否能够得到补偿的。非营利组织提供的这些产品和服务，许多是不能在企业中生产并从中谋利的，而社会又认为该产品或服务对公共福利至关重要，由此而形成了非营利组织的特征与类型跟一般企业的不同。

1. 非营利组织的特征

非营利组织的特征可以表现在以下几个方面：

（1）非营利组织的建立和运作是以社会效益为目的，而不是以营利为目的的。非营利组织提供有偿服务，但不影响其非营利性。

（2）非营利组织主要以生产精神产品和提供劳务为主，一般不生产物质产品。因为非营利组织绝大部分都是从事教育、卫生、文化、宗教、慈善和福利事业的部门，它们主要向社会生产和人民生活提供服务。

（3）非营利组织的财务来源有多种渠道，而出资者不要求投入资产的回报，也不准备收回投入的资产。

（4）非营利组织通常要接受政府部门的领导，并接受有关监管部门的监督。如卫生、教育等。

（5）大多数非营利组织不需要缴纳所得税。

2. 非营利组织的主要类型

由于各国的情况不一样，非营利组织的形式也有所不同，但这只是大同小异。总体来看，非营利组织的类型主要有以下几种：

（1）教育、文化、科学研究机构。包括幼儿园、小学、中学、职业技术学校和高等学院、科学研究部门、博物馆、图书馆、艺术表演机构等。

（2）健康和福利组织。包括医院、疗养院、福利院、儿童保护组织、红十字会、社会救济机构等。

（3）慈善机构。包括社区筹资机构、基金会等。

在中国，非营利组织分为公立（国有）和民间两大类，尤其是改革开放后，不断出现多种形式的民间非营利组织。公立的非营利组织一般称为事业单位，除了以上机构外，还包括有关气象、体育等单位。

二、非营利组织会计应遵循的会计准则

在美国，非营利组织会计应遵循的会计准则有两种选择：公立的卫生保健组织会计和公立高等院校会计应按照政府会计准则委员会规定的会计原则；私立非营利组织会计，则由财务会计准则委员会为其制定准则。[①] 近年来，这两家权威机构进行了多方的协调，使公立和私立的非营利组织的会计处理趋向一致。

1. 适用于大多数私立非营利组织的会计原则

美国财务会计准则委员会发布的 FAS93 号公告、FAS116 号公告和 FAS117 号公告的条款，是统一私立非营利组织的会计处理和财务报表编制的会计原则。

（1）权责发生制。非营利组织应采用权责发生制处理收入和费用，并确认长期资产的折旧费用。即使是捐赠的资产也应当计提折旧，而符合“收藏品”定义的特定艺术及历史珍品则不必予以资本化或计提折旧。

在权责发生制的基础上，收入是指非营利组织主要日常活动的资产流入。利得是指边缘性或偶发性交易形成的净资产增加。费用是指该组织主要日常活动形成的资产流出或发生的负债。损失是指不受非营利组织控制的边缘性或偶发性交易或事项形成的净资产的减少。收入和费用以总额报告。大多数利得和损失以净额报告，投资收益则以扣除相关费用后的净额报告。

（2）净资产的分类。FAS117 号公告要求对非营利组织的净资产按是否存在捐赠限制分成三类，而 FAS116 号公告则规定了这三类净资产的定义：① 永久限制净资产。这些净资产的捐赠限制规定不会因非营利组织的行为而终止或废除。② 暂时限制净资产。这些净资产的捐赠限制会终止（时间限制）或在组织履行时废除（用途限制）。③ 非限制性净资产。这些净资产是没有捐赠限制的规定。在会计处理上，要按照以上三类来报告净资产的变动，并在财务报表中进行披露。各类净资产均可报告收入、利得和损失，但只有非限制性净资产才可报告费用。这一会计等式表现为：资产 = 负债 + 净资产。

（3）计量原则。接受捐赠和捐赠均以公允价值计量，如果不能合理估计公允价值，则不应确认该捐赠。对于无条件的赠予承诺，捐赠收入及相关的应收款以所收到资产或所清偿债务的公允价值计量。如果公允价值增加，不确认额外收入。如果公允价值减少，则在发生减少的期间确认减少额，并报告为最初在其中报告收入的净资产项目的变动，或者报告为该净资产所代表项目的变

① 在国际会计准则委员会已颁布的 41 项准则中，还没有专门制定针对非营利组织的会计准则。

动。对于有条件的赠予承诺，应在收到时以资产公允价值计量。

(4) 财务报表。FAS117 号公告要求非营利组织提供一系列财务报表，包括财务状况表（资产负债表）、业务表、现金流量表及附注。公益性卫生和福利组织还必须提供职能费用表。其中，业务表是主要的运营报表，应按三类净资产提供其金额变动及性质，以及向不同项目或服务提供资源的信息。

除以上四点外，还对有关捐赠、资助、投资、收藏品等事项进行了规定。

2. 适用于公立非营利组织的会计原则

(1) 公立医院会计原则的构成。

公立的卫生保健组织会计将遵循美国注册会计师协会审计指南《卫生保健组织审计》(Audits of Health Care Organizations) 所规定的会计原则。公立的卫生组织如医院采用的会计原则与其他政府单位的商业活动采用的会计原则是相同的，并且有着相同的会计等式：

流动资产＋非流动资产－流动负债－长期负债＝净资产

政府会计准则和《卫生保健组织审计》规定了公立医院的收入、费用、利得和损失的定义：收入和费用产生于提供商品或劳务，以及其他主要的或核心的持续性业务；利得和损失相对主体的持续运营活动来说是偶然的或突发的；要求公立医院对外编制的财务报表包括净资产报表（资产负债表）、收入、费用和净资产变动表、现金流量表。

(2) 公立高等院校会计原则的构成。

确立公立高等院校会计原则的主要权威机构是政府会计准则委员会。政府会计准则委员会允许公立高等院校的会计采用美国注册会计师协会学院指南模式或政府模式。其中采用美国注册会计师协会学院指南模式的高等院校占大多数。

美国注册会计师协会学院指南模式是指应遵循美国注册会计师协会审计指南——《高等院校审计》所颁布的原则与规定。该指南已根据所有适用的政府会计准则委员会公告作了进一步修改。也就是说，公立高等院校选择该模式，也必须应用相关的政府会计准则委员会公告。采用美国注册会计师协会学院指南模式的具体要求如下：

第一，分为六项基金组：流动基金、贷款基金、留本及类似基金、年金及终生收益基金、固定资产基金和代理基金。这些基金组又可进一步根据需要划分为副组，以满足计划、控制、决策及报告的目的。每项基金都有自己的属性和核算范围，表 20－6 总结了这一基金组的会计结构。

表 20-6　　高等院校的基金会计结构

1. 流动基金：可分为非限制性流动基金和限制性流动基金。 非限制性流动基金：核算高等院校在实施运营目标（包括教学、研究、扩展及公共服务）时可用的财务资源。此类基金还包括附属企业（诸如学生宿舍、餐厅、校际竞赛、校内商店及学生会等）以及每一企业可能单独使用的子基金。 限制性流动基金：核算可用于运营的但受捐赠者*或其他外部代理人限制用于特定用途的财务资源。
2. 贷款基金：核算高等院校根据协议向教职员工和学生提供贷款而持有的财务资源。这些资源的使用可能受外部捐赠者或内部董事会的限制，需要在会计记录上分清资源的来源以及各自的使用限制。
3. 留本及类似基金：包括留本基金、定期留本基金和准留本基金等。 留本基金：核算自捐赠者和外部代理人处接受的，并附条件规定本金必须永久留存而收益可用于一般或特定目的或用于增加本金的资源。 定期留本基金：核算自捐赠者和外部代理人处接受的，并附条件规定本金可以在一段时间以后或某事项发生时予以支用的资源。 准留本基金：核算由董事会指定（内部指定）用于无限期投资，并且投资收益按指定用途支用的资源。
4. 年金及终生收益基金 年金基金：核算在高等院校根据捐赠者捐赠协议规定而对个人作定期给付条件下取得的资源。 终生收益基金：核算捐赠给高等院校但规定须将收益支付给指定受益人（通常直至其死亡）的基金。
5. 固定资产基金：共包括四个副组，即未支用固定资产基金、更新和重置基金、偿债基金及固定资产投资基金。前三类基金用来核算高等院校的财务资源，最后一类基金则核算有形固定资产及相关长期负债。 未支用固定资产基金：核算用于购置有形财产而尚未支用的资源。 更新和重置基金：核算用于更新或重置现有财产的资源。 偿债基金：核算因有关机构财产的债务业务及债务清偿而保留的资源。 固定资产投资基金：核算包括土地、建筑物、建筑物及设备以外的改良物（包括书本）的固定资产投资，以及与固定资产相关的负债。
6. 代理基金：用来核算高等院校为学生、教师个人及团体所保管或代理而持有的资源。

* 捐赠者包括赠予人和捐款人。

第二，采用权责发生制。收入应于获取时确认，支出应于收到有关物资或接受服务时确认。公立高等院校可以不报告费用或净利润。对于固定资产一般可不计提折旧，固定资产的重置和更新支出若直接从流动基金中支用，则报告为流动基金支出。

第三，财务报表的规定。要求编制包括所有基金组的联合资产负债表，如表20－7所示。另外还有所有基金组的基金余额变动表，以及流动基金组的收入、支出及其他变动表。

表20－7 公立高等院校联合资产负债表

<table>
<tr><td colspan="9">资产负债表
20×2 年 6 月 30 日</td></tr>
<tr><td rowspan="2"></td><td colspan="2">流动基金</td><td rowspan="2">贷款基金</td><td rowspan="2">留本基金及类似基金</td><td rowspan="2">年金及终生收益基金</td><td rowspan="2">固定资产投资基金</td><td rowspan="2">代理基金</td></tr>
<tr><td>非限制性</td><td>限制性</td></tr>
<tr><td>资产……</td><td></td><td></td><td></td><td></td><td></td><td></td><td></td></tr>
<tr><td>负债……</td><td></td><td></td><td></td><td></td><td></td><td></td><td></td></tr>
<tr><td>基金余额……</td><td></td><td></td><td></td><td></td><td></td><td></td><td></td></tr>
<tr><td>收入……</td><td></td><td></td><td></td><td></td><td></td><td></td><td></td></tr>
<tr><td>支出……</td><td></td><td></td><td></td><td></td><td></td><td></td><td></td></tr>
</table>

采用政府模式的学院不多，它们应使用政府基金和权益基金的形式报告其运营情况。

第四节 美国非营利组织会计的核算

非营利组织的会计处理应按照以上叙述的会计原则规定进行。根据前面的分类，我们主要讨论三种非营利组织会计：采用美国注册会计师协会学院指南模式的公立高等院校会计、公立医院会计和互助基金会计。总的来说，这三类会计的处理和我国事业单位会计的处理基本相同。

一、美国公立高等院校会计

高等院校的一般目的是向公民提供教育，因此，高等院校通常依据社会需要来提供服务，筹资时并不考虑能否盈利。高等院校会计的目标是反映所收取的资源以及如何利用这些资源来实现教育目标。公立高等院校的流动基金是运营的最基本的财务资源，是一个极其重要的会计领域。它分为非限制性流动基金和限制性流动基金。其中，非限制性流动基金核算实施运营目标如教学、研究、扩展及公共服务时可用的财务资源；限制性流动基金核算可用于运营目标但受捐赠者或其他代理人限制用于特定用途的财务资源。

【例9】下面列示一组业务说明公立大学的会计处理。

（1）H学院收取的学杂费总额为300 000美元。法定限制此金额的10%用于偿还教育设施的负债。学杂费也包含了将用于研究基金项目而减免的部分为5 000美元。预计学杂费总收入的3%为坏账，即9 000美元。据此在非限制性流动基金中将编制如下会计分录：

①记录学杂费。

借：应收账款　　$300 000

　贷：收入——教育性和一般性　　$300 000

②记录学杂费的减免。

借：支出——教育性和一般性　　$5 000

　贷：应收账款　　$5 000

③记录坏账准备。

借：支出——教育性和一般性　　$9 000

　贷：坏账准备　　$9 000

④由于收费中有一部分受限制，学杂费全额记录为非限制性流动基金的收入，然后，将限制性金额部分作为对固定资产基金的一项强制性转账进行处理。

借：强制性转账——本金和利息　　$30 000

　贷：应付固定资产基金偿债款　　$30 000

（2）H学院收到州政府拨款700 000美元，用于本期运营，将记录在非限制性流动基金上：

借：现金　　$700 000

　贷：收入——教育性和一般性　　$700 000

（3）H学院从非限制性流动基金中支付200 000美元的工资：

借：支出——教育性和一般性　　$200 000

　贷：现金（应付工资）　　$200 000

（4）H学院直接通过非限制性流动基金采购教学设备35 000美元，作记录的同时还在固定资产投资账户中编制单独分录：

①借：支出——教育性和一般性 $35 000

贷：应付账款 $35 000

②借：设备 $35 000

贷：固定资产净投资 $35 000

（5）H学院购买了一块土地，作为新实验室的建筑工地。土地成本为200 000美元，并可从非限制性流动基金财务资源中支用。但是，这属于重大资产的采购，须将财务资源从流动基金转账至采购的未支用固定资产基金组。

①在非限制性流动基金中：

借：对未支用固定资产基金的非强制性转账 $200 000

贷：现金 $200 000

②在固定资产基金中：

借：现金 $200 000

贷：基金余额——非限制性 $200 000

③支付土地费用时：

借：基金余额——非限制性 $200 000

贷：现金 $200 000

④记录固定资产投资：

借：土地 $200 000

贷：固定资产净投资 $200 000

（6）H学院收到限制用于特定目的的现金500 000美元，应按照不同的来源进行记录。当发生了该特定用途支出从而满足限制条件时，确认收入，使收支相等。

①收到现金时：

借：现金 $500 000

贷：基金余额——捐赠 $200 000

基金余额——补助 250 000

基金余额——留本基金收益 50 000

②支用于特定用途时：

借：支出——教育性和一般性 $400 000

支出——附属企业 50 000

贷：现金 $450 000

③期末，确认与支出相等金额的收入，并调整基金余额：

借：基金余额——捐赠 $200 000

基金余额——补助 200 000
基金余额——留本基金收益 50 000
贷：收入——教育性和一般性 $400 000
收入——附属企业 50 000

二、美国卫生保健组织会计

公立医院和私立医院在日常业务的会计处理和报告上并没有太大的差异，主要的区别在于：一是财务报表按非限制性和限制性基金划分，而不是按净资产划分；二是限制性捐赠在满足其限制条件时确认，而不是在收到无条件承诺或捐赠时确认；三是基金余额变动表取代了净资产变动表；四是使用政府现金流量表，以代替财务会计准则规定的现金流量表；五是所有的投资收益包括非交易证券公允价值的变动，均纳入在运营报表呈报的业绩计量中。

【例 10】下面列示一组公立医院的业务说明会计处理。

（1）N 医院按规定价格向病人提供服务收取的总费用达 1 300 000 美元。该医院对保险公司和医疗保险的合约调整数为 300 000 美元；医院职工及其家属收到的优惠折扣为 9 000 美元。这些收入均在非限制性基金中记录：

①借：应收账款 $1 300 000
贷：病人服务收入 $1 300 000
②借：优惠折扣 $9 000
合约调整数 300 000
贷：应收账款 $309 000

（2）N 医院支付的工资和薪金共计 272 000 美元，并进行工资费用的分配。这些支出也应在非限制性基金中记录：

借：护理服务费 $55 000
其他专业服务费 15 000
一般服务费 170 000
财务服务费用 12 000
行政服务费用 20 000
贷：应付工资和薪金 $272 000

（3）N 医院收到捐赠的非限制性现金 250 000 美元：

借：现金 $250 000
贷：非限制性资助——营业外利得 $250 000

(4) N医院收到捐赠的有价权益证券，价值500 000美元，捐赠人限制其用于购置诊断设备（证券收益也受此限制）。该捐赠应记录于限制性基金中，直至使用该基金购置设备时再转账。

①收到受赠的证券时：

借：有价权益证券	$500 000	
贷：基金余额		$500 000

②收到股利收入12 500美元时：

借：现金	$12 500	
贷：基金余额		$12 500

③将证券以550 000美元出售时：

借：现金	$550 000	
贷：有价权益证券		$500 000
基金余额——投资收益		50 000

④购置价值为520 000美元的诊断设备，并在账上记录脱离限制。然后，在非限制性基金中分别记录设备的增加和用于购置设备的现金：

借：基金余额——脱离限制的金额	$520 000	
贷：现金		$520 000
借：设备	$520 000	
贷：应付账款（现金）		$520 000
借：现金	$520 000	
贷：脱离用于设备用途限制的金额		$520 000

三、其他非营利组织会计

除了以上公立和私立的非营利组织以外，在美国还有相当数量的其他非营利组织，它们主要是：联谊组织、私人或社区基金会、动植物保护协会、图书馆等。这部分非营利组织会计所采用的会计基础仍然是权责发生制；捐赠是其主要的资金来源，其中，无捐赠限制的收入增加非限制性净资产，附捐赠限制的收入增加暂时限制或永久限制净资产；费用则分为项目业务费用和辅助性业务费用两种；需编制的财务报表与其他非营利组织相比，再增加一张职能费用表的附表，用于反映费用的具体项目。

【例11】下面列示一组业务说明邻里互助基金的会计处理。

(1) 20×4年，一个新成立的邻里互助基金收到了非限制性现金捐赠4 000美元和无条件的赠予承诺6 000美元。在这6 000美元的应收捐赠款中，有2 000美元直到20×5年才能收到。在筹款中共花费了145美元。假设20×5年收到的2 000美元限制用于20×5年。邻里互助基金估计有10%的承诺不可收回。

①20×4年筹资时：

借：筹资费用	$145	
贷：现金		$145
借：现金	$4 000	
贷：非限制性资助——捐赠		$4 000
借：应收捐赠款	$6 000	
贷：备抵应收捐赠款		$600
非限制性资助——捐赠		3 600
暂时限制资助——捐赠		1 800

②邻里互助基金20×4年收到承诺到期的应收捐赠款3 600美元，并将剩余400美元作为坏账注销：

借：现金	$3 600	
备抵应收捐赠款	400	
贷：应收捐赠款		$4 000

③20×5年收到承诺到期的2 000美元。预计不可收回金额与实际金额的差异作为净资产的利得。时间限制已结束，应将暂时限制净资产转为非限制性净资产：

借：现金	$2 000	
备抵应收捐赠款	200	
贷：应收捐赠款		$2 000
非限制性资助		200
借：暂时限制净资产——重分类转出	$1 800	
贷：非限制性净资产——重分类转入		$1 800

（2）邻里互助基金将收到的二手家用器皿和家具进行义卖。捐赠物品的公允价值不能合理确定，但物品储存并搬运到义卖场所的成本为550美元。变卖所得6 595美元。按照前述的会计原则规定，由于捐赠品不能确定公允价值，这些收入不能记录为捐赠。

借：商品销售成本	$550	
贷：现金		$550
借：现金	$6 595	
贷：非限制性收入——出售		$6 595

假设，该批捐赠品能合理确定其公允价值为5 500美元，则可记录为：

借：材料物资　　$5 500

　贷：非限制性资助——捐赠用品　　$5 500

（3）邻里互助基金收到公允价值为5 000美元的证券，并规定它们用于长期资助一个特别教育计划。证券获得的收益限制用于此特别教育计划。股利收益是475美元。

借：证券　　$5 000

　贷：暂时限制资助——捐赠　　$5 000

借：现金　　$475

　贷：暂时限制收入——投资收益　　$475

美国的公立非营利组织和私立非营利组织所遵循的会计准则和原则有所不同，但是差异越来越小。非营利组织会计的核算内容要按照会计原则对净资产的规定内容来展开。公立高等院校会计主要采用美国注册会计师协会学院指南模式，公立医院会计主要采用美国注册会计师审计指南规定的会计原则，而其他非营利组织会计，如互助基金会计所遵循的会计原则与前两者基本相同。

中国的事业单位与美国的非营利组织有很多相似之处，但也有明显的差别。从核算范围和内容来看基本相同，包括了教育、文化、卫生、慈善等方面，其资金来源也呈现多元化。从会计原则来看，美国非营利组织通常采用权责发生制，而我国事业单位则主要采用收付实现制。由此出发，造成了在会计核算以及会计报表上存在一定的差异。

本章关键词

政府会计　政府会计准则　政府基金　普通基金　非基金账户　权益基金　托管基金　公立非营利组织会计　基金组　美国注册会计师协会学院指南模式　非限制性净资产　永久限制净资产　暂时限制净资产

复习思考题

1. 什么是政府会计？它包括哪些核算对象？
2. 美国政府会计有哪些基金主体？
3. 请解释固定资产为什么不记录在普通基金账户内。
4. 什么是修正的权责发生制？它适用于哪些基金账户？
5. 中国财政总预算会计和行政单位会计与美国政府会计有什么差异？

6. 什么是非营利组织？它们由哪些行业组成？

7. 非营利组织会计应遵循哪些会计原则？

8. 用你所掌握的资料说明中国的事业单位会计与西方国家非营利组织会计的区别。

习 题

1.（政府基金）B镇发生以下交易，请给予编制普通基金分录，并揭示受交易影响的其他基金或非基金账户。

（1）订购设备，应支付33 000美元。

（2）将普通基金资源200 000美元转账到偿债基金。

（3）在1月1日，该镇征收财产税1 000 000美元，并预期在会计年度终了前或年后不超过60天内收到100 000美元外的所有税款。余下的100 000美元有一半预期不可收回。

（4）该镇从其他政府单位收到限定用于某图书馆项目的补助100 000美元。此在普通基金中进行会计处理。

（5）该镇发生项目支出75 000美元，由图书馆补助支付。

（6）该镇本月应收取的财产税为200 000美元，已开出账单，并预计有3 000美元不可收到。

2.（托管基金）20×2年1月1日，J先生设立了一学生资助信托基金，他捐赠了一项价值40 000美元的建筑物（其成本为25 000美元）、市价50 000美元的债券以及现金10 000美元。信托协议规定本金不能动用，而以基金盈利资助贫困学生。投资利得和折旧作为盈利而不是信托基金本金的调整。请根据20×2年的活动编制有关分录。

（1）本年度内收到建筑物净租金额4 000美元。（净租金等于总租金减付现成本12 000美元。）

（2）20×2年6月30日上述债券出售得55 000美元，其中3 000美元为1月1日至6月30日的应计利息。

（3）以现金60 000美元购买股票。

（4）当年建筑物折旧计算为2 000美元。

（5）20×2年12月31日记录应收股利6 000美元。

3.（公立高校基金会计）某公立大学发生以下业务，请在适当基金中编制会计分录。

（1）估计的应征收学杂费总额为6 000 000美元，80%于年底前收到；资助200 000美元作为奖学金，预期100 000美元不可收回。

（2）某书店为大学附属企业，其销售和服务收入为800 000美元。

（3）支付工资和薪金2 600 000美元，其中170 000美元为大学书店员工的工资。

（4）向大学建筑物长期抵押服务基金支付非限制性资源1 000 000美元。

（5）支付抵押款，总额为960 000美元，其中600 000美元为利息。

（6）收到专门用于学术性项目的限制性捐赠440 000美元。

(7) 发生并支付该限制性项目的支出为237 000美元。

(8) 用以前留存的专用资源购置设备，计44 000美元。

4. (其他非营利组织会计) G食品福利协会是一家向市区贫民提供免费餐的私立非营利组织，请根据以下发生的业务为其编制会计分录。

(1) 去年收到一笔非限制现金捐赠，总额20 000美元，指定在本年使用。

(2) 收到非限制性捐赠承诺65 000美元，其中5%证明不可收回。本年度其他现金捐赠总计35 000美元。

(3) 食品捐赠总计150 000美元。食品库存年内减少了1 200美元。

(4) 发生的费用如下：会长薪金10 000美元；设备租金8 000美元；食物采购70 000美元；用品27 000美元。年内用品库存增加了5 000美元。

(5) 年内收到一笔限制性承诺捐赠300 000美元。该承诺捐赠款项被限制用于建造新厨房和餐厅。

参考文献

1. 全国预算会计研究会预算会计课题组. 新预算会计制度知识问答. 杭州：浙江人民出版社，1997

2. 全国预算会计研究会. 预算管理与会计. 2002—2005 年各期

3. 赵建勇. 预算会计. 上海：上海财经大学出版社，2000

4. 罗绍德. 预算会计. 成都：西南财经大学出版社，2003

5. A. 比姆斯，约翰·A. 布罗若夫斯基，克雷格·D. 舒尔德斯. 高级会计学. 7 版. 储一昀译. 上海：上海财经大学出版社，2002

6. 罗伯特·J. 弗里曼，克雷格·D. 肖尔德斯. 政府及非营利组织会计——理论与实践. 7 版. 赵建勇等译. 上海：上海财经大学出版社，2004

7. 新政府收支分类应用指南. 长沙：湖南人民出版社，2006